卓越化工

万华化学生产运营体系从起步到卓越
15年构建心得

夏岚 编著

化学工业出版社

·北京·

内容简介

本书基于作者在万华化学持续 15 年的生产运营体系构建工作心得，总结了以"3 求 5 化 6 要 7 能"为核心的卓越化工生产运营体系，以期帮助、影响更多化工行业的企业完善管理方式、提升管理效率。作为国民经济支柱产业，化工行业是技术、资金、人才密集的基础性产业，需要卓越的管理运营，促进行业发展。本书旨在分享卓越企业的管理智慧，推动化工行业整体管理水平提升。通过管理框架、诊断标准和知识结构三大用途，为企业提供系统化的管理解决方案，培养和认证高素质的管理人才，从而实现卓越运营和持续发展。

本书主要面向化工行业管理人员。

图书在版编目（CIP）数据

卓越化工：万华化学生产运营体系从起步到卓越 15 年构建心得 / 夏岚编著. -- 北京：化学工业出版社，2025. 9. -- ISBN 978-7-122-48745-2

Ⅰ. F426.7

中国国家版本馆 CIP 数据核字第 2025JE9370 号

责任编辑：高　宁　　　　　　　　文字编辑：蒋　潇
责任校对：王鹏飞　　　　　　　　装帧设计：韩　飞

出版发行：化学工业出版社
　　　　　（北京市东城区青年湖南街 13 号　邮政编码 100011）
印　　装：北京捷迅佳彩印刷有限公司
710mm×1000mm　1/16　印张 21¾　字数 345 千字
2025 年 10 月北京第 1 版第 1 次印刷

购书咨询：010-64518888　　　　　售后服务：010-64518899
网　　址：http://www.cip.com.cn
凡购买本书，如有缺损质量问题，本社销售中心负责调换。

定　　价：128.00 元　　　　　　　版权所有　违者必究

本书源自笔者在万华化学 15 年生产运营体系构建工作的经验与心得，期望助力更多化工企业成为卓越企业。

为什么写

传承。在化工企业生产运营管理的探索之路上，笔者有幸得到万华化学众多前辈和导师的悉心指导。他们不仅传授了宝贵的实践经验和管理智慧，更以身作则地诠释了化工人的职业操守与担当。本书的创作初衷，正是要将这种专业精神传承下去，为行业培养更多兼具专业素养与管理能力的复合型人才。

分享。本书主要侧重于心得总结，聚焦卓越企业的生产运营管理体系从初创到卓越的发展历程，通过深度解读其运营管理实践，提炼可复制的成功经验。期待这些来自一线的实战心得能够：为化工企业提供可借鉴的管理范式；促进行业整体运营水平的提升；重塑社会对化工行业的认知。

写给谁看

本书的对象是化工行业管理人员。

本书特色

老主题。卓越运营作为化工行业永恒的管理命题，始终是企业经营的核心课题。在行业实践中，我们看到领先企业已经形成了独具特色的运营体系，而更多企业仍在探索适合自身的发展路径。本书旨在通过系统化的卓越化工管理方法论，为不同发展阶段的企业提供实践指引，帮助读者突破管理瓶颈，实现运营效能的持续提升。

全创新。本书在管理理论和实践领域实现了突破性创新。虽然书中涉及的许多管理要素对读者而言并不陌生，但作者创造性地将这些要素按照实战需求进行了系统性整合与重构，形成了独特的理论框架和方法体系。这种基于实践的系统化整合正是本书最具价值的创新点所在。相信本书的出版将为管理实践者提供全新的思维工具和方法指导，有效推动管理实践水平的提升。

真实践。本书凝聚了笔者 15 年深耕化工企业生产运营体系构建工作的实践智慧，无论是作为项目主导者还是参与者，每一页都承载着无数个日夜的思考与沉淀。从最初虚心求教于国内外标杆企业，到如今能够以更开阔的视野审视行业发展，这一路走来经历了持续的学习、创新、试错与迭代。这段从仰视到平视再到俯视的认知跃迁过程，不仅见证了个人的专业成长，更折射出中国化工企业管理水平的整体提升。这些来之不易的实践真知，值得与行业同仁分享共勉。

如何阅读本书

本书各章节多处具体内容都采取了 5W1H 的结构（what——是什么、why——为什么、who——谁、when——什么时间、where——在哪里、how——怎么做），力求简单明了。

相关说明

需要说明的是，为了阐述书中内容，本书所引用的相关案例来自己公开发布的信息或报道，本书相关分析与观点属于作者个人的管理实践心得总结，不代表企业的官方立场与观点。

作者联系方式

微信　leanprocess

邮箱　xialan@leanprocess.cn

编著者

2025 年 9 月

目录

第 2 章

3 字追求——高、新、实 020

第 3 章

5 化方法——流程化、标准化、精益化、数字化、智能化 030

第 4 章

6 核要素——理念、目标、组织、知能、绩效、沟通　111

第 5 章

7 项能力——安环、质量、成本、交期、人力、工艺、设备　161

第 6 章

安环管理能力——极高责任　167

第 7 章

质量管理能力——极度忠诚　　　　　　　189

第 8 章

成本管理能力——极限最低　　　　　　　209

第9章
交期管理能力——极大柔性

第 10 章

人力管理能力——极具活力 249

第 11 章

工艺管理能力——极尽掌控 272

第 12 章

设备管理能力——极致可靠　289

第0章

绪 论

万华化学集团股份有限公司（简称"万华化学"）是一家从默默无闻的地方化工企业成长为世界级化工新材料企业的卓越企业。其前身为烟台万华聚氨酯股份有限公司，成立于1998年，于2001年在上海证券交易所上市。万华化学依托不断创新的核心技术、产业化装置及高效的运营模式，为客户提供更具竞争力的产品及解决方案。

万华化学始终坚持以科技创新为第一核心竞争力，持续优化产业结构，业务涵盖聚氨酯、石化、精细化学品、新兴材料、未来产业五大产业集群。作为一家全球化运营的化工新材料企业，万华化学拥有国内的山东烟台、山东蓬莱、浙江宁波、四川、福建、广东珠海、宁夏以及国外的匈牙利、捷克、瑞典、意大利、法国十二生产基地及工厂，形成了强大的生产运营网络；布局国内的烟台、宁波、上海、北京、深圳及国外的匈牙利、西班牙七大研发中心，致力于为全球客户提供更具竞争力的产品及综合解决方案。

万华化学秉承"化学，让生活更美好！"的使命，追求"受社会尊敬、让员工自豪，国际领先的化工新材料公司"的愿景，在化工新材料领域持续创新，引领行业发展方向，为人类创造美好生活。2023年以248亿美元销售额位列世界化工企业排名第16名[美国《化学与工程新闻》（C&EN）2023年全球化工企业50强榜单]，并以更快的速度向更高的目标持续前进。

万华化学是如何做到的？

卓越运营和优良文化、技术创新、六有人才是万华化学 4 大战略驱动力。

万华化学洞察社会和客户的需求，聚焦高技术、高附加值的化工新材料领域，以优良文化为引领，以技术创新为核心，以卓越运营为基础，以人才为根本，实施高端化、一体化、规模化、绿色化、智能化、全球化和低成本的发展战略。

卓越运营是万华化学的战略驱动力，万华化学从宁波起步并逐步走向卓越，日益强大。

·**有结果**。万华化学以产品质量好、总体低成本、交期高柔性、安全环保（安环）管理高水平、人才辈出而闻名，是国内外很多企业的首选对标对象，笔者在万华化学的时候每年都会多次接待来访的各方企业代表。

·**低成本**。万华化学在生产运营中实现了"卓越结果"与"低成本管理"的双向平衡，人员配置精简高效——生产管理团队以"少而精"为特色，人均效能表现突出。通过精细化管理将人效优势转化为显著的成本竞争力。

·**易传承**。作为万华化学的"黄埔军校"，万华化学宁波基地自 2013 年起向万华化学烟台新基地输送大批骨干人才，多年来累计为国内外多个生产基地输出数百人规模的核心团队。各基地在总部统一领导下，基于自身特点持续创新，逐步构建起全球化生产运营体系。这种传承不仅局限于国内，更展现出强大的文化普适性：并购匈牙利 BC 公司后，万华化学仅以几十人的骨干团队，帮助 3000 人规模的这家企业在数年内实现扭亏为盈（注：笔者 2012 年参与该项目，深感荣耀）。

·**成体系**。万华化学始终秉持系统化管理理念，将管理要素由点串线、由线成面、由面构体，通过梳理全流程输入与输出逻辑，实现管理环节"无遗漏、无冗余"。依托数字化与智能化技术，各业务模块既各司其职又高效协同，推动管理体系从"经验驱动"向"体系化、标准化、智能化"全面升级。

作为万华化学 255 号员工，笔者于 2003 年在烟台总部开启职业旅程，初期从事 2 年质量检测工作，2005 年正式加入万华宁波 [万华化学（宁波）有限公司的简称]——这一承载着特殊使命的首个新建生产基地。作为万华化学生产运营体系的"先行试验田"，万华宁波被公司领导誉为集团的"黄埔军校""现金牛"与"窗口"，其早期探索为后续全球化布局奠定了关键基础。

在万华宁波任职的 15 年间，除 1 年调任 HSE 部外，笔者深耕生产管理部 14 载，全程亲历了万华化学生产运营体系从起步到卓越的进化历程。这一过程中，在总部及宁波基地历任生产管理相关领导的亲力引领下，我们与兄弟部门同仁始终秉持"持续学习、实践、分享"的理念：从基础流程搭建到标准化体系成型，从单点技术突破到全链条协同优化，每一步都凝结着跨部门协作的智慧与躬身实践的积淀。笔者职业经历如下。

· 2005 年上半年担任班组长，参与筹建万华宁波质量检测中心。

· 2005 年下半年—2008 年担任万华宁波首批 8 位生产调度之一，参与构建万华化学工业园生产调度体系，负责园区**生产计划**的制定和执行管理、应急指挥管理、生产运行管理。其中 2005 年作为万华化学首批海外管理培训团队 3 名成员之一到美国学习卓越运营、信息化、精益管理。

· 2008 年担任万华宁波 HSE 部安全工程师，参与构建万华化学 **HSE 管理（安全环保职业健康）**体系。

· 2009—2020 年先后担任精益工程师，精益成本经理，是万华化学首位精益专业人员，主导构建了万华化学精益管理体系；万华化学首位精益成本经理，主导构建了万华化学**成本管理**体系。另外在 2009 年开始参与公司**流程化**构建的工作，2009 年开始负责公司主推**设备** TPM 方面的工作，2015 年负责公司**标准化**方面的专项工作，2016—2020 年作为生产体系核心人员参与和实施了公司**数字化、智能化**的工作。

笔者非常荣幸能够参与万华化学生产运营体系这个不凡的历程，而笔者的参与有以下 3 个特点。

· **最专**——15 年专注于生产运营管理构建和运营，2002 年和 2003 年，着眼于未来的发展，万华化学开始大规模招聘校招员工，初期的员工现在大都已成为万华化学各方面的领军人物，而笔者是一直专注于生产运营管理体系构建领域的为数不多的几位之一。

· **最全**——主导或深度参与了万华化学生产运营体系从起步到卓越的几乎所有重大的管理变革活动。

· **最深**——学得深、做得深、理得深。在数字化战略推进中，除主导规划与项目实施管理外，笔者历时 4 年系统自学，从业务管理者转型为全栈软件开发者。在万华宁波开发投用万云生产管理云平台等数十个大小系统并作为万华化学智能制造项目自主创新部分获得国家级奖励。在精益管理方面，在公司领导的带领下从零开始探索十多年，组织构建了完整的精益体系，2021 年笔者将过程中的实践经验总结出版了国内化工行业专著《精益化工：精益管理在化工行业的实践》（化学工业出版社，2020 年），并将精益融于自我管理，开创了自我精益管理学，2025 年出版《自我精益：让我成为百万年收专家的自我精益管理学》。

回溯十五载深耕历程，笔者全程亲历万华化学生产运营管理从初创探索到精耕细作、从单点突破到系统集成的完整进化路径。基于十五年一线实践经验的系统沉淀，最终提炼出卓越化工生产体系。该体系以万华化学的全球化运营实践为范本，其核心架构可概括为"3 求 5 化 6 要 7 能"的模块化理论框架。

·3 求 ——求高，求新，求实（思想层）。追求高水平的管理效能和结果，有难度、有力度、有速度；追求创新和前瞻性，有活度、远度、有广度；追求实际效果和务实态度，有深度、细度和温度。

·5 化 ——流程化，标准化，精益化，数字化，智能化（方法层）。流程化界定价值创造，标准化固化最好做法，精益化消除浪费持续改善，数字化在线透明一体，智能化模仿赋能。

·6 要——理念，目标，组织，知能，绩效，沟通（要素层）。这 6 个核心要素是生产运营管理总体及各业务的共同组成部分。

·7 能——安环，质量，成本，交期，人力，工艺，设备（业务层）。

质量、成本、交期是客户的核心需求，安环是管理的核心，人力是基础，工艺和设备是关键。安环是基于安环风险的管理，要肩负极高责任；质量是基于质量风险的管理，要做到客户极度忠诚；交期是基于异常的管理，要做到极大柔性；人力是基于实现人的需求的管理，要做到极大满足；工艺是基于失控的管理，要做到极尽掌控；设备是基于失效的管理，要做到极尽可靠。

思想要卓越，先立后至；方法要到位，效能倍增；要素要健全，各司其职；业务要专业，系统运作，共同构建了立体的生产运营体系。

图 0-1 所示为卓越化工体系总图。

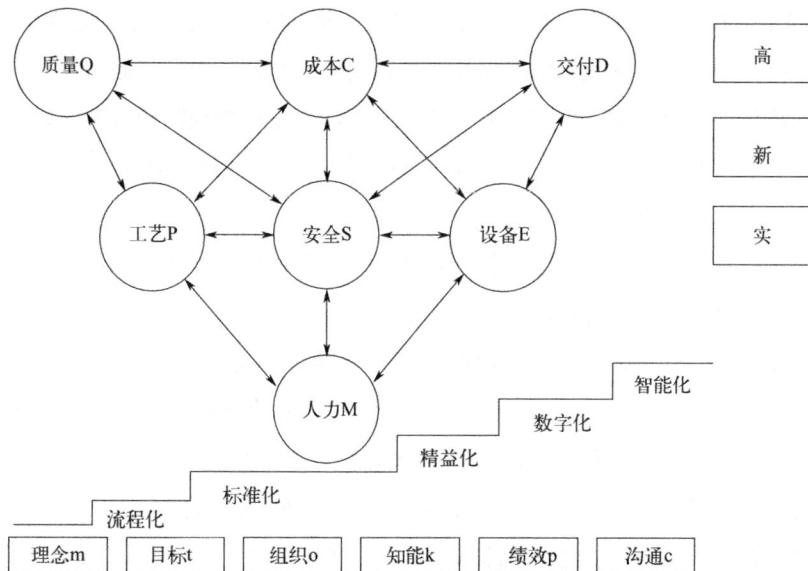

图 0-1 卓越化工体系总图

卓越化工生产体系的 3 大作用是管理框架、诊断标准、知识结构。这三个作用分别在构建生产运营体系、评估成熟度水平以及培养认证化工企业生产管理人才方面发挥着关键作用。

·管理框架—— 便于构建生产运营体系

管理框架为构建生产运营体系提供了一个系统化、结构化的基础。通过 3 求（求高，求新，求实）的目标设定，确保企业在追求卓越的道路上有明确的方向和高度。5 化（流程化，标准化，精益化，数字化，智能化）的实施方法，帮助企业在具体操作中实现高效、标准化、精益和智能化的管理。6 要（理念，目标，组织，知能，绩效，沟通）的核心要素，确保管理体系的各个方面都能协调一致，共同促进企业的持续提升。7 能（安环，质量，成本，交期，人力，工艺，设备）则是具体业务层面的核心能力，直接关系到企业的运营效果和客户体验。

通过这个管理框架，企业能够系统地构建和优化生产运营体系，从而提升整体管理水平，实现卓越运营。

·诊断标准——便于评估成熟度水平，明确重点，持续提升

诊断标准用于评估企业的成熟度水平，明确改进重点，并持续提升。通过对

3 求、5 化、6 要、7 能等方面的详细评估，企业可以识别出当前的优势和不足。诊断标准帮助企业明确改进的方向和重点，制定针对性的提升措施。例如，通过评估安环管理，企业可以识别出潜在的风险点，并采取措施降低风险，确保生产安全。通过评估质量管理，企业可以发现质量控制中的薄弱环节，实施改进措施，提高产品质量和客户满意度。

诊断标准的作用不仅在于评估，还在于为企业提供持续改进的依据，帮助企业不断优化管理，提升运营效率和竞争力。

· 知识结构——便于培养认证化工企业生产管理人才

知识结构是培养和认证化工企业生产管理人才的基础。通过系统的知识体系，企业能够培养出具备全面管理能力的人才，确保管理人员具备必要的理论知识和实际操作技能。知识结构涵盖了 3 求、5 化、6 要、7 能等各个方面的内容，使得管理人员能够全面了解和掌握卓越化工生产体系的各个要素和方法。

通过知识结构的学习和认证，管理人员能够更加胜任生产运营管理的各项工作，为企业培养和储备高素质的管理人才。这不仅提升了企业的管理水平，也为企业的可持续发展提供了强有力的人才支持。

卓越化工生产体系通过管理框架、诊断标准和知识结构三大作用，为企业提供系统化、结构化的管理基础，帮助企业评估和提升管理水平，培养和认证高素质的管理人才，从而实现卓越运营和持续发展。

第 1 章

构建化工企业生产运营核心竞争力

1.1 生产运营——化工企业的核心

1.1.1 化工企业的价值链

价值链理论是一个综合性的分析框架，由迈克尔·波特创立，用于识别企业内部的价值创造活动，并通过优化这些活动来增强企业的竞争优势（图1-1）。该理论将企业活动细分为基本活动和辅助活动，每一种活动都在企业的整体策略和运营中扮演着关键角色。

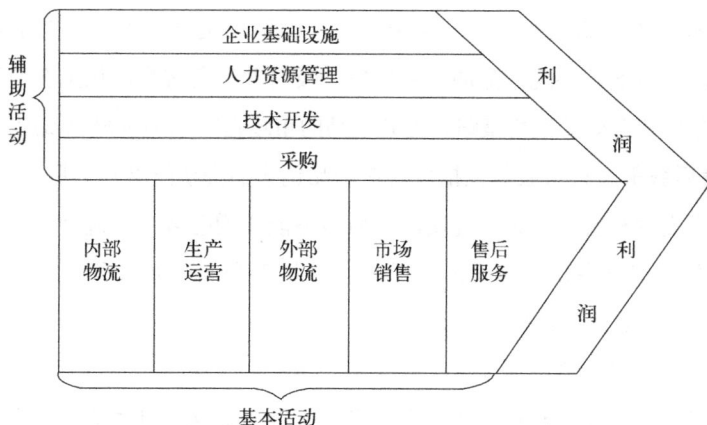

图1-1 价值链

（1）**基本活动（主要活动）**

基本活动直接关联到产品的生产、销售和服务，是企业创造客户价值的直接途径。这些活动沿着产品的生命周期布局，从原材料的处理直至产品的销售和售后服务。

① **内部物流**。这一环节关注原材料的接收、存储和在企业内部的有效流转。良好的内部物流系统能够保证生产线上原材料的及时供应，减少停工时间，并降低过度库存的成本。此外，内部物流也涉及生产过程中半成品的管理，这需要精确的库存控制和物流规划。化工企业可通过高效的内部物料管线及物流系统，确保原材料和半成品的顺畅流动，优化库存管理，降低运营成本。

② **生产运营**。生产环节是价值链中最核心的部分，涉及将原材料加工成最终产品的各项活动。在这一环节中，效率和质量控制是至关重要的，它们直接影响到产品的质量和生产成本。企业需要加大在现代化设备、有效的生产技术和持续的过程改进中的投入，以保持生产的高效率和高标准。化工企业可通过采用先进的生产技术和设备，提升生产效率和产品质量，确保在市场中保持竞争优势。

③ **外部物流**。完成产品后，需要将其储存和分发到各个市场或直接消费者手中。外部物流的效率直接影响到产品的交付速度和成本，同时也是影响客户满意度的重要因素。企业需要开发出高效的分销网络和物流策略，确保产品可以安全、及时地送达消费者手中。化工企业可通过高效的外部物流网络，确保产品的及时交付，提高客户满意度和市场响应速度。

④ **市场销售**。销售是企业与市场接触的最前线，涉及市场分析、产品定位、广告推广和销售策略的执行。若要制定成功的销售策略，不仅需要了解市场需求，还要能够有效地展现产品的独特价值，吸引并保留客户。化工企业可通过精准的市场分析和有效的销售策略，提升产品的市场占有率和客户忠诚度。

⑤ **售后服务**。售后服务包括所有在产品销售后提供给客户的服务，如维护、修理、技术支持和客户咨询。优质的售后服务能够增强客户忠诚度，产生重复销售机会，并在市场中建立企业的正面形象。化工企业可通过全面的售后服务体系，提升客户满意度和品牌信誉。

（2）**辅助活动（支持活动）**

辅助活动为基本活动提供支持和资源，帮助企业保持基本活动的高效运作和持续改进。这些活动虽然不直接创造产品，但它们为创造价值提供必要的基础和支持。

①　**企业基础设施**。包括企业的管理、法务、财务、信息系统等。这些活动为企业提供了运作的框架和基础，是日常运营中不可或缺的部分。有效的企业基础设施不仅能提高操作效率，还能帮助企业管理风险和合规性问题。化工企业可通过高效的企业基础设施，确保各项运营活动顺畅进行，提高整体管理效率。

②　**人力资源管理**。涵盖招聘、培训、绩效评估和员工激励等方面。人力资源管理的质量直接影响到企业的操作效率和创新能力。通过投资于员工发展和建立积极的工作环境，企业可以提高员工的工作技能、效率和满意度。化工企业可通过科学的人力资源管理，培养高素质员工队伍，提升企业创新能力和运营效率。

③　**技术开发**。投资于研发不仅能够带来新产品，还能改进现有产品和生产流程。技术创新是提升企业竞争力的关键，可以帮助企业减少成本、提升产品质量和适应市场变化。化工企业可通过持续的技术研发和创新，提升产品竞争力和市场适应能力。

④　**采购**。有效的采购活动确保企业能以最优的价格和条件获得高质量的原材料、设备和服务。采购策略的优化可以直接降低生产成本并提高利润率。化工企业可通过优化采购管理，确保原材料和设备的高质量和低成本，提升企业利润率。

价值链理论强调，通过整合和优化这些基本活动和辅助活动，企业可以提高内部效率，降低成本，并最终增强市场竞争力。通过对每个活动的精确管理和持续改进，企业不仅能够提升产品和服务的质量，还能在竞争激烈的市场环境中保持领先地位。化工企业可通过价值链理论的应用，整合优化各项活动，提升整体运营效率和市场竞争力。

1.1.2　生产运营管理

生产运营在化工企业中占据着核心地位，因为它直接关联到企业的生产效率、成本控制、产品质量与安全等多个关键业务领域。有效的运营管理不仅能提升企业的市场竞争力，还能确保其符合严格的环保和安全标准，这在化工行业尤为重要。

①　**生产效率与成本控制**。化工企业通常属于资本和能源密集型，其生产过程涉及复杂的化学反应和物理过程。在这种环境下，提高生产效率和控制成本成为

企业成功的关键。在生产运营管理中，可通过优化生产流程、提升设备效率和降低能源消耗来实现这一目标。例如，通过采用先进的自动化技术和信息系统，企业可以实时监控生产状态，迅速响应生产线上的任何异常情况，从而减少停机时间和提高生产连续性。此外，通过精细化管理原材料的采购和使用，化工企业能够减少浪费，降低库存成本，从而进一步控制生产成本。

② **产品质量保证**。在化工行业，产品质量的一致性和可靠性是使客户信任和满意的关键。生产运营管理应确保所有生产活动都符合既定的质量标准和规范。这通常通过实施全面的质量管理系统和持续的质量改进程序来实现。从原料检验到成品检测，每个步骤都须严格控制，任何质量偏差都须及时纠正。此外，通过采用先进的分析技术和实验室设备，化工企业能够确保产品在出厂前符合所有安全和性能标准。

③ **环保与安全**。化工生产过程中的环保和安全问题尤其重要，因为任何失误都可能导致严重的环境污染和人员伤害。有效的生产运营管理不仅需要符合环保法规，还要主动实施更高标准的环境保护措施，主要包括减少有害物质的排放、优化废物处理程序、采用更环保的生产技术等。同时，通过采用严格的安全管理系统和进行定期的安全培训，可以显著降低工作场所事故的发生率，保护员工和社区的安全。

④ **创新与持续改进**。在竞争激烈的化工市场，不断进行技术和管理创新是保持企业竞争力的关键。生产运营管理通过持续改进和优化生产过程，引入新技术和方法，来适应市场需求的变化。例如，通过研究和开发新的催化剂或改进化学反应过程，化工企业可以生产出性能更优、成本更低的产品。此外，利用大数据和人工智能技术优化生产预测和调度，可以进一步提高生产效率和降低成本。

总之，生产运营是化工企业成功的核心。通过高效的运营管理，企业不仅可以提高生产效率、控制成本、保证产品质量，还能满足严格的环保和安全要求。此外，通过不断地创新和改进，化工企业能够适应快速变化的市场需求，维持和增强其在行业中的竞争地位。因此，强化和优化生产运营的管理对于任何化工企业来说都是至关重要的。

1.2 化工企业生产运营面临两大挑战——需求提升、资源有限

1.2.1 需求提升

化工企业作为社会经济结构中的重要一环，其涉及的利益关系复杂，关联多方的需求与期望。在追求卓越的过程中，化工企业必须平衡并满足顾客、股东、员工、合作方和社会 5 大相关方的多元需求。

① **顾客的需求**。顾客对化工产品的主要需求是质量与安全，这直接关系到他们的使用体验和健康。他们期望产品不仅要符合行业安全标准，还要有合理的价格。良好的客户服务和技术支持能够提升顾客的满意度和忠诚度。在技术创新方面，顾客希望企业能够不断推出性能更优、更具创新性的产品。同时，随着环保意识的提升，顾客也越来越偏向于选择那些环保的产品和服务。

② **股东的需求**。股东作为企业的投资者，首先关注的是投资回报，包括股息收入和股价的增值。他们期望企业能够具备持续的盈利能力和成长性，确保其投资具有良好的长期价值。此外，股东也非常看重企业的增长与稳定性，期待企业在保持业务稳定的同时，能够探索新的增长机会和市场。在企业治理方面，股东需要透明和全面的信息披露，以便他们能够准确评估企业的运营状况和面临的风险。有效的治理结构和风险管理策略是他们关注的重点，以确保企业的合法合规运作。随着全球对可持续发展和企业社会责任的重视度逐步增加，股东们也越来越关注企业在环保和社会责任方面的表现。

③ **员工的需求**。作为企业的基石，员工关心的是薪酬与福利的公平性和合理性，他们希望通过自己的劳动获得应有的回报。在化工行业，工作环境的安全尤为关键，员工需要一个安全和健康的工作环境来确保自身不受化学品等危险因素的伤害。员工还期待企业提供职业发展和培训机会，这不仅有助于他们提升个人技能，也有助于其职业生涯的发展。此外，尊重与公平的待遇，以及工作与生活的平衡，是现代职场中员工日益关注的重点。

④ **合作方的需求**。合作方期望与化工企业建立基于信任的长期合作关系。他们关注合约的严格遵守与履行，这关系到合作的稳定性和双方的利益保障。透明度和有效沟通是维护良好合作关系的基础，能够确保双方在业务操作中保持一致和协调。在面对市场风险和机遇时，合作方希望能与企业共担风险并共享成果，

其中包括技术和资源的共享，以提升双方的市场竞争力和效率。

⑤ **社会的需求**。社会对化工企业的期望很高，尤其是在环境保护方面。公众期望企业采取有效措施以减少对环境的影响，积极参与社会责任活动，如提供就业机会、支持社区发展等。同时，企业需要遵守法律法规，通过诚信透明的商业活动赢得公众信任。

综上所述，化工企业在追求经济效益的同时，必须广泛地考虑和平衡各方的需求和期望，这不仅是企业社会责任的体现，也是企业可持续发展的关键。

1.2.2　资源有限

在化工行业中，企业所面临的资源限制不仅多样且具有挑战性，这些限制在很大程度上决定了企业的运营效率、创新能力和市场竞争力。对于化工企业而言，合理管理和充分利用这些资源是实现持续成长和维持市场地位的关键。

① **财务资源**。财务资源包括用于设备投资、原料采购、研发和日常运营的资金。化工企业特别需要投资大量的资本来购买高端设备和建设大型工厂。此外，这些企业还面临着原料和能源成本的波动，这就需要企业在财务规划中采取灵活的策略来应对市场的不确定性。有效的财务管理不仅关乎企业的生存，更是其扩张和技术更新的基础。企业需要不断优化其资本结构，提高资金使用效率，同时也要寻求外部融资机会来支持其扩张计划。

② **物料资源**。物料资源是化工生产的基础，包括原材料、能源和水资源等不同种类。原材料如化学品、催化剂和辅助材料的质量直接影响到最终产品的质量和生产成本。能源资源如电力、天然气和石油是化工生产中不可或缺的部分，其成本和供应稳定性对企业的运营有直接影响。水资源在许多化工生产过程中也扮演着重要角色，不仅用于生产过程中的冷却和处理，还涉及废水的处理和回收。因此，合理管理这些物料资源，优化其使用效率，是降低生产成本和提升环境可持续性的关键。

③ **技术和设备资源**。技术和设备是化工企业核心竞争力的关键所在。先进的生产技术和设备可以显著提升生产效率，降低能耗，同时也有助于保持产品的高质量标准。化工企业需要不断进行技术升级和设备更新，以适应快速变化的市场需求和严格的环保标准。此外，投资于自动化和信息化设备也是提升生产灵活性和降低人力成本的有效途径。

④ **环境资源**。环境是化工企业运营中的重点考虑因素。企业必须遵守严格的环境法规，利用有效的环境管理系统来减少生产对环境的影响。主要措施包括投资于先进的废物处理和排放控制技术，以减少废物排放对空气、水和土壤的污染，并积极推进资源节约和循环利用的措施，确保企业的可持续发展。通过这些措施，企业不仅能够减少对自然资源的消耗，还能最大限度地降低其生态足迹，履行其社会责任。

⑤ **人力资源**。人力资源是企业最宝贵的资产之一。化工企业尤其需要高技能的技术工人、工程师和科研人员。因此，企业需要建立有效的人才招聘、培训和保留机制，确保员工能持续提供最高的工作效率和创新能力。此外，构建积极向上的企业文化，实施绩效激励和职业发展计划，是吸引和保留人才的关键。

⑥ **数智化资源**。数智化（数字化、智能化）技术的引入为化工企业提供了新的机遇。通过施行先进的数智化管理系统，企业可以更好地监控生产过程，优化资源配置，提高决策的速度和质量。数智化还有助于企业更有效地与供应链伙伴和客户进行交互，提升整体的业务效率和客户满意度。

总结来说，化工企业面临的资源挑战虽多，但通过有效的资源管理和持续的技术创新，企业可以克服这些挑战，实现可持续发展和市场竞争力的提升。这需要企业领导层具备前瞻性的战略规划能力和对行业动态的敏锐洞察力。

1.3　化工企业生产运营管理 4 个标准

1.3.1　结果好——就以成败论英雄

在化工企业中，卓越的管理是企业成功的关键因素，涉及多个关键领域，如安全环保、质量、成本和交期。每个领域的管理绩效对企业的整体业绩有着直接的影响，因此，卓越的管理不仅要求制定相应策略，还需要在执行过程中持续对其进行优化和改进，以达成实实在在的好结果。

① **安全环保**。在化工企业中，安全环保是管理的首要任务。优秀的安环绩效不仅体现在超低事故率上，更体现在对潜在风险的预防和管理上。主要措施包括制定严格的安全操作规程、进行定期的安全培训、建立事故应急响应机制和推动环保技术的创新与应用。通过这些措施，企业不仅能保护员工的生命安全，还能减少环境污染，提升自身社会责任感，从而增强企业的公众形象和市场竞争力。

② **质量管理**。质量是化工产品能否赢得市场的关键。卓越的质量管理系统需要严格控制从原料采购到产品生产再到产品交付的每一环节。其中包括建立全面的质量检测流程、实施连续的质量改进计划和利用质量管理工具（如六西格玛、统计过程控制等）。高质量的产品可以减少返工和退货，提高客户满意度和忠诚度，进而增加企业的市场份额和利润。

③ **成本控制**。在化工行业，成本控制是保持竞争力的重要因素。卓越的成本管理不仅关注直接成本的减少，也包括优化生产流程、提高原材料使用效率、降低能源消耗和实施精益生产。通过精细化管理，化工企业可以在不牺牲质量和安全的前提下降低成本，提高价格竞争力。

④ **交期管理**。对于化工企业来说，确保交货及时也是提升客户满意度和维持自身市场地位的关键。这需要从供应链管理、生产调度和物流配送等方面进行优化。通过建立强大的供应链网络、应用高效的生产计划和利用先进的物流技术，企业可以减少生产和交付的延误，提高响应市场变化的能力。

总之，在化工企业中，管理的卓越性是企业成败的决定性因素。企业必须在安全环保、质量、成本和交期等关键领域实现高标准的绩效。通过持续优化相应的管理策略并在执行中不断改进，化工企业可以确保长期的成功和可持续发展，真正做到在业界"以成败论英雄"。

1.3.2 成本低——管理资源低投入

在化工行业中，卓越的管理不仅体现在提高生产效率和保障环境安全的能力上，还体现在有效控制和降低管理成本上。管理成本主要由各级管理人员的时间和精力投入构成，包括政策宣贯、员工培训、日常检查以及必要的纪律处罚等。为了降低这些成本，企业可以采取一系列策略，如数字化和智能化、简化流程、明确标准及提高员工素质和责任心等。

① **数字化和智能化**。数字化和智能化是降低管理成本的关键策略。通过引入先进的信息技术和自动化设备，企业可以减少人工操作，提高数据处理的速度和准确性。例如，使用企业资源规划（ERP）系统可以帮助企业实时追踪生产进度、库存状态和物流信息，从而减少管理层在信息搜集和决策支持上的时间成本。智能化设备如传感器和控制系统可以在生产过程中实时监控设备状态和环境变化，预防事故的发生，减少因事故引发的额外管理成本。

② **简化流程**。流程简化是降低管理成本的有效途径。通过剔除非必要的步骤、合并重复的工作流程，企业可以显著提高工作效率。例如，对于物料采购流程，可以通过建立集中采购平台，减少每个部门独立采购的复杂性和时间成本。此外，简化的流程有助于降低员工的培训难度和减少培训时间，使新员工更快速地适应工作。

③ **明确标准**。明确的操作和管理标准是降低管理成本的关键因素。清晰的标准不仅能帮助员工理解他们的职责和执行的标准，还能减少管理层在监督和纠正错误上的时间。例如，在安全操作中，明确的安全操作规程有助于减少安全事故，相应减少因事故处理和调查所需的管理资源。

④ **提高员工素质和责任心**。提高员工的素质和责任心是降低管理成本的长远策略。通过提供持续的教育培训和充分的职业发展机会，企业可以培养员工的专业技能和自我管理能力。高素质的员工能够自我监督和优化自己的工作流程，减少对管理层的依赖。此外，增强员工的责任心可以通过设立适当的激励机制和明确的职业晋升路径来实现，使员工在追求个人发展的同时，也致力于达到企业的目标和标准。

综上所述，通过数字化和智能化的推进、流程的简化、标准的明确以及提高员工素质和责任心，化工企业可以有效地降低管理成本，从而实现更高的管理效率和经济效益。这些策略不仅有助于降低直接的财务成本，还能通过提高操作的可预测性和稳定性，减少潜在的风险和成本。

1.3.3　易传承——管理输出系统化

在化工企业的生产运营中，易传承和系统化的管理输出是提升企业长期竞争力的关键。这意味着管理实践不仅要高效，还需要容易被新一代的员工理解、掌握并继承，从而保证企业管理的连续性和稳定性。

易传承的管理体系侧重于创建清晰、系统化的操作和管理流程，这些流程可以轻易地由一代员工传递给下一代。在化工行业，这通常涉及编制详尽的操作手册、培训材料和工作指导书。例如，将复杂的化学生产流程分解为标准化的操作步骤，不仅提高了当前操作的效率，也使新员工能够通过标准化培训迅速上手。此外，通过定期的内部研讨会和技能培训，企业可以确保知识和最佳实践的持续传承。

管理输出系统化强调的是构建一个整体的、互联的管理框架，其中每个部分都与其他部分紧密相连，形成一个协同工作的整体。这种系统化的方法不仅包括跨部门的协作流程，还包括数据管理系统、性能监控系统和反馈机制的整合。通过施行ERP系统和绩效管理系统等系统，化工企业能够确保信息的无缝流通和实时更新，从而获得高效的资源配置和决策。

例如，通过建立统一的信息平台，各部门能够实时获取生产数据、库存状态和市场需求信息，有效协调生产计划和物料需求，减少资源浪费。同时，通过施行全面的质量管理和安全监控系统，企业能够实时监测各项指标，快速发现潜在的生产问题和安全风险，从而提升企业的整体运营效率和风险管理能力。

总结而言，化工企业生产运营中"易传承"的管理输出，不仅关乎当前的管理效率和效果，更关乎企业未来的可持续发展和竞争力。通过打造易于理解和传承的管理体系，以及确保各个管理环节系统地协同工作，化工企业可以在不断变化的市场环境中保持稳定和灵活，从而持续成功。

1.3.4 成体系——不漏不重易整合

在化工企业中，由于业务流程的复杂性和各种潜在的安全风险，实现有效的管理是一项极具挑战的任务。一个关键的管理原则是确保管理的全面性和明确性，即不漏不重、各司其职。这意味着每一个管理环节都必须有明确的负责人和团队，而且每个角色的职责界限须清晰划分，以防止管理职责的重叠和遗漏，从而提高管理效率和效果。

首先，实现"不漏"（无管理遗漏）的关键在于建立一个全面覆盖的管理体系。化工企业须确保所有潜在的风险点和管理环节都被识别出来，并且分配有明确的责任人。例如，在安全管理方面，除了常规的生产安全和设备安全管理，还应包括紧急事故响应、环境保护和员工健康管理等。每一项管理任务都应由专门的部门或小组负责，如设备安全由设备管理部门负责，环境保护由环境管理部门负责，员工健康由人力资源部门与安全生产部门共同负责。

其次，为了实现"不重"（避免职责重复），化工企业需要明确各部门、各团队的职责范围，确保职责的清晰界定。这通常通过编制详细的职责说明书和流程图来实现。在这些文件中，每个部门的职责、权限和工作流程都应被明确记录，同时，也须定义部门间的协作机制和信息交流流程，确保在职责交叉的地方能够高效协作而不是产生冲突。例如，虽然质量管理部门负责产品质量的监控，但原材料的验收标准可能需要与采购部门和技术部门共同制定，以确保标准的科学性和实用性。

此外，为了进一步优化管理效率，化工企业可以采用现代信息技术来支持管理活动，如 ERP 系统、质量管理体系（QMS）和安全管理系统（SMS）。这些系统可以帮助企业自动跟踪管理流程，实时监控关键性能指标，及时发现管理漏洞和职责重叠。通过系统化的数据分析，企业可以更容易地识别管理中的弱点，进行持续的改进。

培训和教育也是确保管理不漏不重的重要组成部分。化工企业应定期对员工进行管理职责和协作流程的培训，确保每位员工都能清楚自己的职责所在及如何与其他部门有效协作。通过增强员工的职责意识和团队协作能力，可以进一步减少管理中的遗漏和重复。

综上所述，化工企业要实现有效的管理，必须建立一个既全面又高效的管理体系。这需要通过明确的职责分配、高效的信息系统支持以及持续的员工培训和教育，确保每一个管理环节都有明确的责任人，同时避免职责的重叠和冲突。通过这种方式，企业不仅可以提高管理效率，还可以增强对潜在风险的控制，保障企业的持续健康发展。

1.3.5　4 个标准之间的关系

在化工企业的生产管理体系评价中，关键的 4 个标准包括"结果好""成本（管理成本）低""易传承"和"成体系"。这些标准相互依赖、相互影响，共同构成了衡量管理体系效率和效果的综合框架（图 1-2）。

首先，标准"结果好"与"成本（管理成本）低"之间的关系显而易见。一个能够获得优良业务成果的管理体系，表明其运作高效，能够在减少错误和冲突的同时提高资源利用效率。这种体系直接降低了管理成本，尤其是在培训、宣贯和检查等方面。有效的管理实践通过减少浪费和避免返工，减轻了因管理不善造成的经济负担。

其次，"成本（管理成本）低"与"易传承"的关系也极为紧密。一个管理成本低的体系通常意味着其内部流程已经高度优化和标准化，易于被文档化和传授。这种标准化不仅便于新管理人员的培训和上手，而且有助于维护管理活动的一致性和连续性，即使在人员更迭时也能快速恢复效能。

再次，"易传承"与"成体系"的关联同样重要。易传承的特性确保了管理知识和实践可以快速有效地传播，而成体系的管理结构则提供了必要的框架来支持这种传播。系统化的管理框架不仅整合了各个独立的管理活动，还确保了这些活动的协调和一致性，从而使整个体系更加稳健和易于管理。

最后，"成体系"的管理框架与"结果好"之间的相互作用尤为关键。一个结构化且有序的管理体系可以更有效地监控各个管理环节，从而提高整体的操作效率和产品质量，这直接反映在企业的业务成果上。通过确保所有流程和活动都被恰当地管理和执行，企业能够实现其业务目标，并持续提高市场竞争力。

综上所述，这4个评价标准不是孤立存在的，而是相互关联并相互强化的。它们共同形成了一个强大的网络，每个标准都在不同的层面上支持和促进化工企业管理体系的成功和可持续发展。这种综合考量方式是化工企业在竞争激烈的市场环境中实现稳定发展的关键。

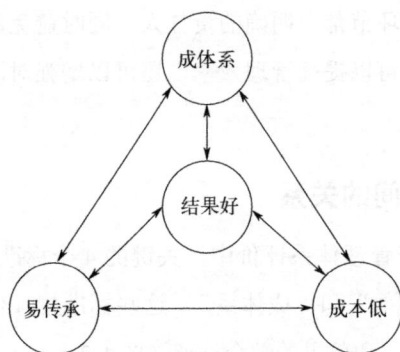

图1-2　生产运营管理4个标准之间的关系

1.4　卓越化工——契合4标准，帮助卓越企业提升核心竞争力

在化工行业中，构建卓越的生产运营体系是企业提升核心竞争力的关键。卓越化工管理体系通过实施"3求5化6要7能"，使生产运营管理达到上述4个标准，以确保化工企业的生产运营不仅高效而且可持续。

①　**实施"3 求"以确保结果好。**"3 求"即求高、求新、求实，这是推动化工企业追求卓越的动力源泉。首先，企业需要设定高标准的管理效能和结果目标（求高），确保所有操作和决策均有难度、力度和速度。其次，企业需要不断创新，前瞻性地调整管理和生产策略（求新），以适应快速变化的市场和技术环境，在过程中要有活度、远度、广度。最后，企业必须注重实际效果，采取务实的管理和操作方法（求实），确保所有策略和流程的实际执行都能带来明确的成效，兼具深度、细度和温度。

②　**采用"5 化"降低管理成本。**"5 化"包括流程化、标准化、精益化、数字化和智能化，这是降低管理成本的有效方法。流程化和标准化有助于固化最佳做法，确保价值最大化和错误最小化。精益化通过消除浪费来持续提升流程效率。数字化和智能化则通过技术实现操作的透明化和一体化，减少人工错误和提高决策速度，从而显著降低管理和操作成本。

③　**通过"6 要"实现易传承。**"6 要"涵盖理念、目标、组织、知能、绩效和沟通，这是构建易传承系统的基础。清晰的企业理念和明确的目标能为员工提供方向和动力。建立健全的组织结构和提升员工的知能，可以增强团队的执行力和适应力。通过有效的绩效评估和开放的沟通渠道，企业可以确保知识和经验的持续传递，同时增强员工的责任感和归属感。

④　**利用"7 能"建立成体系的运营模式。**"7 能"指的是安环、质量、成本、交期、人力、工艺、设备 7 个业务领域。在这些领域中实施综合管理，不仅需要对每个领域的风险和需求有深刻的理解，还需要制定具体的策略来优化每个环节。例如，通过高度可靠的设备管理和精确的工艺控制，企业可以确保生产的连续性和产品的一致性，从而满足客户对交期和质量的严格要求。

综上所述，通过在化工生产运营中践行卓越化工"3 求 5 化 6 要 7 能"的策略框架，企业不仅能有效地提升管理效率和降低成本，还能构建一个易于传承且系统完整的管理体系。这些措施共同助力化工企业在竞争激烈的市场中具备并提升核心竞争力，实现长期的业务成功和可持续发展。

第 2 章

3 字追求

——高、新、实

在化工企业的管理实践中,"求高、求新、求实"的追求,不仅是达成战略目标的手段,也是塑造企业文化和提升市场竞争力的核心,是整个卓越生产运营的起点。

2.1 求高——追求卓越

追求卓越在化工企业管理中是推动高效能和优质结果的核心动力,涵盖了追求高挑战、强执行力及快速响应 3 个主要方面。

2.1.1 难度——迎难而上

在化工企业中,追求难度意味着应对和解决远超行业常规挑战的复杂问题。例如,万华化学在环保方面通过创新技术和资源循环利用,解决了行业中长期存在的难题,不仅提升了企业的技术能力,还引领了行业的可持续发展方向。2017年万华宁波率先投资建成了国内港口行业首批 2 个圆形穹顶煤仓,克服了在传统煤仓建设中难以解决的环境和安全问题,实现了煤炭全封闭输送,彻底解决了码头堆场动力煤露天堆放产生的粉尘污染、自燃等隐患。

设定并克服高难度挑战需要企业领导层的坚定决心,确保这些挑战与企业的长期战略和市场定位相一致。首先,企业应通过深入研究和技术分析来确定行业中尚未解决的复杂问题，并设定比行业常规更高的解决难度。例如，如果行业平均的产品一次合格率为 95%，企业可以通过技术创新和流程优化，挑战并实现 98% 的一次合格率。此外，企业应建立一个系统性的挑战跟踪和评估机制，以监控难题解决的进展和效果，并确保这些高难度目标任务在组织中得到有效传达和实践。

2.1.2　力度——落地有痕

力度在化工企业的管理中体现为对政策和决策的严格执行。例如，面对生产过程中的挑战，企业需要迅速并且坚定地采取行动。例如，2002 年企业发生了自建厂以来的最大一次火灾事故，导致核心车间全线停车，一名员工烧伤。事故发生后公司不仅迅速修复了生产装置，还针对事故进行了深入的根本原因分析，并在全集团范围内重新培训了相关人员，以后每年到这一天企业都会举办"5·20"事故警示会，持续不断，强化了安全文化。这种管理力度确保了企业能够在面临危机时保持稳定，并维护员工和社区的安全。

确保决策和政策的强有力执行需要从组织结构和文化两方面加以支持。企业应建立一种文化，其中高层管理者和基层员工都承担起推动和实现目标的责任。为了确保政策执行不流于形式，企业可以设立专门的执行小组，负责监督和报告执行进展，并对执行过程中的障碍进行实时干预。此外，引入执行力度的量化评估工具，如执行效果评分系统，可以帮助企业定量分析政策实施的成效。

2.1.3　速度——以快制胜

速度在化工企业的管理中尤为重要。例如，当市场对特定类型的产品需求急剧上升时，卓越企业能够迅速从其他产品的生产转换到所需产品的生产。这种转换通常涉及快速调整生产线上的关键设备配置、调整化学反应条件和优化原料供应链。公司通过集成的数字化生产管理系统实现了生产计划的实时更新和资源的动态分配，确保了生产调度的灵活性和响应速度。

卓越企业的快速生产转换策略不仅限于单一生产基地，而是通过全球生产网络协同实施。例如，当欧洲市场对某产品的需求突然增加时，公司可以快速协调中国和欧洲的生产基地，共同调整生产策略，确保全球供应链的高效运作，迅速满足欧洲市场的需求。这种速度不仅限于产品调整，也体现在日常运营中。快速的决策和执行能力可以帮助企业在竞争激烈的市场中抢占先机，譬如在原料价格波动时迅速采购，或在客户需求变化时快速调整生产计划。

在追求决策和执行的速度时，企业应优化其内部流程，减少不必要的层级和审批，实现快速反应。例如，对于常规决策，可以设立相应层级的自主权，让中层管理者在不需上级审批的情况下做出快速反应。同时，企业应投资于 IT 基础设施，利用数字工具和平台来加速信息流通和决策过程，如实时数据分析系统和移动决策支持应用。

2.2　求新——突破创新

在化工企业中，创新是推动企业持续成长和应对行业挑战的关键力量。求新不仅仅是追求技术上的创新，更包括在管理、客户服务等多方面的创新。

2.2.1　活度——因势利导

活度涉及管理的灵活性和适应性。在市场需求变化时，化工企业能够灵活调整产品线，生产更符合市场需求的产品。例如面对建筑行业对环保的要求逐步提高的趋势，卓越企业快速调整其产品线，推出了一系列新的水性聚氨酯涂料，这些产品不仅具有优异的环保性能，还具备更高的耐用性和更低的挥发性有机化合物排放量。通过这种灵活的产品开发策略，卓越企业成功捕捉了市场趋势，巩固了其在高端建筑材料市场的领导地位。这种灵活的管理和适应性不仅限于应对危机，也体现在企业对市场趋势的预见和响应上。通过灵活调整战略和操作，企业可以更好地利用资源，抓住市场机遇。

保持管理的灵活性要求企业能够迅速适应外部环境变化。实施灵活管理的一个关键策略是推广跨功能团队的工作方式，这种方式可以促进不同背景和专业的员工共同解决问题，从而提高解决方案的创新性和实用性。此外，企业应该定期审视并调整其业务流程和组织结构，以消除创新阻碍，例如，通过设立创新实验室或快速原型开发团队，来探索新技术和业务模式的潜在应用。

2.2.2　远度——高瞻远瞩

远度强调的是前瞻性和长远规划。例如在设备升级方面，卓越企业持续投

资于先进的生产设备和技术，如在生产基地引进了最新的自动化控制系统和机器
人技术，这些技术不仅提高了生产效率，还通过减少人为错误，提高了操作安全
性。此外，这些先进设备的引入使得生产过程更加灵活，企业能够快速调整生产
线以适应不同产品的生产需要，保障设备可靠和工艺安全。

进行长远规划时，企业不仅需要关注即将迎来的市场和技术变化趋势，还需
要评估这些趋势对当前业务模式的影响。这要求企业建立一套全面的环境扫描和
趋势分析体系，定期收集并分析行业报告、科技进展和市场动态。基于这些信息，
企业可以制定或调整其长期战略，确保在未来几年甚至几十年内保持竞争力。此
外，采用风险管理框架以识别和缓解潜在风险也是必不可少的。

2.2.3　广度——海纳百川

广度体现在管理的广泛性上。化工企业在全球化经营中，需要考虑到不同国
家和地区的法律、文化及市场特性。例如作为全球化运营的化工企业，卓越企业
已经在全球多个国家和地区建立了生产和研发中心。企业通过在不同市场投资建
厂，不仅能够更好地适应各地的法规和市场需求，还能优化供应链，减少物流成
本，增强全球市场的响应速度和服务质量。这种广泛的视角使企业能够更有力地
在全球市场中竞争，通过了解和适应各地区的特定需求和规制，企业可以优化其
全球运营策略，增强自身在全球市场的影响力。

为了在全球市场中成功运营，企业需要在国际化策略上采取开放和包容的态
度，包括对外部市场的深入理解，培养能够在多文化背景下工作的管理团队，并
实施本地化策略来适应不同地区的文化和商业习惯。

2.3　求实——求真务实

求实是化工企业管理中追求实际效果和务实态度的表现，关注深入分析、细
致执行和人文关怀，以确保决策和行动的实效性和适应性。

2.3.1　深度——追根究底

深度要求管理工作能深入到企业的每一个层面。例如卓越企业在安全管理方
面建立了全面而严格的安全管理体系，不仅进行定期的安全培训和应急演习，而

且通过引入国际先进的安全管理标准和技术，如过程安全管理（PSM），大大降低了发生生产事故的风险。此外，企业还实施了严格的安全检查和维护制度，确保所有设备和工艺都在安全的状态下运行。这种深入的管理不仅涉及技术和过程，也包括对企业文化和员工行为的深入理解和引导。通过建立全面的安全管理体系和持续的改进机制，企业能够持续提升安全管理水平。

为了确保管理的深入有效，管理团队必须确保对运营的每一个细节都有深入的了解。这要求企业建立一个全面且系统的监控机制，确保对工作流程、员工绩效和生产效率的持续观察和分析。通过实施定期的业务审计和深入的员工访谈，管理层能够直接获取关于操作流程和潜在问题的一手信息，这有助于他们更精确地识别问题根源并迅速制定有效的应对措施，以保证企业运营的高效和持续改进。

2.3.2 细度——细致入微

细度专注于管理的精细化水平。在化工生产中，对生产的精确控制可以显著提升产品质量和降低成本。这种对细节的关注不仅适用于生产过程，也适用于企业的财务管理、人力资源管理等各个方面。通过建立精细化的管理系统，企业可以更有效地监控和优化其操作，降低风险，提高效率。例如卓越企业通过施行精细化的生产控制系统，如实时监控和自动化调整生产参数，确保了生产效率和产品质量的最优化。这种对生产细节的关注帮助公司减少了能源消耗和原料浪费，提高了整体的生产效率和经济效益。

精细管理的实践中，关键在于对细节的关注和精确控制。这需要制定严格的操作程序和标准，训练员工掌握精确操作技能，并通过技术手段（如自动化和精密仪器）来提高操作的准确性。定期的质量审核和绩效评估也是确保操作精准的重要途径，有助于发现问题并实时调整。

2.3.3 温度——以人为本

温度，即管理中的人文关怀，尊重人性规律，以人为本。例如卓越企业致力于建立一个支持和关怀员工的工作环境，提倡家文化。公司提供全面的员工福利计划，包括非常有竞争力的薪酬待遇以及各种员工发展计划。

卓越企业非常重视提升员工的整体满意度。企业深知员工的全面满意度是企业成功的关键，因此采取多种措施来满足员工的多元需求。首先，通过定期进行满意度调查，企业可以准确把握员工对工作环境、发展机会、管理方式等各方面的感受和需求。基于调查结果，企业不断调整和优化人力资源政策和管理实践，例如在提高工作效率的同时确保员工的工作与生活平衡，为员工提供专业发展和培训机会。

此外，企业还注重营造一个支持性和包容性的工作环境。企业鼓励员工在日常工作中发声，通过建立多渠道的沟通平台，如咖啡时间、内部论坛等，使员工能够自由表达意见和建议，真正做到员工参与。管理层对员工的反馈给予积极响应，并在可能的范围内实施改进措施，以增强员工的归属感和满意度。

通过这些综合措施，企业不仅提升了员工的满意度，也形成了一种积极、开放、互助的企业文化。这种文化不仅提升了员工的工作热情和团队协作能力，也为企业的长远发展和市场竞争力的提升提供了坚实的人力资源支持。

2.4　高、新、实三者鼎足而立、不可或缺

在卓越化工企业的管理中，求高、求新、求实的追求并非孤立存在，而是鼎足而立、不可或缺的（图 2-1）。

图 2-1　高、新、实

（1）相互促进的关系

①　**求高推动求新**。追求高标准（求高）自然要求企业不断更新其管理理念和生产技术，以达到或超越这些高标准。这种需求推动企业不断寻求新的解决方

案和创新方法（求新），无论是在产品开发、生产流程还是在管理方式上。例如，为了达到生产效率的高标准，企业可能需要引进最新的自动化技术和优化工艺流程。

② **求新补充求实**。创新（求新）往往需要在实际操作中得以验证和完善。通过在真实的生产环境中测试新理念、新方法，企业可以确保这些创新是可行的、有效的，并能带来实际的改进和效益（求实）。这种从理论到实践的转化，不仅验证了创新的价值，也加强了企业在实际操作中的务实态度。例如企业在引入新的绿色化学工艺时，通过小规模试验生产，验证了新工艺的可行性和经济性，最终在装置推广，显著降低了生产成本和对环境的影响。

③ **求实支持求高**。务实的管理和操作确保企业在追求高标准的过程中保持地面接触，确保目标的实现是建立在坚实的基础之上的。这种务实的作风使得企业在设定高远目标（求高）时更加注重实际效果和可行性，从而使得高标准的设定既雄心勃勃又接地气，可操作性强。例如企业在设定年度生产目标时，结合了实际生产能力和市场需求，确保目标既具有挑战性，又能通过实际努力实现。

（2）相互制约的关系

① **求实限制求新**。在追求新方法和技术的过程中，务实的原则要求企业必须考虑到创新的实际应用性和成本效益，这可能会制约某些过于前卫或成本过高的创新活动。企业需要在创新与实用性之间找到平衡点，确保新引进的技术和方法能够在现实环境中有效运行，并带来预期的回报。例如企业在评估某新型催化剂的应用时，考虑到高昂的成本和复杂的操作流程，最终选择了一种性能稍低但更经济实用的催化剂。

② **求高制约求实**。在设定高标准的过程中，过于激进的目标可能会影响目标的实际可达成性。因此，求高在激励团队向更高目标迈进的同时，也需要被务实原则所制约，以确保目标的设定既具有挑战性，又不脱离实际情况，避免造成资源的浪费和员工的挫败感。例如企业在提升能源利用效率的过程中，提出了减少能耗的远大目标。然而，如果过分追求能源零浪费，可能会影响生产稳定性。因此，企业在认识到这一点后采用了逐步达标的方法，首先集中精力优化主要能耗环节，然后通过技术升级和流程优化来实现能源利用效率的提升。在确保生产持续稳定的基础上，他们设定了可行的节能改进目标，逐步减少能耗，最终实现资源的高效利用。

（3）相互依赖的关系

① **求新依赖求高的激励。** 创新往往需要动力和目标作为驱动。高标准的设定（求高）为创新提供了方向和激励，使得企业在追求这些高目标的过程中自然而然地追求突破现有技术和管理的限制。例如企业为了实现"零排放"的战略目标，持续加大研发投入，整合内部技术力量和外部合作资源，最终开发出了高效且经济的废水处理系统，大幅提升了废水治理能力。

② **求实依赖求新的输入。** 为了保持实际操作的有效性和持续优化，务实的原则须不断引入创新（求新）的成果。这种依赖关系表明，只有不断地尝试和实施新的技术和管理方法，企业才能确保其操作的持续优化和效率提升。创新提供了新的工具和思路，使得企业能够在实际操作中更加精准和高效。例如企业通过引进最新的生产管理数字化系统，实现了生产过程的数字化和精细化管理，提高了生产效率和产品质量。

（4）循环提升的关系

求高引发求新，求新加强求实，求实支持回到求高。 这三者之间形成了一个正向的循环系统。高标准的设定激发创新需求，创新成果的实施又带来了更加务实的操作方式，而务实的结果验证和固化了创新的成果，这些成果的积累和应用又为企业设定更高的目标提供了基础。通过这样的循环，企业能够持续进步，不断推动自我超越。例如企业通过实施一系列严格的质量管理标准，推动了生产工艺的不断改进和创新，最终在行业内树立了卓越的品牌形象。

（5）互为因果的关系

求高、求新、求实不仅是管理原则的相互促进，它们也是互为因果的。每一个原则都既是起点也是终点，既是因也是果。例如，实际的业绩（求实）可以促进企业进一步设置更高的业绩目标（求高），而要达到这些更高的目标，企业又需要引入新技术或新方法（求新）。这样，每一个成果都为下一个目标的设定提供了依据，形成了一个持续自我完善的循环。例如企业在实现年度目标后，进一步提升了下一年度的环保和安全标准，并通过不断引入先进技术，推动了整体管理水平的提升。

在卓越化工企业的管理中，求高、求新、求实三者之间的关系构建了一个强有力的内部动态机制。这种机制不仅推动了企业的持续发展和技术创新，而且保证了企业在追求高标准的过程中保持务实和效率。这三个追求相互作用，形成了一个企业持续进步和适应市场变化的强大动力。通过理解并利用这三者之间的相互关系，化工企业可以更好地制定战略、实施计划，并最终实现其商业目标和社会责任。

2.5 3求诊断

表2-1可以帮助企业详细评估其追求的现状，并根据评价结果进行针对性的改进，以提高管理的效率和有效性。

表2-1 3求诊断表

类别	维度	描述	5分（卓越）	4分（优秀）	3分（良好）	2分（较差）	1分（很差）
求高	难度	管理目标和挑战的复杂性	目标和挑战极具难度，推动企业应对复杂问题并取得突破	目标具有较高难度，对实际工作有较大推动作用	目标难度适中，能够较好地指导工作	目标难度较低，挑战性不强	目标难度不足，无法有效推动企业发展
	力度	管理执行的力度和决心	执行力极强，任何计划都能迅速有效执行	执行力较强，计划多能按时完成	执行力一般，偶有突出表现	执行力不足，计划时有未完成	执行力极差，常见计划落空
	速度	反应和执行速度	反应和执行速度极快，效率极高	反应迅速，执行效率较高	反应速度及时性一般	反应较慢，执行不够及时	反应迟钝，处理问题常拖延
求新	活度	管理活动的灵活性和适应性	极具创新和变革能力，灵活适应各种变化	灵活性好，适应性强，能较好应对变化	灵活性和适应性一般	灵活性较差，适应性不强	创新意识缺失，难以适应变化
	远度	前瞻性和战略规划	战略规划非常具有前瞻性，全面覆盖长远发展需要	战略规划具有前瞻性，能有效应对未来挑战	战略规划一般，有一定前瞻性	战略规划较为短视，难以应对长远挑战	缺乏远见，战略规划非常短视

续表

类别	维度	描述	5 分 （卓越）	4 分 （优秀）	3 分 （良好）	2 分 （较差）	1 分 （很差）
求新	广度	管理的覆盖广度	管理覆盖全面，所有相关领域都得到有效管理	管理覆盖广度较大，涵盖多个关键领域	管理覆盖广度一般	管理范围较窄，某些领域未覆盖	管理范围狭窄，多个领域缺乏覆盖
求实	深度	对问题的深入分析和解决	问题处理极具深度，解决方案非常彻底	问题分析深入，解决方案有效	问题处理具有一定深度	问题分析不够深入，解决措施不彻底	处理问题过于表面，缺乏深度
	细度	对细节的关注和管理精确性	对细节极度关注，管理非常精确	细节处理良好，管理较为精确	细节处理一般，偶有疏漏	对细节关注不足，精确性较差	忽视细节，常有疏漏
	温度	人文关怀和组织温度	极强的人文关怀，组织氛围非常温暖	良好的人文关怀，组织氛围温暖	人文关怀一般，氛围尚可	人文关怀不足，组织氛围一般	缺乏人文关怀，氛围冷漠

第 3 章

5 化方法

——流程化、标准化、精益化、数字化、智能化

3.1　5 化——生产运营管理的核心方法

　　化工制造企业的生产运营管理是一个复杂的系统工程，包括流程化、标准化、精益化、数字化和智能化等多个方面，这些方法之间相互联系，相互促进，共同构成了化工企业高效、稳定、安全生产的基础（图 3-1）。在万华化学生产运营体系构建过程中，笔者先后主导或深度参与了这 5 化，切身体会了 5 化带给企业的深刻变化。

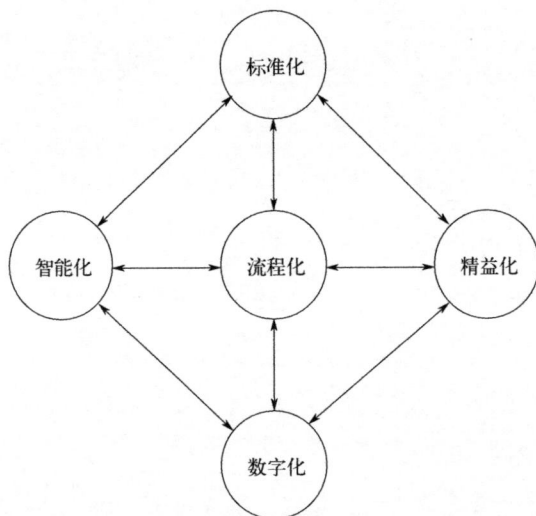

图 3-1　5 化方法

① **流程化——厘清**。流程化是化工制造企业管理的基础，指的是将企业的生产、供应、销售等活动规范成一系列标准的流程。流程化管理可以帮助企业明确各个环节的职责、步骤和标准，有效地指导生产和管理活动，减少生产过程中的随意性和不确定性，提高生产效率和产品质量。

② **标准化——求优**。标准化是对流程化的进一步深化和发展。它是指通过建立统一的标准和规范，确保生产和管理过程中的每一个环节都能按照既定的质量标准执行。标准化不仅涉及产品质量，还包括生产设备、原料、工艺流程、作业方法等各个方面，有助于降低生产成本，提高产品质量和市场竞争力。

③ **精益化——淘金**。精益化管理是在流程化和标准化的基础上，通过持续改进和消除浪费来优化和增强企业的管理和运营效率。精益化注重实现最大的客户价值，同时最小化资源消耗。通过精益化管理，化工企业能够更加灵活地应对市场需求的变化，提高资源使用效率和生产力，最终实现成本降低和生产效率提升。

④ **数字化——协同**。数字化是现代化工企业管理的重要趋势，通过引入信息技术，可以实现生产和管理活动的数字化。数字化可以帮助企业实时监控生产过程，快速响应市场变化，提高决策的科学性和准确性。同时，数字化还能促进流程的优化、标准的执行和管理体系的完善，进一步提升企业的竞争力。

⑤ **智能化——赋能**。智能化代表着化工制造企业管理的最新发展趋势，它是在数字化基础上进一步提升，通过人工智能、机器学习、大数据分析等技术，提高企业的自动化和智能化水平。智能化可以使企业更有效地处理和分析数据，预测市场趋势，优化生产流程，提升产品质量和生产效率。同时，智能化还能增强企业对复杂环境的适应能力和风险管理能力，提高安全生产水平。

总体来说，流程化、标准化、精益化、数字化和智能化之间是相互支持、相互促进的关系。流程化为企业提供了基本的工作模式和步骤；标准化确保了这些工作模式和步骤的一致性和有效性；精益化将这些标准化的流程进一步优化，提高效率和适应性；数字化通过现代信息技术，提高了这一框架的效率和灵活性；而智能化则利用先进的技术进一步提升管理和生产的智能水平。通过这五个方面的协同发展，化工制造企业可以更好地适应市场变化，提高生产效率和产品质量，从而在激烈的市场竞争中占据优势。

3.2 流程化——先分后合，界定价值环节

3.2.1 流程化缺失的痛点

在现代生产管理中，流程化的缺失或流程设计不良会带来一系列的痛点，严重影响生产效率和企业绩效。

生产延误是一个常见问题。流程缺失导致的原料补给不及时，可能会使整个生产线暂停，进而导致生产进度延后。在这种情况下，流程不顺畅直接影响到产品的交付时间。

资源浪费是流程化缺失的直接后果。不合理或中断的流程会导致资源的大量浪费。比如，重复的工序不仅会消耗过多原料，还会增加人力成本。这种资源的浪费极大增加企业的运营成本。

生产的不一致性也是一个严重问题。由于流程不统一，不同班组可能因对流程的理解不同而生产出不同质量的产品，从而导致产品质量波动。这种质量的不稳定性会影响客户对企业产品的信任度。

流程响应速度慢也是流程化缺失带来的问题。当市场需求发生变化时，如果流程反应慢，企业不能迅速调整生产，可能导致库存积压，这不仅影响资金流，也可能导致市场机会的丧失。

流程设计不合理还会导致部门间的交流不畅。例如，生产和质检部门如果因流程接口不明确而互相推诿责任，会大大降低工作效率，影响团队协作的效果。

客户不满也是一个重要的痛点。订单处理的延迟，尤其是订单流程复杂导致客户等待时间过长，常常引起客户的不满和投诉，这会损害企业的品牌形象和客户关系。

安全事故的风险也会因流程中安全措施的不足或执行不力而增加。例如，如果在操作流程中未严格遵守安全规定，可能会发生危险化学品泄漏等严重安全事故。

成本控制困难也可能是流程不清晰带来的问题。流程冗长不仅会导致生产成本上升，还可能使企业的利润下降，从而影响企业的竞争力。

人员士气低落也可能是由流程不合理所导致的。生产流程的频繁变动会使员工感到困惑和疲惫，从而导致其工作压力大、士气低落。

综合以上各点可见，流程化的缺失会在多个层面对企业造成负面影响，从生

产效率到环境责任，再到员工士气和客户满意度，每一环都不容忽视。因此，建立和优化生产流程是提高企业竞争力的关键。

3.2.2　流程化释义

流程是指把一个或多个输入转化为对顾客有价值的输出活动（图 3-2）。在化工企业中，流程管理贯穿于整个生产周期，从原材料的采购与储存、工艺设计与优化、设备的运行与维护，到最终产品的交付和售后服务。

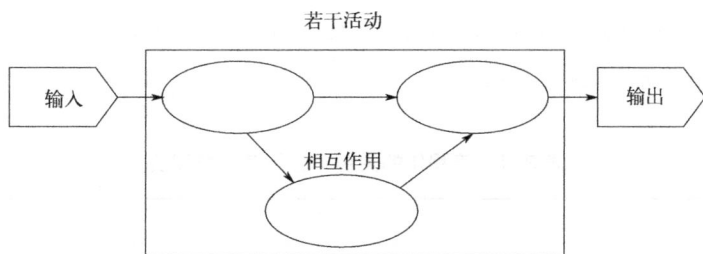

图 3-2　流程

流程化是指将复杂的任务和操作分解成一系列有序、系统化的步骤，通过详细的流程图、操作指南和规范文件，使其在重复执行时具有一致性和可预测性。流程化的主要目的是提高效率、降低错误率、确保质量和一致性，并提升企业的整体管理水平。

3.2.3　流程化的组织和关键角色

（1）流程化的组织

化工企业推行流程化的组织结构重点放在流程的标准化和持续改进上。以下是一个流程化组织的结构。

① **流程化推行委员会**。该委员会由高层管理者和部门负责人组成，其主要职责包括流程化战略的制定和审批、重点流程改善项目的立项审批、实施监管和结项审批、流程优化奖励计划的制订和审批。

② **流程管理办公室**。该办公室负责制定和维护组织的流程化战略，组织相关的学习、实践和分享活动，建立并完善流程管理体系。

③ **各部门**。各部门负责推行本部门的流程化工作，其中包括组织员工参加相关培训、执行和监督改善项目以及组织分享和交流活动。每个部门都应确保其流程与组织整体战略一致。

通过这样的组织结构，化工企业可以确保流程的持续优化和标准化，从而提高效率和质量，降低成本和风险。同时，流程化的推行也需要文化和行为上的支持，确保全员参与和具有持续的改进意识。

（2）流程化的关键角色

企业在推行流程化管理时可能会设定多个关键角色，根据其规模、业务需求和组织结构的不同而不同。表 3-1 是一个普适的关键角色设置和职责分配方案，可以满足不同类型企业的需要。

表 3-1　流程化的关键角色及其主要职责

关键角色	主要职责
流程化管理主席	制定和引领流程化管理的愿景和策略 确保流程化项目与公司战略一致 通信和推广流程化的价值和重要性，确保全公司的理解和参与 分配必要的资源，确保流程优化项目的实施
首席流程官	负责流程优化和管理的整体指导和监督 设立流程管理的标准和策略 监控整个组织的流程表现，确保持续改进
流程专家	设计和实施具体的流程改进项目 提供专业的工具和方法支持流程优化 监控和报告流程改进项目的进展和成果
流程分析师	收集和分析流程数据，识别改进机会 负责流程映射和建模，以支持流程优化和决策制定
质量与合规经理	确保所有流程改进活动遵循内部和外部的质量标准与法规要求 监督流程实施的质量控制和合规性
IT 支持专家	提供技术解决方案以支持流程自动化和优化 确保技术平台和系统与流程改进需求相匹配
流程负责人	定义和更新所负责的流程，负责流程的规划、文档化，并定期更新以确保其与业务目标保持一致 监控和优化，持续监控流程性能，分析数据，实施必要的改进措施来提高效率

通过设立这些多样化的角色，企业能够确保从策略到执行、从分析到技术支持中的各方面都能协调一致地推进流程化管理。每个角色都针对其专业领域提供必要的支持和专长，共同推动组织效率的提升和目标的实现。

3.2.4　流程化的阶段

在流程化的实施中，我们可以将其分为四个主要阶段，即准备期、导入期、发展期和成熟期，每个阶段都有其特定的描述、重要任务和通常所需时间。

① **准备期**。这一阶段主要是为流程化建立组织基础设施和文化，通常持续半年至一年。在这一阶段，关键任务包括识别关键流程和潜在瓶颈、评估现有流程的效率和效果，以及建立流程优化的初步目标。这是流程化实施的起点，目的是确立一个清晰的方向和基础。

② **导入期**。在准备期基础上，正式实施流程化，持续时间也是半年至一年。这一阶段的主要任务包括建立详细的流程图、培训员工理解和遵守新流程，以及实现关键流程的自动化。这是一个关键阶段，因为在这期间，新流程将被全面部署并开始影响日常操作。

③ **发展期**。此阶段持续一至三年，主要关注流程的持续完善和调整。关键任务涵盖收集反馈以优化流程、通过自动化工具提高流程效率，以及实施监控和评估机制。此阶段的目的是根据实际运行情况调整流程，以确保其效率和有效性。

④ **成熟期**。在这个阶段，流程已高效运作并全面融入企业运营和文化中，且这一阶段是持续的。其重要任务包括规范操作程序并形成企业标准、持续监控和改进流程，以及推广优化流程至全企业范围。成熟期标志着流程化实践进入高级阶段，流程已成为企业文化的一部分。

通过这样分阶段实施流程化，企业能够更有序且有效地推动流程化进程，最终实现运营效率的显著提升和企业文化的深度融合。

3.2.5　流程化的范围

企业实施流程化管理的范围与其价值链的广度密切相关。流程化管理的核心是将企业中的所有关键活动系统化和标准化，以提升效率和效果。价值链活动可以分为两类：主要活动和支持活动。主要活动包括产品的生产、销售和售后服务，直接影响客户价值。支持活动则为主要活动提供资源和保障，帮助提高其效率和效果，常见的支持活动包括采购、技术开发、人力资源管理和企业基础设施等。通过深入分析价值链，企业能够识别需要优化的流程，以提升整体运营效果，确保每个环节都有效支持企业的战略目标。

在主要和支持活动中推进流程化管理，不仅可以优化各环节的表现，还能更好地促进部门间的协调与合作，提升整体协同效应。这种整合不仅增强了企业的内部运营效率，也提高了其对市场变化的应对能力，从而使企业在激烈的市场竞争中占据更为有利的地位。

3.2.6　如何建立流程化

3.2.6.1　流程化建立 5 个原则

① **统一标准**。在流程化管理中，统一标准是指为每个工作流程设定明确的操作规范和质量标准。这可以确保不同班组、不同生产线甚至不同工厂在执行相同工作时能保持一致性和可重复性，有效减少操作差异，提高整体运营效率。例如卓越企业在全球多个生产基地实施了统一的原料检验流程，无论是欧洲还是亚洲的工厂，对进货的原料进行测试的方法和质量标准都是一致的，确保了产品质量的全球一致性。

② **持续改进**。持续改进是流程化管理中的一个核心原则，要求企业不断评估和优化现有流程，以提高效率和质量。通过定期回顾流程执行结果和收集前线员工的反馈，企业可以识别流程中的瓶颈和不足，实施有效的改进措施，逐步提升操作效率和产品质量。例如卓越企业通过引入自动化包装线，减少了人工包装过程中的错误率和时间延迟。该改进是基于对前一年度包装流程效率的评估和员工的建议而实施的。

③ **风险控制**。在化工生产中，风险控制至关重要。流程化管理通过系统的风险评估和控制措施来预防潜在的安全事故和质量问题。其中包括对关键控制点的监控、应急预案的制定以及对操作人员的定期安全培训，确保生产过程中的各种风险得到有效管理和控制。例如卓越企业通过安装多层次的传感器和监控系统，实时监控化学反应器的压力和温度，得到的数据被用于早期识别潜在的异常情况，防止事故发生，并通过自动调整操作参数来降低风险。

④ **数据驱动**。数据驱动的管理原则强调使用数据来支持决策过程。在流程化

管理中，通过收集和分析生产数据、质量数据和维护数据，企业能够更准确地了解流程的实际运行情况，基于数据分析结果优化流程设计，提高决策的科学性和准确性。例如卓越企业利用生产过程中收集的数据，如产量、能耗，通过高级数据分析确定生产效率提升的可能性。这些分析结果被用来优化生产参数，减少资源浪费并提升整体生产效率。

⑤ **责任到人**。责任到人是确保每个流程环节有明确责任人的原则。在流程化管理中，每一个关键任务和操作步骤都指定具体责任人，确保操作标准得到执行，问题能够及时发现和解决。这种明确的责任划分有助于提高员工的责任感和参与度，提升整个组织的目标一致性和执行力。例如在卓越企业，每个生产装置都由训练有素的生产主管负责监督。主管不仅要负责确保整个生产流程遵循标准操作规程，还需要处理日常的问题，并对生产数据进行综合分析，以识别潜在的改进领域。

3.2.6.2　流程化工具和方法

在化工行业，流程化工具和方法是提升工作效率和确保操作安全的关键，主要包括流程图、标准作业指导书（标准操作规程，简称 SOP）、效率分析工具、问题追踪系统、任务管理软件、项目管理软件以及时间管理系统，它们都扮演着至关重要的角色。它们通过提供清晰的工作流程描述、标准化操作步骤以及实时的监控和管理功能，帮助企业优化生产流程、提高资源利用效率，并减少人为错误。通过这些系统化的工具，化工企业能够更好地控制生产过程，确保质量和安全标准得到严格遵守，同时有效管理项目和时间，驱动业务向前发展。

① **流程图**。使用图形表示法来描述任务或活动的顺序，有助于理解和优化工作流程。例如在生产硫酸的过程中，利用流程图清晰地展示从原料接收、反应过程到产品储存的每一步，帮助操作员理解整个生产流程，及时调整操作步骤。

② **标准作业指导书（SOP）**。详细说明工作流程的每一步，保证操作的标准化和一致性。例如编制详尽的 SOP 指导书用于指导操作员安全地处理化学品，减少人为错误和发生事故的风险。

③ **效率分析工具**。评估和提升生产过程中的效率，识别和解决瓶颈问题。例如应用效率分析工具来评估化学品生产线的操作效率，发现成本浪费点和潜在的改进空间。

④ **问题追踪系统**。记录和管理生产中出现的问题，确保其得到及时解决。例如在产品生产中使用问题追踪系统，当发现产品质量问题时能快速追踪和解决。

⑤ **任务管理软件**。助力项目和日常任务的组织、跟踪和管理。例如使用任务管理软件来跟踪原料采购、生产进度和产品分发的各个阶段，确保任务按时完成。

⑥ **项目管理软件**。帮助规划资源、监控进度和管理多个项目。例如在新厂区建设项目中，使用项目管理软件来协调各个承包商的工作，监控预算和时间。

⑦ **时间管理系统**。监控工作时间，分析并优化每个任务的时间消耗。例如通过时间管理系统优化反应器的使用时间，确保生产周期和维护工作的高效安排。

3.2.6.3　流程化建立步骤：规、编、跑、优

流程化管理通常包括四个阶段，即流程规划（规）、流程编制（编）、流程运行（跑）和流程优化（优）。

（1）流程规划

流程规划是流程化管理的第一阶段，其核心目的是通过分析企业的价值链，建立规范化的流程地图。在这一阶段，企业需要对其业务流程进行全面审视，识别出关键的价值创造环节，以及可能的瓶颈和浪费点。

企业首先需要进行市场和内部需求分析，明确产品或服务的市场定位以及客户的具体需求。接着，根据这些信息，企业应该确定关键的业务流程，这些流程直接关系到产品价值的实现和客户满意度的提升。

在确定了关键业务流程后，企业需要对每个流程进行细致的分析，编制流程地图。流程地图不仅包括流程的每一个步骤，还应包括输入和输出的具体信息、所需的资源、负责部门和人员以及各个步骤之间的关系。此外，流程地图还应明确各个流程环节的关键性能指标，以便后续的监控和优化。

（2）流程编制

流程编制是流程化管理的第二阶段，主要任务是根据流程规划的结果，编制具体的操作标准和流程文件。这一阶段的成功实施，是确保流程标准化和规范化实施的关键。

在流程编制阶段，企业需要根据前期编制的流程地图，详细定义每个流程的操作步骤，包括所需的技术参数、操作条件、安全措施、环保要求等。每个步骤

都应编制相应的操作指南和质量标准，确保执行过程中的一致性和可追溯性。

此外，为了提高流程的透明度和跨部门的协调能力，流程文件应该详尽记录每个步骤的责任人，以及与其他流程的接口信息。这不仅有助于提升流程的整体效率，还能在流程出现问题时快速定位和解决问题。

（3）流程运行

流程运行是流程化管理的关键环节，它能确保已编制的流程和操作标准能够在实际生产中有效执行，并及时发现和纠正偏差。这个阶段主要关注流程的实际执行情况、数据的实时监控和异常情况的处理。

在流程运行阶段，企业须确保每个流程步骤都严格按照既定的操作标准进行。通过建立有效的监控机制，如采用实时数据采集系统、视频监控和进行现场检查，企业可以及时获取流程运行的实际数据。

此外，为了确保流程的持续稳定运行，企业应制定详细的应急预案和处理流程。一旦发现异常情况或偏差，相关人员应能够迅速响应，并采取必要的纠正措施，确保生产的顺利进行。

监控过程还应包括定期的流程评估和反馈机制。通过对流程运行数据的分析，企业可以识别潜在的改进机会，并为后续的流程优化提供依据。定期的流程评估会议和反馈环节，可以帮助企业不断提升流程的运行效率和产品质量。

（4）流程优化

流程优化是流程化管理的关键阶段，它侧重根据流程运行的实际情况，持续改进和提升流程性能。流程优化需要依赖于流程运行中收集的数据和反馈，通过不断分析和学习，对流程进行细微调整或根本性改造。

在流程优化阶段，企业应该定期进行流程审查，评估流程的实际运行效果与初期设定的目标之间的差异。其中包括分析流程中的时间延迟、成本超支、质量问题等。根据这些分析结果，企业可以确定改进的措施，如调整操作步骤、更换低效的设备、优化资源配置等。

此外，流程优化还应包括对员工的持续培训和发展。通过培训，不仅可以提升员工的操作技能和流程管理能力，还可以增强其对改进的认识和创新能力，这对于推动流程的持续优化至关重要。

总之，化工企业的流程化管理是一个系统的工程，涉及从流程规划到流程编制再到流程优化的多个环节。只有通过这几个阶段的紧密协作和持续改进，化工企业才能实现生产效率的最大化和产品质量的持续提升。

3.2.7　案例：产品发货流程优化项目

卓越企业为应对市场需求的增长和提高客户满意度实施了一项关键项目，旨在优化其主要生产线的发货流程。该项目成功地缩短了从生产完成到产品发货的时间，显著提升了发货速度，并带来了显著的经济效益。

该项目的背景源自公司当时生产线发货效率较为低下，直接影响了客户订单的及时交付。由于生产部门与仓库之间协调不足，以及物流调度效率低下，因此产品发货延误。此前的解决措施仅为临时性调整，未能根本解决问题。因此，系统化优化发货流程成了企业解决问题的重要措施，旨在通过技术和管理创新，提升发货速度而不增加额外成本，从而增强企业的市场竞争力。

项目的主要实施步骤如下：

① **问题识别与需求分析**。通过项目团队的讨论和流程观察，识别发货流程中的关键瓶颈和低效环节。

② **流程重新设计**。采用流程图和标准作业指导书（SOP）重新设计发货流程，确保每一步都被优化以提高效率。

③ **技术与自动化引入**。引入自动化包装和标签系统，减少手动处理时间，并通过采用高级的仓库管理系统来优化库存控制和物流调度。

④ **员工培训与参与**。对员工进行新系统的培训和持续改进方法的教育，确保流程改进措施得到有效执行。

⑤ **试运行与调整**。在部分产品线上试运行新流程，根据反馈进行调整，确保在全面推广前达到预期效果。

⑥ **全面实施与监控**。全面推行优化后的流程，并通过 KPI 持续监控流程性能，确保持续改进。

表 3-2 列出了发货流程优化前后的对比。

表 3-2　发货流程优化前后对比

环节	优化前的发货流程	优化后的发货流程
订单接收	手动记录订单，多个部门通过电子邮件和纸质文件交换信息	自动化订单管理系统立即捕捉和记录订单，实时更新给所有相关部门

续表

环节	优化前的发货流程	优化后的发货流程
生产调度	生产计划基于预测和即时需求，经常需要紧急调整	集成生产调度系统自动根据实时库存和订单情况优化生产计划
生产完成	产品完成后，等待质量检验和通知仓库	自动化质量检测和实时通知系统加快产品转移至仓库
仓库处理	手动检查和记录库存，物料处理和包装缓慢	采用自动化仓库管理系统（WMS）和自动化搬运设备，快速准确地处理和包装
物流安排	通过电话和电子邮件与第三方物流协调，经常出现延误	集成物流管理平台自动选择最优物流方案，即时通信
发货执行	手工准备发货单和运输文件，导致处理延误	自动化发货系统生成并打印发货单和运输文件，减少错误和延时

改进后的发货流程显著提升了处理订单的速度，从生产到发货的时间大幅缩短，确保了订单能够更快地交付给客户，企业响应市场需求的能力大幅提升。同时，订单处理的错误率也明显降低，减少了处理过程中出现的差错，进一步提升了客户的满意度和信任感。项目的财务分析显示，改进措施带来了显著的经济效益，主要体现在减少库存积压、提高运输效率等方面，每年为企业节省了大量成本。员工对这些改进措施的接受度和参与度极高，改进过程中有效的沟通和培训极大激发了员工的积极性，团队士气明显提升，工作满意度也随之提高，进一步推动了项目的成功。

在这个发货流程优化项目中，关键成功因素可以综合归纳为以下 3 条。

① **综合技术和管理创新**。明确的目标设定为整个团队提供了清晰的方向和动力，而跨部门合作和技术的适当应用确保了操作效率的显著提升和人为错误的减少。其中包括自动化系统的引入和实时数据监控，使流程更加高效且响应迅速。

② **全员参与和领导支持**。持续的员工培训和参与鼓励了团队对新流程的接受和投入，而高层领导的支持和承诺为项目提供了必要的资源和政策支持。这种全员参与和领导的持续推动是项目成功的关键。

③ **强有力的变革管理**。实施有效的变革管理策略，通过定期的反馈机制和适应性调整，帮助员工适应新流程，减少变革阻力。其中包括对变革的优点进行清

晰地介绍和在实施过程中解决员工的疑虑。

这 3 个关键因素共同作用，不仅促进了项目的顺利实施，还提高了项目的可持续性和长期效果。发货流程优化项目不仅成功达到了其改善目标和财务成果目标，还通过系统性的方法和团队协作，展示了如何通过技术和管理创新来提升发货速度，提升企业竞争力。

3.2.8 流程化常见问题

在流程设计中常见的一些问题包括过度设计、缺乏灵活性以及忽视员工反馈等。

首先，过度设计通常会导致流程设计过于复杂，使得实际操作烦琐并且效率低下。同时，流程过于固定也会缺乏应对快速变化的市场和生产条件的灵活性。此外，企业在设计流程时往往未充分考虑员工的实际操作习惯和建议，这种忽视员工反馈的做法可能导致流程与实际工作需求不符。

其次，有些企业过分依赖流程文档，而忽视了流程的实际执行和效果，这种重文档轻实践的态度可能导致流程无法达到预期的工作效率。同时，流程一旦确定，由于更新改进的速度缓慢，这些流程可能不适应新的业务需求。此外，过分标准化的流程可能会忽略需要个性化处理的情况，从而限制了工作的灵活性。

再次，在流程的执行和监管方面，缺乏有效的监控和控制机制是一个重要问题，这可能导致流程实施后失效。同样，如果员工没有接受足够的新流程培训，也会导致流程不能被正确执行。此外，流程设计时忽视现有技术和工具的支持，也会影响流程的效率和可行性。

最后，流程推行后，如果缺乏持续改进的机制，就可能使流程逐渐变得过时，不能满足不断发展的业务需求。这些问题都需要在流程设计和管理中予以重视和解决，以确保流程能有效支持企业的运营和发展。

3.2.9 流程化诊断

表 3-3 中是流程化管理的通用诊断标准，读者可以进行自评，并根据评价结果进行针对性的改进，以提高流程化管理的有效性。

表 3-3 　流程化诊断表

评估项目	优——5分	良——4分	中——3分	差——2分	未开始——1分
统一标准	所有工作流程有明确的操作规范和质量标准，各班组、生产线、工厂执行完全一致	大部分工作流程有明确的操作规范和质量标准，少数存在差异	部分工作流程有操作规范和质量标准，执行时存在较多差异	很少工作流程有明确的操作规范和质量标准，执行差异大	无统一标准，各班组、生产线、工厂执行差异显著
持续改进	持续评估和优化现有流程，定期回顾流程执行结果，积极采纳员工反馈	定期评估和优化大部分流程，偶尔回顾流程执行结果，采纳部分员工反馈	偶尔评估和优化部分流程，不定期回顾流程执行结果，少量采纳员工反馈	很少评估和优化流程，几乎不回顾流程执行结果，基本不采纳员工反馈	未开始持续改进流程，无评估和优化措施
风险控制	系统化风险评估和控制措施完善，定期进行安全培训，应急预案完备	风险评估和控制措施较完善，定期进行安全培训，应急预案基本完备	风险评估和控制措施部分到位，偶尔进行安全培训和应急预案	风险评估和控制措施不完善，很少进行安全培训和应急预案	无系统化风险评估和控制措施，未进行安全培训和应急预案
数据驱动	全面收集和分析生产、质量、维护数据，基于数据优化流程设计，决策科学准确	大部分生产、质量、维护数据被收集和分析，部分基于数据优化流程设计，决策较为科学准确	部分生产、质量、维护数据被收集和分析，偶尔基于数据优化流程设计，决策较少有数据支持	很少收集和分析生产、质量、维护数据，决策几乎无数据支持	不收集和分析生产、质量、维护数据，决策无数据支持
责任到人	每个流程环节有明确责任人，责任人积极执行操作标准，问题能被及时发现和解决	大部分流程环节有明确责任人，责任人较好执行操作标准，问题基本能被及时解决	部分流程环节有明确责任人，责任人执行操作标准时偶尔疏忽，问题处理较慢	很少流程环节有明确责任人，责任人执行操作标准差，问题难以被及时解决	无明确责任人，问题频发且难以解决

3.3 　标准化——先固后优，统一最佳做法

3.3.1 　标准化缺失的痛点

在生产和运营管理中，不实施标准化或实施的标准不一致会导致许多痛点，从而严重影响企业的整体效率和市场竞争力。

产品质量不一致是一个突出问题。缺乏统一的质量标准会导致产品之间的质

量波动，例如不同批次的化学制品性能指标可能不符合统一的标准，从而影响产品的稳定性和可靠性。

操作风险也是标准化缺失的直接后果。如果操作标准不一致，增加了事故的风险。操作人员如果因不熟悉或未遵循操作标准而操作错误，可能会造成严重的生产事故。

此外，缺乏明确的操作标准会使**新员工培训变得困难**。新加入的员工可能因为不清楚具体的操作标准，需要较长时间的现场培训来熟悉工作流程，这不仅延长了培训周期，还可能影响生产效率。

标准化程度不高还会导致**维护成本上升**。例如，如果设备没有采用统一的采购和维护标准，可能需要为不同的设备配备多种不同的维修配件，这不仅增加了成本，还使维护工作复杂化。

合规问题也是标准化不足带来的严重问题。产品如果不能满足国家或国际的安全标准，可能会面临被召回的风险，这会导致企业承担法律责任、经济损失，以及损害品牌声誉。

操作标准不统一同样会导致**效率低下**。不同员工可能对同一工序的理解和执行存在差异，造成工作效率低和产品不一致。

工作交接是另一个受标准化影响的环节。缺乏清晰的标准可能会导致班组交接时信息遗漏，影响连续性和安全性。

产品标准不一致还会导致**客户信任度的下降**。频繁出现产品质量问题可能导致长期客户失去信心，转向竞争对手，从而影响企业的市场份额和盈利能力。

市场适应性的问题也不容忽视。产品标准化不足，难以快速调整以适应市场的变化和新趋势，会限制企业的灵活性和响应速度。

标准不统一还会使**供应链管理**变得更加复杂和困难。供应商产品标准各异，会增加采购和质量控制的难度，影响整个供应链的效率和成本控制。

因此，实施标准化是提高生产效率、降低运营风险、保证产品质量、提升客户满意度并最终增强市场竞争力的关键措施。

3.3.2　标准化释义

标准是一种经过权威机构认可的规范或指南，用于确保材料、产品、过程和服务符合预定的质量、安全性、效率和互换性要求。标准通常是为了实现最优的秩序和效率而定义的一组共同的规则、指导原则或特征，主要包括技术规格、操作方法、性能标准和质量准则。通过遵循标准，组织可以确保其操作的一致性和可预测性，同时提升产品和服务的信任度和市场接受度。

在化工企业中，标准化指的是制定并实施一套统一的技术规范和管理标准，以确保产品和过程的一致性、安全性和效率。这涉及从原料采购、生产工艺、产品质量控制到环境保护和安全管理等多个方面的规范化操作。通过标准化，化工企业能够减少生产成本，提高产品质量，确保生产安全，同时也有助于提升企业的市场竞争力和可持续发展能力。标准化的实施通常需要详细的程序文件、操作指南和培训，以确保所有员工都能理解和遵守这些标准。

3.3.3　标准化的范围

化工企业的标准化是确保产品质量、提升生产效率和强化环境及员工安全的关键。这种标准化涵盖了生命周期维度从设计标准化、建设标准化到运营标准化的全过程，以及生产要素维度中人（岗位和团队）、机（设备设施）、料（物料管理）、法（操作方法）、环（生产环境）和测（检测与监控）的标准化。

（1）生命周期维度——设计标准化、建设标准化、运营标准化

① **设计标准化**。设计标准化主要指在化工设备和工艺的设计阶段应用统一的设计原则和标准，以确保产品设计的科学性和合理性，包括标准化的设计模块、材料选择、安全考虑和环保要求。设计标准化的优点在于可以减少设计错误，加快设计过程，降低成本，并确保在不同的生产设施中，即便地点不同，也能保持产品和过程的一致性。此外，它还有助于简化维护和扩展工作，因为标准化的设计易于理解和应用。

② **建设标准化**。建设标准化涉及在化工厂的建设和布局中应用标准化的建筑设计和施工技术，包括标准化的设备安装、管道布局、电气系统和安全措施。通过建设标准化，化工企业能够加速建设过程，减少建设成本，并提高建设质量。标准化的建筑和安装方法也有助于确保工厂运行的安全性和环境的合规性，特别是在处理高风险化学品时。

③ **运营标准化**。运营标准化是指在日常操作中采用一致的操作程序、安全规范和质量控制系统，涉及标准操作规程（SOP）的拟定、员工培训、质量保证措施和环境管理系统的施行。运营标准化能确保生产过程的可控性和可预测性，减少操作失误和事故的发生，提高生产效率和产品质量。此外，运营标准化还有助

于化工企业符合国内外的法规要求，增强企业的社会责任感和市场竞争力。

通过在设计、建设和运营各个阶段实施标准化，化工企业不仅可以提高自身的管理水平和操作效率，还能显著提升其在全球市场中的竞争力和可持续发展能力。

（2）生产要素维度——人、机、料、法、环、测的标准化

① **人的标准化（岗位和团队）。** 在化工企业中，人的标准化首先是指岗位的规范化，包括为每个岗位制定明确的职责和权限，确保员工明确其责任范围。通过培训和资格认证，员工能够达到岗位操作的标准要求，这样不仅能提升其工作效率，还有助于避免因操作不当造成的事故风险。

团队标准化则涉及团队内部的协作机制和交流流程。通过建立标准的沟通渠道和会议流程，可以确保信息的准确传递和快速反馈，从而提高团队的决策效率和操作协调性。

② **机的标准化（设备设施）。** 化工企业中的设备和设施需要严格的标准化以确保生产安全和效率，设备的选型、安装、维护和升级都应遵循一定的工业标准。标准化的维护程序和预防性维修策略可以减少设备故障，延长设备使用寿命，同时降低生产中断的风险。

③ **料的标准化（物料管理）。** 物料管理的标准化是指在原料、辅料、成品等物料的采购、存储、使用和运输等各个环节实施标准操作规程。例如物料的质量检验标准、存储条件标准、保质期管理标准等，都必须严格遵守，以保证生产中使用的物料符合质量要求。

④ **法的标准化（操作方法）。** 操作方法的标准化是通过制定和实施标准操作规程（SOP）来实现的。这些规程详细描述了每一种化工产品的生产步骤，包括所需的原料、设备设置、操作条件和安全预防措施。通过 SOP，可以确保即使是不同的操作员在相同的操作环境下也能得到一致的产品质量和生产效率。

⑤ **环的标准化（生产环境）。** 生产环境的标准化涉及工厂内部的环境控制，如温度、湿度、压力等，这些都直接影响化学反应的效率和安全。此外，环境标准化还包括废物处理和排放控制，确保企业的生产活动不会对环境造成不可逆的损害。

⑥ **测的标准化（检测与监控）。** 监控和检测的标准化是指通过实施统一的检测方法和频率来保证生产过程和最终产品的质量。这包括对原料、过程中间体和

最终产品的定期抽样测试，以及对生产设备和环境条件的连续监测。通过这些标准化的监控措施，可以及时发现生产偏差和潜在的安全隐患，实施相应的调整或预防措施。

总之，化工企业的标准化是一个涵盖广泛的系统工程，它涉及企业的每一个层面，通过严格的标准化操作可以显著提高企业的竞争力和市场地位。

3.3.4 标准化的组织和关键角色

（1）组织结构

标准化组织结构的设计通常强调跨部门协作、清晰的责任分配和高效的流程执行。在化工企业中，标准化的目的是确保产品质量、提高生产效率和符合法规要求。以下是常见的标准化组织结构。

① **标准化领导委员会**。由企业的高级管理层组成，负责制定和审批标准化策略，监督标准化工作的实施效果，并批准关键标准化项目。委员会的职责还包括确保标准化活动与企业的整体目标和法规要求相一致。

② **标准化管理办公室**。作为标准化工作的执行机构，主要负责编制和维护标准化文件，组织标准化培训，以及监控标准执行情况。此办公室还负责协调跨部门的标准化活动，并处理与外部标准化机构的互动。

③ **质量控制和保证部门**。负责监督和执行产品和过程的质量标准，确保所有操作符合既定的规范。此部门也负责开展定期的质量审核和持续的过程改进。

④ **研发和工程部门**。在新产品开发或现有产品改进的过程中，负责创建和实施技术标准。这些标准必须符合内部质量要求和外部法规标准。

⑤ **生产和运营部门**。确保生产过程符合标准操作规程（SOP），包括从原材料采购到成品出库的每一个步骤，确保流程的一致性和可追溯性。

⑥ **审计和合规部门**。负责定期检查所有部门的标准遵守情况，确保企业在所有操作中坚持标准化。此部门也负责处理因不符合标准而引起的内部或外部问题。

通过这种结构化的组织架构，企业能够更有效地推广和执行标准化措施，同时提高透明度和可持续性。这种组织结构还有助于快速响应市场和法规的变化，保证企业长期的竞争力和合规性。

（2）关键角色

在化工企业推行标准化管理时，设定关键角色是确保标准化过程顺利进行的基础。这些角色通常需要具备特定的专业知识和技能，以便能够有效地设计、实施和监督标准化流程。表 3-4 中是一些关键角色及其主要职责，这些角色共同确保化工企业能够有效地推行标准化管理，从而提升操作质量和操作效率。

表 3-4　标准化的关键角色及其主要职责

关键角色	主要职责
标准化委员会主席	领导和指导标准化的整体战略和政策制定 确保标准化活动与公司的整体目标和策略一致 主持标准委员会会议，确定关键标准化方向和政策
标准化经理	管理和协调标准化项目的日常运作 监督标准化流程的设计、实施和改进 与其他部门协作，确保标准化在全公司范围内得到执行
工艺工程师	设计和优化生产过程和操作标准，以提高效率和质量 实施新的标准化流程，并对现有流程进行定期审查和更新 确保所有操作符合行业标准和安全规范
质量保证专家	监督产品和流程的质量控制标准的制定和执行 确保所有产品和过程符合内部和外部的标准化要求 定期评估和报告标准化成果的有效性和质量
合规和安全专家	监督企业标准化活动的合规性，确保所有过程符合法规和安全标准 实施风险评估和管理计划，以防范标准化过程中可能出现的问题 定期针对最新的标准和安全要求对员工开展培训
培训和发展经理	开发和提供针对标准化流程的培训项目，确保员工理解并能够遵守标准操作规程 监控和评估培训效果，确保员工的技能和知识与标准要求保持一致

3.3.5　标准化实施阶段

在企业标准化实施过程中，可以分为四个主要阶段，即准备期、导入期、发展期和成熟期，每个阶段都具有独特的目标和关键任务，以及不同的时间跨度。

① **准备期**。在这一初期阶段，企业将确定需要标准化的领域和流程，通常时间为半年至一年。重要任务包括识别关键的质量控制点、确立标准化的目标和框架以及制定初步的标准操作规程（SOP）。这一阶段是为后续实施打下基础的关键期。

② **导入期**。随后的导入期同样持续半年至一年。在这一阶段，企业将开发并实施标准操作规程。主要任务涵盖编写详细的作业指导书、对员工进行标准操作

规程的培训以及开始执行标准化流程。这是标准化过程中的实践阶段，确保所有相关人员都能按照既定的标准进行工作。

③ **发展期**。持续一年至三年的发展期主要聚焦于持续审查和优化标准操作规程。企业将定期审查标准操作规程，根据技术进步和收集到的反馈调整标准，并将标准扩展至更多流程。这一阶段是标准化动态发展的关键期，确保标准能够适应不断变化的环境和技术进展。

④ **成熟期**。成熟期是一个持续的阶段，标准化已深入企业文化，并成为日常操作的一部分。关键任务包括优化和推广企业标准，努力成为行业标准的引领者，并持续进行员工培训和流程改进。这一阶段不仅强调标准化的持续优化，也重视其在企业和行业内的领导作用。

通过这四个阶段的系统化管理，企业能够有效地将标准化融入其业务运作和企业文化中，从而提高整体运作效率和市场竞争力。

3.3.6　如何实施标准化

3.3.6.1　标准化实施原则

化工企业实施标准化的五项关键原则如下。

① **明确规范**。建立清晰和明确的操作规范和标准，覆盖从原料采购、生产过程、质量控制到产品交付的每一个环节，确保每一步骤的操作方法、质量要求和安全标准都有详细的文档记录和规定。例如卓越企业的生产装置中所有化学反应步骤、温度控制、压力设置和时间持续性都有明确的操作规范，这些规范确保了产品质量的一致性和生产安全。

② **全面培训**。对所有员工进行全面的标准操作规程（SOP）培训，确保每位员工都能理解并严格遵守这些标准，特别是在安全操作和质量控制方面。培训应定期更新，以适应新标准或改进的流程。例如卓越企业定期为员工提供关于安全操作的培训，特别是在处理高度腐蚀性和易燃化学品时，通过增强员工的安全意识和操作技能，显著减少了安全隐患。

③ **持续监控**。实施持续的监控和评估机制，以确保所有操作都符合既定标准。使用适当的监控工具和技术，如实时数据追踪和过程控制系统，来检测生产过程中的任何偏离。例如卓越企业使用先进的传感器和实时监控系统来追踪生产线上的关键参数，如温度、压力和化学物质的流动速率。通过这种持续监控，企

业能够及时调整生产过程，以避免出现产品质量问题和设备故障。

④ **反馈循环**。建立一个有效的反馈机制，允许员工和管理层提出改进现有标准的建议。通过定期审核和评估流程效果，收集反馈并根据实际情况调整或优化标准。例如卓越企业通过内部沟通平台收集员工在生产过程中遇到的问题和改进建议。通过参考这些反馈来定期调整操作手册和安全指南，以适应生产实践和市场需求的变化。

⑤ **改进创新**。尽管标准化注重一致性和复制性，但化工企业也应鼓励在保证安全和质量的前提下，对流程和产品进行持续的改进和创新，采纳新技术和方法，以提升效率和产品质量，同时更新和优化标准。例如卓越企业引入了人工智能技术来优化其工艺。通过这些技术，企业能够更精确地控制生产参数，减少能源消耗，并提高最终产品的质量和一致性。

这些原则有助于化工企业有效推行标准化，提高生产效率和产品质量，确保工作环境的安全。

3.3.6.2　标准化工具和方法

在化工行业，标准化工具和方法的应用至关重要，它们为保障生产流程的一致性、安全性和效率提供了必要的支持。这些工具和方法包括标准操作规程（SOP）、ISO 标准化引导、文档管理系统、检查表、审核工具、校准工具以及统计过程控制（SPC）等。通过这些工具和方法，企业能够确保操作标准得到遵守，同时提高生产质量和安全管理水平。这些工具不仅能帮助化工企业应对日益严格的合规要求，还能优化生产效率和产品质量，从而使企业在竞争激烈的市场中保持领先地位。

① **标准操作规程（SOP）**。编制详细的操作指南以保证工作的一致性和安全性。例如对于处理高度腐蚀性化学品的操作，SOP 提供了详细的安全措施和步骤指南。

② **ISO 标准化引导**。帮助企业按照国际标准建立和维护管理系统。例如引导企业按照 ISO 9001:2015 建立和实施质量系统，按照 ISO 14001:2015 环境管理体系标准建立和实施环境管理程序。

③ **文档管理系统**。有效管理企业文档和记录，保证数据的安全和可追溯性。例如通过文档管理系统保管重要的安全数据表和操作记录，确保其合规并便于

审计。

④ **检查表**。用于日常检查和维护，确保设备和流程的正常运行。例如操作员使用检查表进行日常设备检查，确保无泄漏或其他潜在风险。

⑤ **审核工具**。对内部流程和操作进行定期检查和评估。例如定期使用审核工具检查安全和环境保护措施的执行情况，确保持续合规。

⑥ **校准工具**。定期校准测量和测试设备，保证操作的精确性。例如对关键的压力和温度传感器进行校准，以保证反应过程的控制精度。

⑦ **统计过程控制（SPC）**。使用统计方法来监控和控制生产过程，优化产品质量。例如在聚合反应过程中应用 SPC 技术，实时监控关键质量参数，如黏度和分子量分布。

3.3.6.3　标准化实施步骤：编、学、用、改

在化工企业中推行标准化是提高生产效率、保障生产安全、提升产品质量的关键步骤。一个有效的标准化流程通常包括四个关键环节，即编制（编）、培训（学）、执行（用）和修订（改）。

（1）编制

编制阶段是标准化流程的起点，旨在创建一套统一且明确的操作标准，以指导生产过程。在化工企业中，此阶段通常由专业技术团队负责，他们会根据化工生产的特点及企业的实际需求，依照国家和行业标准编制具体的操作规程。这一过程涵盖需求分析、制定标准模板及文档编制等多个步骤。需求分析包括现场观察和员工访谈，以确定需要标准化的工序和操作。接着，团队会设计一个详细描述操作步骤、使用材料及设备参数的标准化文档模板，确保其具有高度适用性和可操作性。最后，依据模板编制具体的操作标准文档，并经过多轮审核以确保信息的准确性。

（2）培训

标准化文档编制完成后，进入学习阶段，即对企业员工进行培训，确保每位员工都能理解和掌握标准操作。此阶段的关键任务包括培训材料准备、组织培训和考核与认证。培训材料会根据标准化操作文档准备，包括教程、视频和案例分析等。然后，通过线下或线上方式组织系统性的培训课程，确保所有相关员工的参与。培训结束后进行考核，评价员工对标准操作的掌握程度，并发放认证证

书，确保标准操作的正确执行。

（3）执行

标准化流程的核心在于其在日常操作中的应用。员工必须在每天的工作中严格遵守标准化操作文档中的内容，以保证生产的一致性和安全性。此阶段包括日常监督、数据记录和问题反馈等具体实施内容。通过现场监督和定期检查确保员工按照标准操作进行工作。同时，记录关键操作的执行情况，如时间、使用材料和产出等，以供后续分析。此外，鼓励员工在执行标准操作中发现问题时及时反馈，以便快速解决。

（4）修订

标准化是一个动态的过程，需要根据实际应用中的反馈进行不断改进。改进阶段主要涉及收集反馈、分析评估、修订标准和再培训。定期收集来自生产现场的反馈信息，包括员工的建议、客户反馈及生产过程中的异常报告。对收集到的数据和信息进行分析，评估现有标准的效果，识别存在的问题和改进的空间。基于分析结果，对操作标准进行必要的修订，可能包括简化某些步骤、调整材料使用规范或更新设备操作参数。针对新修订的标准须再次进行员工培训，确保每个人都能理解和执行新的操作规程。

通过这四个环节的不断循环，化工企业能够确保其生产活动的标准化达到最佳状态，从而提高生产效率，降低成本，确保产品和服务的质量，满足法规要求，并提高市场竞争力。标准化不仅仅是一套规程的执行，更是一种贯穿企业文化的管理理念，它需要每位员工的参与和承诺，以实现企业的长远发展。

3.3.7　案例：班组标准化工作清单

卓越企业的生产班组工作涉及生产工艺、设备管理、安全环保（安环）等多方面的职责工作。这些工作的复杂性和多样性，容易导致某些环节被疏漏或未按照标准执行到位，从而影响生产效率和安全性。为了提高班组工作的规范性和有效性，卓越企业采用了一套全面的标准化工作清单。

3.3.7.1　主要实施过程

包括以下 3 个阶段：

（1）全面识别班组标准化工作清单

① **结合部门计划**。首先，根据部门的安环、工艺等各方面的工作计划，结合各岗位的职责，全面识别班组需要执行的标准化工作内容。

② **明确 5W1H**。在识别过程中，明确每项工作的 5W1H（what、when、where、who、why、how）要素，确保每一项工作都有清晰的执行标准和责任归属。

（2）数字化自动化管理

① **自动计划与提醒**。通过表单或数字化工具，生成自动化的工作计划和提醒系统。该系统能够根据班组的标准化工作清单，自动生成周期性工作安排和即时提醒，确保每项工作按时进行。其中包括：

a. 周期性工作安排：包括每班、每日的例行工作，如设备点检、工艺参数记录等。

b. 条件触发工作：例如，设备点检发现异常情况时，系统会自动提醒相关人员进行深入检查和处理，并记录检查结果和处理措施。

② **每班确认**。每班次结束时，班组长或指定人员须确认当班工作完成情况，并记录在案，确保工作无遗漏。

（3）持续迭代更新

① **动态调整**。根据班组的实际工作情况和反馈，定期对标准化工作清单进行评估和调整。确保清单内容与实际工作需求相匹配，提升工作标准的适用性和有效性。

② **员工培训与参与**。在更新过程中，充分听取班组成员的意见和建议，组织开展相关培训，提高员工对标准化工作的理解和执行力。

3.3.7.2　实施效果和关键要素

（1）实施效果

通过上述措施的实施，卓越企业的班组在各方面的工作都实现了无遗漏、按计划有序进行，并且能够按照标准做到位。具体效果包括：

① **工作漏项减少**。班组工作内容得到了全面覆盖，减少了因疏忽而导致的漏项。

② **执行效率提升**。自动化计划和提醒系统提高了工作执行的及时性和准确性。

③ **工作标准提升**。班组成员更加严格地按照标准执行各项工作，提高了整体工作质量和安全水平。

（2）关键要素

① **全面细致识别**。在初始阶段，对班组工作内容进行全面细致的识别和分析，确保标准化工作清单的完整性和科学性。

② **数字化工具应用**。通过表格和数字化工具，将复杂的工作内容和流程自动化，减少人为疏忽和错误，提高执行效率。

③ **持续迭代更新**。根据实际工作情况和反馈，持续对标准化工作清单进行更新和优化，保持其与时俱进的适用性。

卓越企业采用实施班组标准化工作清单，成功提升了班组工作的规范性和有效性。这一成功经验也为其他岗位的标准化工作提供了借鉴。

3.3.8　标准化常见问题

在推广标准化过程中，存在几个常见的问题，需要加以避免。

首先，标准化的推广不应局限于特定的区域或部门，非全面推广往往会导致整体效果不佳。此外，标准化过程须具备足够的适应性，能够适应不同的操作环境和条件，否则可能会限制其效果。

其次，人因工程在标准化过程中也非常关键，忽视员工的工作习惯和人为因素可能导致标准化失败。同时，标准制定后必须保证企业有足够的执行力，缺乏执行力会使员工不遵守标准操作规程。依赖外部咨询机构进行标准化设计而缺乏内部理解和支持，也是标准化过程中的一个重要误区。

此外，随着市场和技术的迅速发展，标准的更新也应当及时，以避免标准迅速过时。推行标准化时，应提供足够的员工培训支持，忽视这一点会导致标准无法得到有效执行。同时，标准化过程中缺乏有效的反馈和修正机制，将影响标准化的持续改进。

再次，标准的复杂性也是一个常见问题，如果标准过于复杂，可能会难以被理解和执行。

最后，标准化过程中未注重有效整合技术自动化与人工操作的优势，也是需要注意避免的误区。这些问题的识别和解决对于确保标准化成功至关重要。

3.3.9　标准化诊断

表 3-5 是标准化管理的通用诊断标准，读者可以进行自评，并根据评价结果进行针对性的改进，以提高标准化管理的有效性。

表 3-5　标准化诊断表

评估项目	优——5 分	良——4 分	中——3 分	差——2 分	未开始——1 分
明确规范	所有环节都有详细的操作规范和标准，文档记录完备，操作方法、质量要求和安全标准清晰	大部分环节有明确的操作规范和标准，文档记录较为完备，操作方法、质量要求和安全标准较清晰	部分环节有操作规范和标准，文档记录基本完整，操作方法、质量要求和安全标准不够清晰	少部分环节有操作规范和标准，文档记录不完整，操作方法、质量要求和安全标准模糊	未建立操作规范和标准，各环节操作方法、质量要求和安全标准无文档记录
全面培训	所有员工都接受过全面的 SOP 培训，定期更新培训内容，员工理解并严格遵守标准	大部分员工接受过 SOP 培训，培训内容定期更新，员工较好地理解并遵守标准	部分员工接受过 SOP 培训，培训内容偶尔更新，员工部分理解并遵守标准	少部分员工接受过 SOP 培训，培训内容很少更新，员工不够理解和遵守标准	未进行 SOP 培训，员工不了解标准操作流程
持续监控	实施全面的监控和评估机制，使用先进的监控工具和技术，实时检测和调整生产过程	进行较为全面的监控和评估，使用合适的监控工具和技术，定期检测和调整生产过程	部分进行监控和评估，使用基本的监控工具和技术，偶尔检测和调整生产过程	很少进行监控和评估，监控工具和技术不完善，难以检测和调整生产过程	未实施监控和评估机制，生产过程无监控
反馈循环	建立有效的反馈机制，定期审核和评估流程效果，积极采纳员工和管理层的改进建议	建立较为有效的反馈机制，偶尔审核和评估流程效果，采纳部分改进建议	建立基本的反馈机制，不定期审核和评估流程效果，偶尔采纳改进建议	反馈机制不完善，很少审核和评估流程效果，基本不采纳改进建议	无反馈机制，不进行审核和评估流程效果
改进创新	鼓励并实施持续改进和创新，采纳新技术和方法，更新和优化标准，提高效率和产品质量	鼓励部分改进和创新，采纳一些新技术和方法，定期更新标准	偶尔进行改进和创新，采纳少量新技术和方法，标准更新不定期	很少进行改进和创新，基本不采纳新技术和方法，标准很少更新	未进行改进和创新，无新技术和方法应用，标准未更新

3.4 精益化——先显后消，去除多余浪费

3.4.1 精益化缺失的痛点

在现代企业运营中，若缺乏精益管理或管理不到位，将直接导致成本过高、效率低下等多种问题，严重影响企业的竞争力和市场地位。

成本过高是其中一个显著的症状。例如，在生产过程中，如果原料浪费严重，将导致成本高于行业标准，从而压缩利润空间。

过程效率低也是精益管理不到位的直接后果。生产流程中如果存在多余的步骤，会导致整个生产周期延长，如某些产品生产流程复杂，包含不必要的生产步骤，这不仅增加了时间成本，也影响了客户满意度。

库存过剩问题的产生通常是由于缺乏有效的库存管理。如果预测不准确，可能会导致大量产品积压，这不仅占用资金，还增加了存储和可能的报废成本。

生产柔性差表明缺乏灵活的生产系统以应对市场需求变化。当市场需求急剧变化时，如果生产线调整缓慢，无法及时应对，可能会失去市场机会。

品质问题也是精益生产未完全实施的一大隐患。缺乏精益生产的持续改进可能导致品质控制不严，进而造成产品退货率高，影响品牌声誉。

员工参与度低反映出员工对精益生产缺乏足够的参与和认同。如果员工不理解精益生产的价值，对改进提议缺乏热情，将严重阻碍改进措施的实施和效果。

反应迟缓是对市场和生产问题的反应不够及时的表现。例如，设备出现故障后，如果维修响应慢，将直接影响生产效率和订单履行。

改进动力不足表明缺乏持续改进的文化和动力。生产过程中存在的问题如果长期未得到解决，将严重影响整体效率和企业发展。

浪费未被识别是另一大问题。生产过程中的浪费，如生产线上的等待时间过长和不合理布局，如果没有被有效识别和消除，将导致大量时间和资源的浪费。

由于生产效率和质量问题，**顾客满意度**可能不高。交货延迟和产品质量问题可能会导致客户投诉增加，影响企业的客户关系和市场地位。

综上所述，实施精益管理是提高生产效率、降低运营成本、提升产品质量、增加员工参与度、快速响应市场变化，并最终提高顾客满意度的关键。企业应认识到这些问题的严重性，并采取有效措施进行改进。

3.4.2　精益化释义

在精益管理的语境里，价值是指客户需要的产品或服务。

客户包括外部客户和内部客户。外部客户主要是指购买产品和服务的组织或个人，也包括政府部门、社区等重要相关方。内部客户是指企业内部结构中相互有业务交流的组织或人员，例如下游装置是上游装置的内部客户，生产装置是设备部门的内部客户，所有部门是后勤部门的客户。内部客户很多是双向的，互相服务。

化工行业的产品包括液体、固体、气体等各种形态的化工产品。随着化工行业的快速发展和客户需求的驱动，化工行业的产品的种类持续不断增加，客户对产品的品质要求不断提升。

化工行业的服务包括对客户应用产品的支持等服务。

和其他行业一样，化工行业的产品和服务存在日益激烈的竞争，推动了产品和服务的发展进步。每个企业存在的意义就是提供客户需要的产品和服务，如果企业想持续发展、基业长青，就要提供满足甚至超越客户需要的产品和服务。

浪费是指产品和过程中非增值的部分。

产品中非增值的部分是指客户不需要的部分。化工行业中经常出现的一种情形是某种化工产品的部分指标客户没有要求或指标要求出现质量过剩，而为了达到这部分指标要求，生产工艺流程中已经付出了更多能源、物料、生产时间等资源的投入。过程中非增值的部分是指对过程产出没有贡献的部分。过程可以是生产产品的过程、提供产品或服务的过程、使用产品的过程。

从时间的角度观察过程，浪费普遍存在。例如委外加工一个化工设备备件的时间只有 2 小时，但从送出去到拿回来再到装上去需要 1 周。一套化工装置设计年运转时间是 7200 小时，但因为装置设备故障、原料供应中断、产品订单不足等原因，实际运转时间低于设计运转时间，非运转时间都在闲置而资产折旧照常。间歇生产一种化工产品，从原料进厂到产品送到客户大概需要 200 小时，而其中增值的反应过程等部分只有 20 小时左右。

从范围的角度观察过程，浪费普遍存在。在化工生产过程中，原辅料的使用会有浪费，能源的使用会有浪费，设备维修保养过程中的备品备件会有浪费。各种非化工生产过程的工作，如设备维修保养、质检分析、物流发运、仓库保管等各种工作中会有浪费。装置的工程建设和技术改造中会有浪费，产品开发中也会有浪费。只要有过程的地方都有会有浪费，完全没有浪费的过程只存在于理想状态中。优秀企业和普通企业的区别在于浪费的比例高低和是否有消除浪费的文化、组织流程和工具方法。

从测量的角度观察过程，浪费普遍存在。随着行业的发展和科技的进步，近年来化工行业中有关原料辅料、水电气风等资源的测量仪表配备，以及仪表可靠性、成本统计等方面进步迅速，但限于现有测量技术的能力、实施有效测量的成本和管理细化的程度，现阶段不是所有的浪费都可以被准确测量出来的。在没有测量数据的情况下，这些浪费可能会被低估，试想一个没有装单独水表的水龙头如果一直在滴水，1 年下来会有多少水被浪费？

消除浪费的第一步是识别浪费，当我们可以熟练识别浪费时，就会自然养成一种习惯，每看到一个地方都会问："这里有没有浪费？"

浪费有两个种类，即纯浪费和现阶段存在且必要的浪费（表 3-6）。

表 3-6 浪费的两个种类

例子	增值	纯浪费	现阶段存在且必要的浪费
在会议室里从座位起来去关电灯	按动电灯开关关灯	多个灯的开关在一起而且没有标识。关了几次都没有将需要关的灯关闭，存在返工	走到电灯开关处的过程
叉车运输一个设备到仓库	叉车按照最优的路线行驶到仓库	因为接收指令存在失误，叉车先送到了另一个仓库，被拒收后再送到应该送到的仓库而多行驶了距离	叉车在路上没有按照最优路线多行驶的距离

对待两种浪费的态度应不同，纯浪费要消除，现阶段存在且必要的浪费要减少。

纯浪费是最不可容忍的，要想尽办法及时消除。现阶段存在且必要的浪费始终会存在，现阶段无法绝对消除，但应努力减少（图 3-3）。

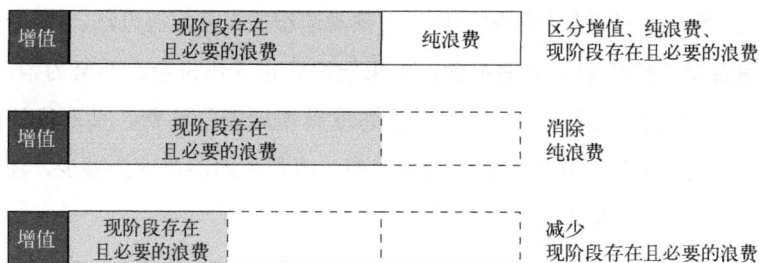

| 增值 | 现阶段存在
且必要的浪费 | 纯浪费 | 区分增值、纯浪费、
现阶段存在且必要的浪费 |

| 增值 | 现阶段存在
且必要的浪费 | | 消除
纯浪费 |

| 增值 | 现阶段存在
且必要的浪费 | | 减少
现阶段存在且必要的浪费 |

图 3-3 处理两种浪费的顺序

如果不能正确区分增值和两种浪费并消除、减少浪费，则有可能损伤增值。例如化工企业按照需要配备并有效使用的劳保手套是增值的，但所有领用的劳保手套中也可能存在浪费，如存放不当而不能使用、保管不当而造成丢失。正确的做法是区分劳保用品的增值和浪费并消除、减少浪费。如果不加区分而只降低劳保手套的总费用，不关注消除、减少浪费，有可能就会影响增值。又如化工产品成本中有增值的部分是客户需要的，也有浪费的部分。正确的做法是区分成本中的增值和浪费并消除、减少浪费，如果不加区分而只降低总成本，不关注消除、减少浪费，即使成本降下来了，但是也会影响增值，有损客户需要（图 3-4）。

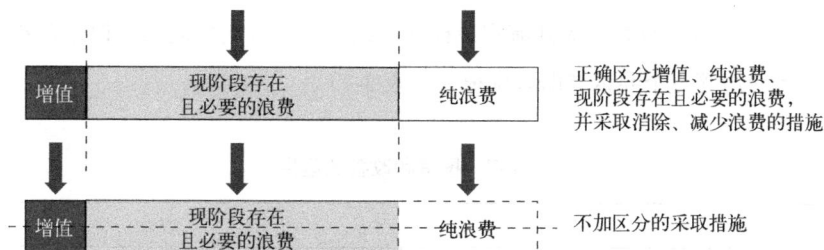

图 3-4 消除浪费的正确做法

对待浪费有两种视角，视角不同结果也不相同。

把浪费只看作浪费，避而远之。 把浪费只看作浪费，不采取措施加以改变，那么浪费不会减少，可能会被隐藏。亡羊补牢，为时未晚，发现了问题就要尽快解决问题。主体比较独立的浪费相对比较容易解决，而跨职能、跨部门、跨领域的浪费的消除往往更为困难，需要付出更多的努力，但只要抱着锲而不舍的精神，总能够完全解决或大部分解决。如果不能及时解决问题，出于各种考虑，问题就会被隐藏。而对于如何隐藏问题，更熟悉流程的人会更有办法。

把浪费也看作机会，穷追不舍。如果把浪费也看作机会，并努力消除浪费，浪费就会越来越少。只要抱着向前看的态度客观地看待浪费，采取措施消除浪费，并继续发动全员去寻找浪费、消除浪费，流程中的浪费就会减少，流程就会更精益，进而为组织创造更多的价值。

"精益是一种旨在通过消除产品与过程中的浪费来降低成本、改进效率的系统优化过程，也指系统优化后所达到的状态。"（《朱兰质量手册》）定义可以帮助我们去界定一个事物的独特属性，但完全理解一个事物更好的方式是自己亲身去了解精益、亲身去实践精益、亲身去思考精益。当我们了解精益，就会更清楚在什么地方用什么方式应用精益去帮助我们把想做的事情做好。

消除浪费、实现精益可以通过两种方式，即投资和改善。投资是指通过资金的投入、技术的应用对流程进行根本的改造；改善是指不投入或投入非常少的资金，通过分析问题制定措施来改进的方式。例如为了提升设备备件仓库的效率、减少备件入库出库的时间浪费、消除备件的浪费，可以采用投资的方式，将传统仓库改造成自动化立体仓库；也可采用改善的方式，如提升仓库的 5S 可视化水平，提升人员进行入库出库操作的标准化操作水平。两种方式各有所长，需要根据不同的情况选择合适的方式。投资和改善常常配合进行，共同提升流程的绩效。

投资和改善都是为了提升流程或操作的绩效，目标是相同的，但是在资金投用、技术应用等各个要素方面区别很大（表 3-7）。

表 3-7　投资和改善的区别

要素	投资	改善
资金投入	较大或很大	很小或没有
技术应用	新技术的应用	技术应用中的调整
准备时间	较长	较短
行为主体	企业	企业中的改善团队或个人
改进效果	如果成功会有突破性改进	如果成功会有显著的改进
限制条件	是否有充足的资金、可用的技术、可实施的时间窗口	是否有经过充分训练的改善成员，是否正确地进行改善活动
管理流程	投资或技术改造项目管理流程	精益改善项目管理流程
工具方法	化工专业技术、项目管理技术	精益工具方法、项目管理技术

投资之前先改善，可以找到不投资就改善成功的可能，可以激发员工的深度思考，通过分析研究对流程掌握得更加深入。

例如一个装置产品的某个指标在一段时间内出现不合格现象，不是一直不合格，而是有时合格有时不合格，说明生产流程有生产出合格产品的能力，但不具备长时间稳定生产出合格产品的能力。

精益化是精益管理应用于化工行业以满足客户需求，提升组织 S（安全）、Q（质量）、C（成本）、D（交期或周期）、M（士气）各维度绩效表现的管理方式。

精益化工中的两大改善方向是操作最优化和设备可靠性提升。操作的最优化通过精益改善项目实施＋标准化控制的方法来开展，设备的可靠性提升通过 TPM（包括 5S、可视化）体系评估达标＋巩固的方法来开展。这两大改善方向是精益思考的重点、改善开展的重点、变革资源投入的重点。

精益化是一种活动，也是一种状态。精益化涵盖了以消除浪费、创造价值从而满足客户需求、提升绩效为目标的不同层面，以及不同方式的管理活动，也代表着一个最高水平状态的追求。

随着精益管理在汽车行业之外的普及，国内外化工行业已经在精益化工的实践道路上持续探索了多年，很多化工行业的标杆精益企业陆续都有了成效突出、各具特色的管理实践，为化工行业运营质量的提升作出了突出的贡献。而在这个过程中，化工行业对于精益的理解也要更全面，不光要看到精益的工具，更要看到精益的活动组织、精益的文化，更多地关注精益的核心——消除浪费、创造价值。基于更全面的理解就可以明确精益可以很好地适用于化工行业，但具体开展精益的流程、形式和方法和重点都需要根据行业本身的特点进行探索和发展。

万华化学的精益管理在培训认证机制、项目管理流程、统计工具应用等各个方面融合了六西格玛的优点，统称精益。

3.4.3　精益化的范围

一个组织的运作包括流程层面和操作层面。所有的流程和操作中都存在或多或少的浪费现象，可以采用不同方式应用精益的文化理念、流程、工具方法来进行改善。在组织内部做好精益管理的基础上，通过和供应链的合作伙伴在供应链范围共同拓展应用精益，会创造更多的价值，取得共赢的效果。

（1）操作——所有的操作都可以应用

操作优化的目标是安全第一，SQCDM 总体最优。S（安全）是一切的前提，首先要保证操作的安全。Q（质量）、C（成本）、D（交期或周期）、M（士气）要统筹考虑，追求总体最优。除了 S（安全）必须保证之外，根据组织情况的变化，不同阶段 Q（质量）、C（成本）、D（交期或周期）之间可能会有所侧重，但总体需要最优。

围绕 SQCDM 总体最优的操作优化目标，所有的操作都可以应用精益项目改善流程和精益工具、方法定期进行改善优化，改善后进行标准化控制。通过持续的循环保证操作目标水平的持续提升。

精益可以优化不同领域的操作，包括工艺管理、技术管理、检修管理、设施管理、成本管理等所有管理领域的操作。一个过滤器的清理、一台真空机组的清理、一个样品的分析、一台屏蔽泵的检修、一批检修物资的提报、一份出差费用的报销……每项操作都有优化的空间和机会。

精益可以优化不同层次的操作。从操作自身的动素、动作，从基本操作、单元操作到系统操作，每个层次都有优化的空间和机会。

精益可以优化不同阶段的操作。从操作准备、正常操作、操作停止到操作切换，每个阶段都有优化的空间和机会。

（2）流程——所有的流程都可以应用

在比操作更高一个层次的流程层面上，精益也会发挥重要的作用。

流程优化通常有两大方面的目标：一方面是提高流程的效率，以更短的时间周期、更少的成本提供满足客户需要的流程输出；另一方面是加强流程的控制，减少不符合流程控制目标的现象。效率和控制需要根据不同的情况进行平衡以更好地兼顾。

围绕流程优化目标，所有的流程都可以应用精益项目改善流程和精益工具、方法定期进行改善优化，改善后进行标准化控制。通过持续的循环保证流程的效率不断提升、流程完全可控。

精益可以缩短流程的时间周期。通过应用 8 大浪费、流程分析、价值流图等工具可以识别并消除不增值的流程环节，减少流程步骤之间的等待，缩短每个流程步骤的时间周期。

精益可以减少流程的成本。通过浪费识别和消除、参数优化等方式可以减少流程的人力成本、物力成本、管理成本等各项成本。

精益可以减少流程失效模式的发生，提高流程的控制水平。通过 FMEA（失效模式与影响分析）、可视化、防错等工具的应用，可以预先分析流程可能失效的环节并制定预防和控制措施，防患于未然。

（3）供应链——可以拓展应用到供应链

化工企业都有关联的供应链企业，供应链企业的稳定高质量运营对于整个供应链的运营绩效至关重要。精益可以合作拓展到供应链企业。一方面通过供应链企业的精益可以帮助供应链企业从源头稳定交期、提升质量、降低成本；另一方面只要合作可以取得实效并有所回报，也会受到供应链企业的欢迎，双方通过合作会取得双赢结果。

3.4.4　精益化的组织和关键角色

（1）精益相关的组织结构

通常包括组织层面的精益变革推行委员会、精益办公室以及各部门和班组等。

精益变革推行委员会。由组织的高层管理者和部门的负责人组成，主要负责精益变革战略的制定和审批，重点精益改善项目的立项审批、实施监管、结项审批，精益认可奖励计划的制订和审批。

精益办公室。主要负责组织精益战略的制定，组织精益方面的学习、实践、分享活动，建立完善精益管理流程。

各部门。各部门负责组织本部门的精益变革工作，包括组织员工参加精益培训认证，组织实施精益改善项目和部门 TPM 区域创建工作，组织开展分享活动。生产部门的班组负责班组相关的精益改善项目的实施，使班组负责创建的 TPM 区域达标。

（2）关键角色

在精益组织结构中，各个角色都有其不可替代的职责。万华化学的精益融合了六西格玛，这也体现在了关键角色的配备上，表 3-8 是一些关键角色及其主要职责。

表 3-8　精益化的关键角色及其主要职责

关键角色	主要职责
精益主席	精益变革推行委员会主席（精益主席）由公司主要领导担任，负责为精益变革设定方向、分配资源并领导变革进程。其主要职责包括根据公司战略建立精益愿景、设定目标、制定规划，并向员工和相关方传达精益理念和目标。同时，精益主席须确保精益制度、标准和程序的有效执行，并保证所有活动符合员工安全与健康要求。 　　精益主席通过自身行动引领变革，负责分配资源以确保精益推行工作的顺利进行。通过领导和管理推动公司各级部门参与精益变革，确保变革的持续性和有效性
精益经理	负责制定精益中长期和年度战略，设定年度绩效指标； 负责精益项目、六西格玛项目的选择、注册和实施； 负责开发精益课程、组织培训、指导项目的实施，并推广最佳实践； 负责总结并内部推广精益方法与经验，组织精益分享论坛，管理精益知识库，并推动与国际标杆企业的对标学习活动
质量经理	结合精益和六西格玛的理念，推动质量控制和改进活动，减少产品缺陷，实施统计质量控制，提高整体质量水平
人力资源经理	负责培训精益六西格玛团队成员，推动精益六西格玛文化的落地，确保员工具备必要的工具和技能，并激励员工参与持续改进项目
黑带	负责精益六西格玛项目的执行，利用精益六西格玛方法解决关键业务问题，减少变异，推动数据驱动的决策，确保项目按期完成并实现业务改进目标。黑带可以专职或兼职，如是兼职可由生产经理、工艺工程师等各类工程师担任
绿带	在精益六西格玛项目中协助黑带，负责较小范围内的精益六西格玛改进项目，同时参与日常工作的优化和质量提升
生产经理	负责生产流程的优化与改进，确保精益原则和六西格玛工具的有效整合，减少浪费和缺陷，提升整体生产效率和产品质量
班组长	负责日常生产管理，确保一线员工理解并开展精益实践，推动现场的持续改进活动，解决生产中的实际问题，协调团队工作，提高生产效率和产品质量

3.4.5　精益推行阶段

　　以最少的组织资源、最短的时间、最佳的质量完成变革，使精益管理成为组织卓越运营能力的重要力量，持续为组织创造实实在在的价值是精益变革的目标。每个组织精益变革的过程有所不同，但通常可以划分成准备期、导入期、发展期、成熟期四个阶段，每个阶段都有其重点的任务，根据组织大小和其他背景的不同，每个阶段持续的时间也有所不同。

　　在**准备期**，组织进行精益导入的准备工作，这个阶段通常持续半年到一年。

重要的任务包括通过与外部学习交流来了解精益的价值，并履行组织对于精益变革的承诺。

接下来是**导入期**，这个阶段也通常持续半年到一年。在这期间，组织正式导入精益管理，主要任务包括完成首批人员的培训认证，开始开展精益项目、全面生产维护（TPM），以及开始制定精益管理的流程制度。

发展期是精益管理导入后通过持续实践不断发展，并逐步与企业原有的管理体系进行融合的阶段，这一期通常持续一年到三年。在这个阶段，组织将持续开展培训认证、实施项目，进行精益分享和知识管理，同时完善和制定精益流程制度，并逐步进行相应的管理信息化发展。

最后是**成熟期**，在这个阶段，精益管理体系通过持续的发展而高效运作，并与组织的运营管理体系高度融合。企业的主要任务是根据需要向外输出成果，并成为行业或地域的精益管理典范。

通过这四个阶段，组织能够逐步实现精益管理的深入和完善，从而提高整体运营效率和竞争力。

3.4.6　如何推行精益化

3.4.6.1　精益化推行 5 个原则

① **消除浪费**。在化工行业中，应消除任何不增加价值的活动，包括过度的材料处理、过程中的等待时间和过剩生产。例如卓越企业通过实施更加精细的物料需求计划，确保原料按需购买和使用，避免过度库存和资金占用。此外，通过优化物流和运输，减少物料的多次搬运，提高仓储管理效率，减少浪费。

② **增值流程**。专注于每个流程步骤是否增加价值，并移除那些不增值的活动。例如卓越企业对某生产装置的主要生产流程进行了分析，发现某些中间步骤对最终产品并无显著贡献。通过改进工艺流程并减少非增值步骤，企业成功缩短了生产周期，提高了设备利用率。

③ **快速响应**。建立灵活的生产体系，能够快速响应市场变化和客户需求。例如，卓越企业通过引入实时监控和数据分析系统，能够在生产过程中实时检测关键指标的变化，如温度、压力或流量。系统一旦发现异常，立即通知操作人员进行调整，确保生产的连续性和稳定性，避免因异常情况导致的停产或产品质量问题。

④ **持续改进**。鼓励持续地改进活动，不断寻找提高效率和质量的机会。例如卓越企业通过设立员工合理化建议系统，鼓励一线员工提出生产改进建议，如减少能源消耗或优化工艺流程。企业定期组织评估和筛选这些建议，并实施可行的改进措施，从而不断优化生产流程，提高整体运营效率。

⑤ **人员培养**。强调在化工企业中对员工进行持续的精益生产和技能提升培训，确保员工充分理解精益生产的理念和工具。例如卓越企业每年都按照年度计划开办精益绿带和黄带认证培训班，涵盖从浪费识别到改善实施的全流程。通过这些培训，员工不仅能掌握新技能，还能在实际工作中应用精益工具，参与精益改善项目，提升业务绩效。

3.4.6.2 精益化工具和方法

精益（包括六西格玛）方面的工具和方法非常丰富，各有不同的用途，表 3-9 对其进行了简要介绍，在笔者的另一本专著《精益化工：精益管理在化工行业的实践》中有更详细的介绍。

表 3-9 精益化工具和方法

序号	工具、方法名称	用途	例子
1	SWOT 分析	综合评估优势、劣势、机会和威胁	使用 SWOT 分析评估新产品的市场潜力，确定其技术优势和市场竞争力，同时识别潜在威胁，如原材料价格波动
2	平衡计分卡	跟踪关键绩效指标与战略目标	通过平衡计分卡跟踪其生产基地的效率、质量、成本和交付时间，确保各项目标均衡实现
3	KANO 模型	产品特征分类和客户满意度分析	利用 KANO 模型分析客户对新型涂料的期望，识别出最重要的功能特性并优化产品设计
4	标杆对比	性能比较与最佳实践学习	进行标杆对比，学习行业领先公司的生产工艺和管理方法，提高自身生产效率和产品质量
5	SIPOC 图	映射供应、输入、过程、输出和客户关系	使用 SIPOC 图描述其新产品开发流程，从原材料供应商到最终客户的各个环节，确保每个环节清晰且高效
6	排列图	数据分类和分析	利用排列图分析生产过程中不同缺陷的产生频率和严重程度，确定主要问题并优先解决
7	CTQ 树	识别关键质量需求	通过 CTQ 树识别客户对某种化学品的关键质量需求，从而优化生产过程和质量控制措施

续表

序号	工具、方法名称	用途	例子
8	甘特图	项目管理和进度控制	某化工项目使用甘特图规划和跟踪各个施工阶段的进度，确保按时完成项目交付
9	头脑风暴	生成新想法和解决方案	召开头脑风暴会议，集思广益，提出多种提高生产效率和减少废料的方法
10	亲和图	整理和分类信息	使用亲和图对员工在质量改进会议上提出的各种建议进行整理和分类，找出最具可行性的方案
11	关联图	识别不同因素之间的关系	利用关联图分析生产问题与不同变量（如温度、压力、原料质量）之间的关系，找出根本原因
12	树图	展示系统的分支结构	使用树图展示复杂生产系统的各个分支结构，帮助员工更好地理解和管理流程
13	矩阵图	分析和比较数据	使用矩阵图比较不同供应商的原材料质量和价格，选择最佳供应商
14	优先矩阵图	优先排序和决策支持	利用优先矩阵图对多个改进项目进行优先排序，确保资源集中用于最重要的项目
15	过程决策程序图	映射决策点和行动路径	使用过程决策程序图描述应急响应流程，确保在紧急情况下各部门协调行动
16	网络图	显示元素之间的关系	通过网络图展示生产工艺中各个步骤和设备之间的关系，优化生产流程
17	跨职能流程图	描述跨部门流程的操作和流动	利用跨职能流程图描述新产品开发过程中各部门的操作和信息流动，提高协作效率
18	流程图	描述步骤、决策和任务的顺序	使用流程图描述生产流程的每一步骤，帮助员工理解并遵循标准操作规程
19	详细流程图	细节更丰富的流程图	使用详细流程图展示其废水处理系统的各个步骤，确保每个环节都得到严格控制
20	鱼骨图	识别、分类和显示潜在原因	通过鱼骨图分析造成产品缺陷的潜在原因，并制定相应的改进措施
21	因果矩阵	分析因果关系	利用因果矩阵分析生产过程中的各个因素如何影响最终产品质量，优化工艺参数
22	估计工具	估计和预测数据	通过估计工具预测未来原材料需求，制订采购计划，避免库存积压或短缺
23	检查表	跟踪和记录关键参数	使用检查表跟踪和记录生产过程中关键参数的变化，确保产品质量稳定

续表

序号	工具、方法名称	用途	例子
24	抽样	数据收集的简化方法	通过抽样方法收集生产线上的产品数据，进行质量控制和分析
25	描述性统计	数据分析的基本形式	利用描述性统计分析生产数据，了解生产线的整体表现和波动情况
26	图形化汇总	数据的视觉展示	通过图形化汇总展示年度生产报告，帮助管理层快速了解生产情况
27	直方图	数据分布的图形表示	利用直方图展示生产过程中产品尺寸的分布情况，分析其一致性
28	茎叶图	数据的快速图形化排序和显示	使用茎叶图对实验数据进行快速图形化排序和显示，便于分析和解释
29	箱线图	数据分布的五数摘要展示	通过箱线图展示各生产批次的质量分布，识别异常值
30	链图	表示时间序列数据	使用链图表示年度发货量数据，分析发货量趋势和季节性波动
31	正态概率图	数据正态分布的评估	通过正态概率图评估生产数据的正态分布情况，确保过程控制符合统计要求
32	测量系统的重复性与再现性分析	测量准确性和一致性评估	通过重复性与再现性分析评估测量系统的准确性，确保测量结果可靠
33	属性值测量系统的一致性分析	测量系统的错误和变异评估	通过属性值测量系统的一致性分析，评估其质量检验系统的错误和变异，确保数据准确
34	正态性检验	数据的正态分布假设检验	利用正态性检验评估生产数据是否符合正态分布，指导过程改进
35	正态过程能力分析	过程性能的统计评估	通过正态过程能力分析评估生产过程的性能，确定是否需要进行改进
36	二项过程能力分析	二项分布过程的性能评估	利用二项过程能力分析评估生产线上合格品率的统计表现，确保产品质量
37	泊松过程分析	泊松分布过程的性能评估	通过泊松过程分析评估生产过程中某类缺陷的发生频率，制定改进措施
38	单样本 Z 检验	单一样本均值的标准正态假设检验	使用单样本 Z 检验评估生产数据的均值是否与标准一致，确保产品质量
39	单样本 t 检验	单一样本均值的学生 t 分布假设检验	通过单样本 t 检验分析生产批次的数据，确保产品符合预期质量标准
40	双样本 t 检验	两个样本均值的比较	利用双样本 t 检验比较两条生产线的收率，评估是否存在显著差异

序号	工具、方法名称	用途	例子
41	配对 t 检验	两相关样本均值的比较	通过配对 t 检验分析同一生产线在不同条件下的收率差异，优化生产工艺
42	单方差检验	单变量方差的假设检验	利用单方差检验评估生产过程中的数据一致性，确保质量控制有效
43	双方差检验	两个变量方差的比较	通过双方差检验比较两种原材料的质量波动情况，选择最佳材料
44	等方差检验	两组数据方差的一致性评估	使用等方差检验评估生产线上不同批次产品的质量一致性，确保稳定生产
45	单比率检验	单一样本比率的假设检验	通过单比率检验评估生产线上合格品的比例是否符合预期标准
46	双比率检验	两个样本比率的比较	利用双比率检验比较两条生产线上的合格品率，评估是否存在显著差异
47	单因子方差分析	一个因素多个水平的均值比较	通过单因子方差分析评估不同温度条件对产品质量的影响，确定最佳生产温度
48	卡方列联表	类别数据的关联性和独立性测试	利用卡方列联表分析不同生产班次与产品质量之间的关系，找出问题班次
49	多变异分析	多个变量间相互影响的分析	通过多变异分析评估原料成分、生产条件和产品质量之间的相互影响，优化生产工艺
50	相关性检验	两变量间相关性的统计检验	使用相关性检验分析生产过程中的温度和压力与产品质量之间的关系，确保工艺参数合理
51	一元回归	一个自变量和一个因变量之间关系的建模和分析	通过一元回归分析生产过程中温度对产品产量的影响，指导工艺参数调整
52	价值流图	显示流程中价值和浪费的流动	利用价值流图分析生产线中的增值和非增值活动，减少浪费，提高效率
53	流程程序分析	流程中步骤的效率和效果评估	通过流程程序分析评估生产流程中的每个步骤，找出瓶颈并优化流程
54	动作和时间研究	工作流程中时间和动作的详细分析	进行动作和时间研究，分析员工在生产线上的每个动作，减少不必要的步骤，提高效率
55	OEE	设备有效性的综合评估	通过 OEE 评估生产设备的综合效率，找出并解决影响设备性能的问题
56	5 个为什么分析法	通过连续问"为什么"追溯根本原因	通过 5 个为什么分析法找出生产过程中导致某一质量问题的根本原因，并制定解决方案
57	六项思考帽	从不同角度思考问题	利用六项思考帽法从不同角度分析和解决生产中的问题，确保全面考虑各种因素

续表

序号	工具、方法名称	用途	例子
58	全因子试验	实验设计中所有可能因素的组合测试	通过全因子试验设计分析不同生产参数的组合对产品质量的影响，确定最佳工艺条件
59	看板系统	实时信息更新和工作流程控制	使用看板系统实时更新生产线上的信息，确保各工序按计划进行，提高生产效率
60	可视化技术	信息的图形化展示以支持决策	通过可视化技术展示生产数据，帮助管理层快速了解生产情况并做出决策
61	5S 活动	工作场所的系统化整理、清扫、整顿、标准化、素养	通过 5S 活动改善工作场所的整理和组织效果，提升员工士气和生产效率
62	快速换模	减少设备更换时间和提高灵活性	通过快速换模技术减少设备更换时间，提高生产线的灵活性和生产效率
63	5W1H 分析法	问题的全面分析	利用 5W1H 分析法全面分析生产中的问题，找出根本原因并制定改进措施
64	力场分析	识别推动和阻碍变革的力量	通过力场分析识别在实施新技术时的推动和阻碍因素，制定相应策略确保顺利实施
65	均值 - 极差控制图	跟踪数据集中趋势和变异	通过均值 - 极差控制图跟踪生产过程中的数据集中趋势和变异情况，确保质量控制
66	均值 - 标准差控制图	数据分布和波动性的统计分析	利用均值 - 标准差控制图跟踪生产数据的分布和波动性，指导工艺改进
67	单值 - 移动级差控制图	单一数据点与其移动平均的比较	通过单值 - 移动级差控制图监控生产过程中关键参数的变化，确保过程稳定
68	p 控制图	用于监控一定时间内发生的合格品或不合格品比例，适用于比例数据的监控	监控化工产品生产线中不合格品的比例，例如在某产品的批次生产中，监控每个批次不合格品的比例
69	np 控制图	用于监控固定样本中的不合格品数量，适用于计数数据的监控	监控化工产品包装过程中不合格包装数量，例如定期检查每 100 个包装中不合格包装的数量
70	C 控制图	用于监控单位时间内（或单位面积、单位批次等）的不合格项数，适用于计数数据的监控	监控化工设备维护中的故障点数目，例如监控设备在一定时间内的故障发生次数
71	U 控制图	用于监控每个单位中发生的缺陷数目比例，适用于变动样本大小的数据监控	监控产品包装过程中每单位产品中出现的缺陷数，例如监控化工包装线上每箱包装中的缺陷比例
72	防错	预防错误和缺陷	通过防错技术设计和实施预防措施，减少生产过程中的错误和缺陷，提高产品质量

序号	工具、方法名称	用途	例子
73	标准化作业	工作流程的标准化实施	通过标准化作业确保每个生产步骤都按既定标准执行，提高一致性和效率
74	QFD（质量功能展开）	客户需求转换为设计质量的关键特征	通过 QFD 分析将客户需求转化为设计质量的关键特征，确保产品满足客户期望
75	PFMEA（过程潜在失效模式及影响分析）	风险评估与预防	通过 PFMEA 分析生产过程中的潜在失效模式及其影响，制订预防措施，降低风险

3.4.6.3　精益化推行步骤——学习、实践、分享

（1）学习

学习是精益变革的前提。只有学习才能切实掌握工具，才能通过工具的运用改变我们工作的方式，继而取得卓越的工作业绩。

学习的回报超出想象。学习需要在时间、资金、精力方面付出适当的投入，在这方面投入的回报是超出想象的。系统规范的学习可以使学员获得能力提升，能力的提升会体现在学员工作绩效的进步上。如果组织中的每个人都能通过学习提升绩效，那么组织的绩效就会日益上涨。

在学习的推行中，要建立健全精益带级认证体系，通过科学规划和规范认证，确保项目团队具备足够的技能水平，实现从无到有、持续改进的能力验证机制，保障组织资源的高效利用和长期发展。

技能认证，健全体系。精益改善项目犹如对组织动手术，如果出现差错会给组织带来负面影响甚至是损失。为了保证项目成功率，需要对负责项目和参与项目的人员的精益技能水平进行验证，根据验证结果安排他（她）们负责能力范围内的项目。能力验证是必需的，但如果每次组建项目团队都要验证一次显然是非常困难的，而通过建立体系健全的精益带级认证体系可以做到一次验证、长期有效，可以为组织配置精益改善项目的团队人员提供可靠信息。

科学规划、规范认证。组织的资源是稀缺的，人员的时间是宝贵的。要根据组织和个人的需要进行科学的规划，规划好组织内的哪些人在什么时间接受什么等级的培训。培训认证的过程要根据不同带级课程的设计要求规范进行，保证认证证书水平的稳定和同质性。

从无到有，持续改进。组织自身学习方面的体系需要实践的积累。可以先从简单的带级认证做起。开始培训认证学员后，就会有更多更高质量的实践产生。这个时候可以在提炼总结实践的基础上再持续改进认证体系，经过几年的学习积累，这方面的体系就会日益成熟。

（2）实践

实践是维系"学习、实践、分享"提升环持续运转的核心。组织刚开始做精益，需要投入包括人力、物力、财力的各种物质资源和管理资源。大部分组织都愿意做这种尝试，如果尝试获得超出组织期望的价值，那么组织就会乐于追加资源投入，精益变革就会很快走上正轨，"学习、实践、分享"的提升环得以持续，精益会慢慢凸显出更大的价值，持续发展，并最终在组织扎下根来。

实践是价值创造的环节，只有价值创建出来了，才有分享价值的可能。如果组织中的各相关方以合适的机制分享了价值，那么整个精益变革的过程就会更加自发地开展，员工持续迸发出来的创新精神会让人赞叹不已。

实践是检验精益是否有实效的唯一方式。我们可以通过标杆学习去观察精益在别的组织是否生效，而精益在我们自己的组织是否生效只有动手去试才知道。不要花过多的时间去讨论，只要在组织中划出一个装置或区域，投入适当的资源大胆去试，经过一段时间就可以得到答案。

持续实践会形成组织自有的知识财富。如果组织持续实践，并且组织有计划地通过课程教材编写、论坛分享等形式去提炼实践，持续下去就会形成组织自有的知识财富。这种知识财富是一种无形的软实力，可以帮助组织在日常运营中快速定位问题、解决问题，显著提升运营绩效，组织会从救火式管理转变为改善性管理，不再害怕问题的出现。这种知识财富可以帮助组织快速培养具备改善技能的人才，打造精兵良将。这对员工的吸引力也会很大，因为每个人都希望通过工作不只可以拿到报酬，还可以掌握更多的知识和技能，让自己快速增值。这是每个人在快速发展的世界中的生存和发展之道。

花园中的花木需要修剪才能生长得更好，不经修剪，树木完全自由地生长便难以达到最好的状态。修剪要因势而为，要根据不同花木的特点进行有针对性地修剪，不能不顾实际情况千篇一律，要分情况采取最佳的操作。因为实践组织形式、活动目标、所用工具方法、实践实施难度等各方面的不同，精益的各种实践活动有着很大的差异性，如果管得过于严格、复杂，有些比较小的活动的管理就会有些烦琐，如果观点过于宽松、简单，有些大的、重要的活动就会出现很多风险，增加失败的可能。经过多年的实践，精益形成了分层化的管理体系，根据不同实践活动设立了不同的管理要求。

针对化工行业两大精益改善方向，即操作的最优化和设备的可靠性，分别采用不同的实践形式。操作的最优化通过精益改善项目实施＋标准化控制的方法来开展，设备的可靠性通过 TPM（包括 5S、可视化）体系评估达标＋巩固的方法来开展。

精益改善项目根据课题复杂性、改善使用的方法论等方面的不同细分了点改善、精益改善周、日常精益项目、六西格玛项目等不同的项目渠道，在项目识别、项目实施、项目验收、项目巩固、认可激励、绩效考核、全员参与等相关管理流程上都有所区分，如表 3-10 所示。

表 3-10　精益改善项目区分表

相关流程	相关流程关键特征	点改善	精益改善周	日常精益项目	六西格玛项目
项目识别	识别周期	不定期	每季度	每半年	每半年
	改善层面	微小	中等	中等、大	中等、大
	课题复杂性	相对不复杂	中等复杂	中等复杂	复杂
项目实施	方法论		A3	A3	DMAIC
	工具	5 个 why, 防错、可视化、标准化等	精益全套工具	精益全套工具	精益全套工具
	实施主体	个人或团队	团队	个人或团队	团队
	过程管理要求	弱	强	中	强
项目验收	验收	不验收	不验收	验收	验收
	量化评估	量化评估	量化评估	量化评估	量化评估
	收益核算	不进行收益核算	不进行收益核算	进行收益核算	进行收益核算
项目巩固	核查	不核查	核查	核查	核查
认可激励	激励类型	优秀奖激励	优秀奖激励	收益比例激励＋优秀项目激励	收益比例激励＋优秀项目激励
绩效考核	考核对象	公司所有部门	生产装置部门	生产装置部门	生产装置部门
	考核指标	无	季度数量指标考核	部门收益指标统一考核	部门收益指标统一考核
全员参与	人员积分	计入	计入	计入	计入

（3）分享

在"学习、实践、分享"的提升环中，分享是学习、实践的加速器。通过分享可以加速组织的学习和实践，提升学习和实践的效果。

促进知识归纳。每次分享都需要分享人进行准备，包括分享资料的准备和分享操作的准备。这个过程也是一个知识归纳的过程，将已进行的实践进行总结提炼，以便让受众更容易理解。经过分享人整理归纳的分享内容会更容易被参加分享的受众理解。组织中常态化的分享会为组织留下众多的知识资产。

促进知识复用。每个分享人分享的创意、想法、措施、经验、教训等知识内容都可以在保密合规的前提下在组织中广泛传播。受众从分享中可以得到诸多启发，如果是相同业务的分享，很多可以直接复用；如果不是相同业务的分享，需要进行抽象的思考来判断哪些可以跨越业务的不同来进行跨界的转化和复用。

促进文化形成。在学习、实践、分享流程的帮助下，大家在不同的领域进行精益改善的学习和实践，实践之后定期进行分享。如果这种活动持续常态化地有效进行，就会逐渐形成分享的文化。每个人都积极分享自己的心得，可以互相借鉴。分享让员工进步更快、更大，而分享者也会以分享活动的完成为新的起点，去进行更多的实践，准备下一个精彩的分享。

分享的要点是基于受众需求精心设计分享内容与形式，构建全方位、多层次的分享体系，确保受众不仅能够听懂、学会，更能在实际工作中付诸行动。

基于受众需求设计分享。分享中最重要的不是分享者分享了什么，而是受众听到了什么。而分享的目的也不仅仅是分享本身，最大的目的是分享后大家会有所启发、有所收获、有所行动。每一次分享都要进行精心的准备，让听众来得了、坐得下、听得进、学得会、用得上。

构建全方位有层次的分享。简报、论坛、现场走动、看板、微信、直播……每一种分享形式都有其优势、特点和局限性。要构建全方位、多层次的分享，根据每次分享内容的情况选择合适的分享形式组合，利用一切机会、一切手段来进行更有效的分享。

3.4.7　案例：降低某装置产品杂质指标项目

某装置曾实施了一个重点项目（精益六西格玛项目中的六西格玛类项目），目的是优化其 C 线产品中的特定化学成分含量。此项目成功地将该化学成分含量从较高的初始水平显著降低至预期目标水平，不仅有效提升了产品质量，还带来了可观的经济收益。

该项目的背景源自该装置的具体需求，该装置的产品直接影响下游装置的产品质量。C 线产品汇总的该化学成分含量相较于 AB 线显著偏高，导致下游产品的质量指标经常出现超标的情况，以往只能通过与 AB 线产品混合使用的方式来缓解问题。因此，迫切需要优化 C 线产品的该化学成分含量，通过优化生产工艺，提升产品质量而不增加额外成本，从而增强企业的市场竞争力。

项目团队采用了精益六西格玛方法进行项目管理和执行。首先，通过标准化的测量方法来确保测量系统的可靠性。随后，项目团队进行了一系列的分析，包括利用工具来识别并筛选可能影响该化学成分含量的多个因素。通过详细的数据分析和工具应用，项目团队精准地分析了上游原料、反应系统控制、活性催化剂以及系统内杂质积累等因素，最终确定了若干关键影响因子，并进行了深入实验。

为了明确这些因子的实际影响，团队设计并执行了一系列的设计实验（DOE），重点测试多个主要因子的影响。通过响应曲面分析法，团队能够精确控制实验条件，优化反应过程。试验结果明确了各因子对该化学成分含量的具体影响，使团队能够制定出有效的操作参数调整方案。

经过一系列的改进和优化，C 线产品的该化学成分含量显著降低，稳定地达到了下游装置的严格质量要求，确保了产品的稳定性和可靠性。同时，这一优化措施明显提高了生产效率，减少了不必要的返工和调整时间，大幅提升了生产的经济效益。项目的财务分析显示，通过减少相关消耗材料和能源的使用，节省了大量的生产成本。除此之外，项目的实施也显著提升了装置员工对持续改进方法的理解与实践的热情，通过积极参与改进过程，员工的技能和创新意识得到了进一步的提升，极大地推动了学习型组织的建设。

总的来说，这个项目不仅达到了其改善目标和财务成果目标，还通过系统性的方法和团队协作，展示了如何在不增加成本的前提下通过技术和管理创新来提升产品质量和企业竞争力。

表 3-11 总结了项目改善前后的对比，展示了系统性的改善如何为多个方面带来积极的变化。

表 3-11　改善前后对比

方面	改善前状态	改善后状态
安环	可能存在因特定物质含量过高而导致的处理压力增大的情况，环保风险较高	特定物质含量降低，减少了潜在的环保风险，符合更严格的环保标准
质量	特定物质含量高，导致产品色度不达标，影响最终产品质量	特定物质含量显著降低，产品色度改善，质量标准得到满足
成本	需要与 AB 线产品混合使用以稀释 C 线特定物质的高含量，增加成本	降低了催化剂和能耗成本，节约成本
交期	特定物质含量高问题可能导致产品批次延误，影响交货周期	产品质量的提高和过程的稳定化提升了交货的准时性
士气	质量问题可能导致员工士气受挫，对改进措施持怀疑态度	项目成功提升了员工对改进方法的信心，增强了团队士气
人力	可能需额外人力处理质量问题或进行产品混合作业	优化操作减少了额外人力需求，人力资源得到更有效的分配和使用
工艺	工艺未充分优化，存在浪费和效率低下的问题	工艺通过精细化管理得到优化，操作参数更加精确，效率提升
设备	设备运行参数未达到最优化，可能导致更频繁的维护和故障	设备通过调整和优化，运行更加稳定，减少了维护成本和设备故障

此项目成功的 3 个关键因素如下：

① **精确的数据分析与测量方法**。项目团队使用了标准化的测量技术（气相色谱法），确保了数据的准确性和可靠性。精确的测量是评估项目效果和进行科学决策的基础。通过对数据进行严格的分析，如使用分析工具和设计实验（DOE），团队能够识别和验证影响产品质量的关键因素，从而精确地定位和实施必要的改进措施。

② **系统性改进方法与团队协作**。采用精益六西格玛方法论，项目团队不仅系统地分析了问题，而且通过团队协作集中解决了问题。通过团队头脑风暴和 C&E 矩阵工具筛选影响因素，再结合方差分析和回归分析深入分析，最终确定关键操作参数。团队的协作和方法的系统性确保了问题可以在根本上得到解决。

③ **持续改进与员工培训**。项目的实施不仅关注即时的技术和经济效益，还重视员工的能力提升和组织文化的建设。项目推动了工序员工对精益六西格玛和持续改进方法的学习和实践，促进了学习型组织的建设。这种对人才培养和文化塑造的长期投资，为公司后续的项目和改进活动打下了坚实的基础。

3.4.8　精益化常见问题

在精益化管理中，企业面临多种挑战和问题。首先，努力减少浪费的同时可能会导致过度节约必要资源，这种过度节约会影响正常的生产活动和产品质量。此外，企业可能会陷入只顾局部优化而忽略系统优化的误区，即专注于提升单个流程或部门的效率，而忽略整个系统的优化，这可能导致整体效果不佳。

企业在实施精益化过程中可能会遇到动力不足的问题，一旦初步目标达成，团队可能失去继续推动改进的动力。此外，精益工具如 5S 等可能被错误应用，没有根据实际业务需求进行调整，导致效果不佳。过度依赖外部精益顾问也是一个常见问题，这种依赖可能导致长期的成本增加和缺乏内部持续改进的能力。

沟通是关键的一环，管理层可能过于自上而下地推进精益化，缺乏与员工的有效沟通，导致员工在理解和执行上产生偏差。此外，过分关注内部流程优化可能会忽视对客户需求的响应和服务，从而影响企业的市场表现。精益化如果被视为一套外来工具而未能与企业文化深度融合，也可能导致员工抵触和难以持续。

在供应链管理方面，如果精益化仅集中在内部流程而忽视与供应商和客户之间可能实现的协同效应，那么企业可能无法充分发挥精益化的潜力。最后，忽视现代技术（如信息系统和自动化工具）的支持作用，也可能使企业错失提升效率和竞争力的机会。这些误区需要通过深思熟虑的策略和实践来避免，以确保精益化能够为企业带来持续的价值和改进。

3.4.9　精益化诊断

表 3-12 中是精益化管理的通用诊断标准，读者可以进行自评，并根据评价结果进行针对性的改进，以提高精益化管理的有效性。

表 3-12　精益化诊断表

评估项目	优——5 分	良——4 分	中——3 分	差——2 分	未开始——1 分
消除浪费	完全消除浪费，生产过程高度优化，无不必要的材料处理和等待时间	大部分浪费已消除，生产过程较为优化，材料处理和等待时间较少	部分浪费已消除，生产过程基本优化，材料处理和等待时间中等	很少浪费被消除，生产过程优化不足，材料处理和等待时间较多	未开始实施消除浪费的措施，生产过程存在大量浪费

评估项目	优——5 分	良——4 分	中——3 分	差——2 分	未开始——1 分
增值流程	所有流程步骤均增加价值，不必要的环节完全移除	大部分流程步骤增加价值，少量不必要的环节被移除	部分流程步骤增加价值，不必要的环节较多	很少流程步骤增加价值，大部分环节不必要	未开始分析和改进增值流程
快速响应	生产体系高度灵活，能够快速响应市场变化和客户需求，实时监控和数据分析系统完备	生产体系较为灵活，能够较快响应市场变化和客户需求，实时监控和数据分析系统基本完备	生产体系一定程度灵活，响应市场变化和客户需求较慢，实时监控和数据分析系统部分完备	生产体系不灵活，响应市场变化和客户需求较差，实时监控和数据分析系统不完善	未开始建立快速响应的生产体系
持续改进	持续改进活动积极开展，员工建议系统完善，定期评估和实施改进建议	改进活动较为积极，员工建议系统较完善，偶尔评估和实施改进建议	改进活动一般，员工建议系统基本建立，偶尔评估和实施改进建议	改进活动较少，员工建议系统不完善，很少评估和实施改进建议	未开始持续改进活动，未建立员工建议系统
人员培养	持续进行精益生产和技能提升培训，员工充分理解精益生产理念和工具	定期进行精益生产和技能提升培训，员工较好理解精益生产理念和工具	偶尔进行精益生产和技能提升培训，员工部分理解精益生产理念和工具	很少进行精益生产和技能提升培训，员工对精益生产理念和工具理解不足	未开始进行精益生产和技能提升培训

3.5 数字化——先量后理，实现在线透明

3.5.1 数字化缺失的痛点

在化工企业中，数字化缺失或实施不当，会引发一系列的痛点，不仅影响日常运营效率，还可能对企业的长期竞争力产生不利影响。

数据孤岛是一个常见问题。当生产、销售和库存等部门使用不同的系统时，信息无法互通，会导致数据不一致。这种隔阂阻碍了信息的流动，使得决策过程变得复杂和缓慢。

数据安全问题也是数字化不足的直接后果。如果企业未采取足够的网络安全措施，就容易遭受网络攻击，可能导致重要数据的泄露。这不仅损害企业声誉，还可能引发法律和财务风险。

决策延迟是由数据处理和分析能力不足引起的。如果从数据收集到决策应用的过程过长，企业可能错过市场最佳响应时间，导致机会损失。在快速变化的市场环境中，这种延迟尤为致命。

技术更新的成本也是数字化的一个重要考虑点。随着数字技术的迅速更新，企业需要频繁投资于新技术和系统以维持行业竞争力，这些投资往往需要巨大的前期成本，而回报可能需要较长时间才能显现。

员工技能不匹配是一大挑战。如果员工的技能与数字化要求不符，比如其缺乏必要的数据分析和 IT 技能，将严重影响他们的工作效率和整个系统的运行效率。

系统集成困难是数字化过程中经常遇到的问题。例如当企业引入新的 ERP 系统时，可能会遇到与现有生产系统的兼容问题，导致生产调度和日常运营不顺畅。

数据质量问题也不能被忽视。错误的数据采集和输入可能导致库存管理混乱，影响订单处理和客户满意度。

用户体验差通常是因数字化工具操作复杂引起的。如果新系统界面不友好，会增加员工的学习成本，降低他们使用这些工具的意愿，从而降低工作效率。

对外依赖性强是数字化过程中的一个关键问题。如果核心数据处理和存储依赖第三方服务，那么一旦这些服务中断，即可直接影响到企业的日常运营。

投资回报周期长也是企业在考虑数字化投资时需要面对的问题。尽管长期看来数字化是必要的，但高额的初始投入和不确定的回报周期可能让一些企业犹豫，尤其是在预算有限的情况下。

因此，化工企业在推进数字化时需要综合考虑这些痛点，并采取相应的策略和措施来克服这些挑战，以便实现更高效、更安全的运营，并最终提升市场竞争力。

3.5.2 数字化释义

在化工企业中，数字化指的是使用数字技术和工具来收集、存储、分析和管理数据，以提高企业的运营效率、安全性、质量控制和决策能力，通常包括以下几个核心组成部分。

① **数据采集和集成**。通过传感器、仪表和其他自动化设备在生产过程中实时

收集数据。这些数据被集成到中央系统中，以便进行进一步的处理和分析。

② **数据管理和存储**。使用高级数据库系统来组织、存储和保护收集到的数据，包括确保数据的准确性、完整性和可访问性。

③ **数据分析和智能**。应用数据分析、机器学习和人工智能技术对数据进行深入分析，以识别模式、预测趋势和生成洞见，这些洞见可以用来优化生产过程、提高产品质量和减少资源浪费。

④ **决策支持和自动化**。基于分析结果，开发智能决策支持系统，帮助管理层和操作人员作出更加科学和精确的决策。此外，通过进一步的自动化，减少人为干预，提高操作的一致性和可靠性。

⑤ **数字化交互和服务**。利用数字技术改善与客户、供应商和内部团队的互动，如通过在线平台提供服务、实时反馈和远程协作。

总体而言，数字化转型可以帮助化工企业在竞争激烈的市场中保持领先地位，通过更高的操作效率和改进的决策能力来提升整体业务表现。

3.5.3 数字化的组织和关键角色

企业在推行数字化转型时，通常需要构建一个支持创新和技术集成的组织结构。这样的结构应当能够支持新技术的快速采用、数据驱动的决策制定以及跨部门的协作。

（1）企业推行数字化的典型组织结构

① **数字化战略委员会**。通常由企业的高层管理者组成，负责设定整体的数字化愿景和策略，监督数字化转型的进程，并确保数字化战略与企业的整体战略相一致。此委员会也负责为关键的数字化项目提供资源和支持。

② **首席数字官及数字化办公室**。首席数字官负责领导数字化办公室，并直接向首席执行官（CEO）报告。数字化办公室的任务包括制订和执行数字化计划、推动企业内部的数字化项目，以及监督与评估数字化投资的效果。此办公室也负责推广数字化文化，培训员工以提升其数字技能。

③ **数据管理与分析部门**。该部门负责管理企业的数据资产，确保数据的安全、质量和可访问性。此部门还提供数据分析和洞察，支持基于数据的决策制定。

④ **IT和技术支持部门**。支持日常的技术运营，维护企业的IT基础设施，同

时与数字化办公室紧密合作，以确保技术方案与企业的数字化策略相匹配。此部门也负责新技术的研究与开发，以及系统的升级和集成。

⑤ **数字化创新实验室**。一个专门的团队或部门，负责探索和实验新的数字技术和模型。这些实验室通常聚焦于前沿技术，如人工智能、机器学习、大数据、物联网等，并将这些技术转化为可实施的业务解决方案。

⑥ **数字化转型跨部门工作组**。由不同部门的代表组成，负责确保数字化战略在各个业务单位的有效实施。这些工作组有助于促进内部沟通与协作，确保数字化转型措施能够全面覆盖并有效地执行。

通过这样的组织结构，企业能够更好地适应数字时代的要求，提升业务运作的效率和创新能力，同时增强对市场变化的响应能力。

（2）关键角色

化工企业推行数字化转型涉及多个关键角色，每个角色承担着不同的职责，以确保数字化策略的有效实施和管理。这些角色需要跨越技术、运营和战略管理的边界，共同努力实现数字化的目标。表 3-13 是一些数字化的关键角色及其主要职责。

表 3-13　数字化的关键角色及其主要职责

关键角色	主要职责
首席数字官	制定企业的整体数字化战略； 确保技术资源与公司的长期战略目标一致； 领导数字化项目的规划和实施，监督技术团队的运作
数字化项目经理	管理具体的数字化项目，确保项目按时按预算完成； 协调跨部门团队，包括技术人员、业务单位和外部合作伙伴； 监控项目进展和绩效，解决项目实施过程中的问题
数据科学家	分析企业数据，为业务决策提供数据支持和见解； 开发和维护高级数据分析模型，提高决策效率和准确性； 探索和实施新的数据技术和算法，优化业务流程
系统架构师	设计和实施企业级的 IT 系统架构，支持数字化转型； 评估和选择技术解决方案，以满足企业的数字化需求； 确保系统架构的持续更新和优化，以适应新的技术发展
业务分析师	作为技术团队和业务单位之间的桥梁，确保技术解决方案与业务需求对齐； 分析业务流程，识别数字化改进的机会； 协助设计和实施业务流程的数字化转型

通过这些关键角色的合作，化工企业可以实现其数字化转型的目标，提升运营效率，优化成本结构，增强竞争力。每个角色的有效履职是成功实施数字化战略的关键。

3.5.4 数字化转型阶段

企业数字化转型可以分为四个阶段，即准备期、导入期、发展期和成熟期。每个阶段都有其具体的描述、关键任务和预计持续时间，它们共同构成了企业数字化升级的完整路径。

① **准备期**。在这个阶段，企业需要评估现有技术和确定数字化需求，通常持续半年至一年。关键任务包括确定关键数据点和系统、选择适合的技术解决方案以及制定详细的数字化战略和目标。这一阶段是为数字化转型奠定基础，确保选择的技术和战略方向能够满足企业的长远需求。

② **导入期**。接下来的导入期也是持续半年至一年。在这一阶段，企业将实施选定的数字化技术，包括部署 IT 系统和软件、培训员工使用新系统以及进行初步的数据整合和分析。这个阶段是实际操作的开始，确保所有技术部署顺利并且员工能够熟练使用新系统。

③ **发展期**。此阶段持续一年至三年，主要关注扩展和完善数字化应用。关键任务涉及整合跨部门数据、利用数据分析改进决策过程以及逐步增加智能化元素。发展期是数字化转型的深化阶段，通过扩大应用范围和深度，推动企业运营向更高效率和更智能化方向发展。

④ **成熟期**。成熟期是一个持续的阶段，标志着企业全面数字化运作的实现。在这个阶段，企业将利用大数据和人工智能技术优化运营，成为数字化转型的模范，并实现高度自动化的管理。此阶段的重点是持续优化和推广成功的数字化实践，确保企业在激烈的市场竞争中保持领先地位。

通过这四个阶段的系统规划和执行，企业能够确保数字化转型的成功，从而在现代化的商业环境中保持竞争力。

3.5.5 数字化范围

3.5.5.1 数字化实施场景选择 3 标准

在制定数字化实施范围场景的标准时，需要考虑多个关键因素，以确保每个场景的效益最大化。这些标准从公司的战略角度出发，强调场景的重要性、使用频率和人员交互程度。

① **重要性**。从公司的战略角度考虑，确保选取的数字化实施场景对公司的长远发展和日常运营至关重要。例如，对生产过程中关键参数的实时监控和管理，可以显著提升产品质量和生产效率，因此在数字化实施中占据重要位置。

② **高频**。场景的使用频率是衡量其价值的一个直观指标。高频使用的场景，如参数控制，可能需要每分钟都进行数据更新和分析，这样的高频率使用场景在数字化实施中尤为重要。相比之下，如生产月结这样的低频场景虽然重要，但其频次较低，因此在数字化实施的优先级中可能稍低。

③ **交互**。一个场景中涉及的人员越多，其影响范围越广，管理和优化的需求也就越强烈。例如，特殊作业票的办理流程可能涉及多个部门和多级审批，这种高交互性的场景非常适合通过数字化手段来优化，以减少时间延误和提高流程透明度。

通过以上标准的详细分析和实施，公司可以确保其数字化战略的有效执行，优化关键业务流程，提升整体运营效率和响应速度。

3.5.5.2　常用数字化系统

化工行业数字化系统按类别分为安环、质量、成本、交期、人力、工艺、设备和综合等，每个类别针对特定的业务需求提供了相应的解决方案。

在**安环**类别中，安全管理系统（SMS）、安全检测和响应系统、环境监测系统等确保工作环境的安全与环境保护，涵盖从事故预防到废物处理的全方位管理。

质量类别中的质量管理系统（QMS）、实验室信息管理系统（LIMS）和自动化检测系统，专注于产品质量的持续监控和改进，保障生产质量符合标准。

在**成本**控制方面，能源管理系统（EMS）和供应链管理（SCM）系统等帮助企业优化资源使用和降低生产成本。

交期类别中包括生产调度系统和物流管理系统，确保产品的及时交付和高效物流运作。

人力资源管理系统（HRMS）、员工培训系统和绩效管理系统等，致力于员工的管理和发展，强化企业的人力资源建设。

工艺类别中的系统，如工艺控制系统（PCS）和生产线自动化系统，能够提升生产效率和工艺水平。

设备管理则通过设备维护管理系统（CMMS/EAM）和预测维护系统等，确保设备的高效运行和维护。

综合类别的系统，如 ERP 系统和智能制造执行系统，提供从财务管理到生态系统管理的全面解决方案，支持企业的全方位数字化转型和运营优化。

这些系统可以帮助化工制造企业在不同领域实现数字化的转型，提高生产效率和产品质量，降低运营成本，确保安全和环境保护，以及改善客户服务和员工管理效果。

3.5.6　如何转型数字化

3.5.6.1　数字化转型 5 个原则

① **集成互联**。在化工行业中，集成互联意味着建立一个统一的平台，将生产、仓储、物流等环节的数据和系统无缝连接，形成整体的信息流。例如通过集成 ERP 系统、供应链管理系统和现场数据采集与控制系统，企业可以实现端到端的实时数据共享和管理。例如在卓越企业，集成 ERP 和现场数据采集与控制系统可以将原料采购数据与生产线数据实时对接，确保生产调度的准确性和及时性。借助物联网技术，企业还可实现从原材料入库到产品出库的全流程跟踪，提高整体运营效率。

② **数据精准**。精准的数据是化工企业有效决策的基础。通过安装传感器和工业互联网设备，企业可以实时监控生产过程中的温度、压力、流量等关键参数，确保数据的实时性和准确性。例如在卓越企业的产品生产中，反应釜的温度、压力对产品质量影响极大，实时监控能有效避免质量问题。此外，精准的数据还为工艺优化和节能减排提供了依据，通过数据分析，企业可以降低能耗，提高生产效率。

③ **以人为本**。在化工企业的数字化转型中，以人为本的设计理念尤为重要。操作员和技术人员是生产运营的核心，系统设计应以用户为中心，确保操作简单。例如，卓越企业为操作员提供可视化仪表板，集中显示关键性能指标，使他们能快速理解生产状况并作出响应。此外，卓越企业为员工提供在线学习平台，帮助他们提升技能，增强竞争力。

④ **安全保密**。化工行业面临严格的安全和保密要求，数字化转型中须确保数

据的安全性和隐私保护。例如卓越企业采用加密技术保护生产数据，并通过访问控制系统限制敏感数据的权限，确保只有授权人员能查看或修改数据。此外，部署网络安全解决方案，如防火墙、入侵检测系统，防止黑客攻击和数据泄露，保护生产数据和商业信息的安全。

⑤ **持续创新**。化工企业须持续探索新技术，如云计算、大数据、人工智能等，优化生产流程，提高资源利用率。例如卓越企业通过实时数据分析优化生产参数，减少原料浪费，提高产品质量，引入预测性维护技术，分析设备运行数据，提前安排设备检修，避免停机带来的生产损失。持续创新有助于企业应对市场变化，实现可持续发展。

3.5.6.2　数字化工具和方法

在化工行业，数字化工具和方法的应用正在引领一场革命，通过增强数据的可接入性、可视化和分析能力，极大地提升了生产和管理的效率。这些工具和方法包括物联网（internet of things，IoT）、云计算服务、数据仓库、数据可视化工具、大数据分析以及数字孪生技术等。它们不仅能帮助企业实时监控和控制生产流程，还能优化决策过程，提高资源的利用效率和生产的灵活性。通过这些先进技术的综合应用，化工企业能够更好地应对市场变化，提高生产安全性，并实现持续的业务增长。

① **物联网（IoT）**。网络连接的物理设备，能够收集和交换数据，用于监控和优化过程。例如在化工厂中部署 IoT 传感器来实时监测设备状态、环境条件和生产参数。

② **云计算服务**。提供远程计算资源，如服务器和存储，用户可以通过互联网访问这些资源。例如通过云计算服务支持远程监控和控制化工生产过程，提高数据处理能力和业务灵活性。

③ **数据仓库**。集中存储企业的历史数据，支持查询和分析。例如建立数据仓库存储生产数据、质量控制记录和供应链信息，为分析和报告提供支持。

④ **数据可视化工具**。将复杂的数据集转换为易于理解的图形格式，帮助用户洞察数据趋势和异常。例如使用数据可视化工具展示生产趋势、设备效率和安全监控指标，帮助管理层作出及时的调整决策。

⑤ **大数据分析**。利用先进的分析技术来处理大量数据，从而提取有价值的商

业洞见。例如使用大数据分析来优化原料采购决策，基于市场需求和原料价格波动进行预测。

⑥ **数字孪生技术**。创建一个或多个物理资产的虚拟数字副本，用于模拟、预测和优化。例如建立化工反应器的数字孪生模型，模拟不同操作条件下的反应性能，优化生产过程。

3.5.6.3　数字化转型步骤——蓝图规划、项目实施、应用迭代

（1）蓝图规划

在化工企业的数字化转型中，蓝图规划扮演着至关重要的角色。这一阶段是制定企业数字化战略的基础，详细地描绘了企业如何利用数字技术来优化流程、提高效率以及增强数据驱动的决策能力，同时支持企业的长期业务增长。蓝图中包含了关键技术的选择、基础设施搭建、数据管理策略以及确保所有这些与企业的业务目标紧密对齐的详细规划路径。

蓝图规划的目的在于确保数字化转型过程中的每一步骤都与企业的长期战略目标相符，解决现有的业务痛点。这样的系统性规划有助于企业避免资源浪费，减少试错成本，并确保技术投资能够与业务需求高度一致。通常这一规划由企业的高级管理团队主导，如首席信息官（CIO）、首席技术官（CTO）及其他业务部门领导，并常常会聘请外部顾问或行业专家，引入新的视角和行业最佳实践。

蓝图规划通常在企业总部进行，并涉及跨部门的合作。通过组织会议，确保所有利益相关者能够参与进来，并进行意见的收集和交流。在时间安排上，蓝图规划应在数字化转型的初期进行，最好是在企业预算周期开始之前，以确保有足够的资源和资金支持计划的实施。

实施蓝图规划的方法包括从详细的需求调研开始，识别关键业务流程和存在的痛点。随后，企业需要定义数字化的具体目标和关键绩效指标，并选择合适的技术和工具。规划中应包括阶段性目标、里程碑和预算安排，同时还需进行风险评估和制定相应的应对策略。在蓝图规划完成后，进行广泛的内部审查和反馈循环是至关重要的，这一步骤确保了方案的可行性和全面性，为后续的项目实施和应用迭代奠定了坚实的基础。

卓越企业在数字化蓝图规划的过程中展现了高度的系统性和前瞻性。首先，公司通过深入的行业对标，借鉴了领先企业的最佳实践，明确了数字化转型的方

向，确保其符合行业发展趋势和自身的战略目标。在此基础上，卓越企业组织了多次汇报会，广泛收集了各部门的意见和需求，使蓝图规划更加全面和切实可行。经过多次讨论和修订后，规划蓝图最终定稿，公司将这一蓝图视为未来数字化建设的指引，一旦确定，长期不动摇，确保蓝图的稳定性和一致性。

（2）项目实施

① **实施方式的选择**。在数字化包括智能化项目的实施过程中，企业面临着多种选择。每种实施方式都有其独特的优势和挑战，需要企业根据自身的资源、能力和战略需求进行选择和组合。无论是与技术提供商合作、自主研发，还是采用混合模式，企业都需要在速度、成本和自主性之间找到平衡点。这些不同的实施方式为企业提供了多样化的路径，以应对数字化转型的复杂性和不确定性。

a. 合作方实施。企业可以选择与技术提供商合作，利用外部专业知识和已经成熟的解决方案来实施数字化和智能化项目。采用这种方式可以快速获得技术支持和行业经验，减少实施风险和时间。

b. 自研实施。企业也可以选择内部研发，自主开发数字化和智能化的解决方案。这种方式有助于企业构建符合自身特定需求的系统，并保持技术的独立性和自主控制权。

c. 混合模式。结合合作方实施和自研实施的方式。企业可以在一些核心领域选择自研，以保持竞争优势和技术独立性，同时在非核心领域与外部技术提供商合作，以降低成本和加快项目推进速度。

表 3-14 是 3 种数字化实施方式的对比。

表 3-14 数字化实施方式对比

实施方式	优点	缺点	适用情况
合作方实施	- 快速获得成熟技术和专业知识 - 减少实施风险 - 可能有成本效益	- 依赖外部供应商 - 可能缺乏定制化 - 长期成本可能增加	- 缺乏相关技术经验 - 需要快速部署 - 资源有限的中小企业
自研实施	- 完全定制化解决方案 - 维持技术独立性 - 控制数据和核心技术	- 高初始投资和开发风险 - 需要长时间研发周期 - 需要强大的技术团队支持	- 拥有足够的资源和技术能力 - 对解决方案有特定需求 - 大型企业或科技公司

实施方式	优点	缺点	适用情况
混合模式	- 灵活性高 - 结合外部专业性和内部定制化 - 分散风险	- 管理复杂 - 需要协调不同的资源和团队	- 需要快速实施但又想保持部分控制权 - 项目规模大，需求多样化

② **合作方的选择**。对于大部分企业来说，优质的合作方是数字化转型的关键，企业可以基于以下标准进行评估选择。

a. **技术专长和经验**。确认合作方是否具有相关的技术专长和成功实施类似项目的经验；评估其解决方案的技术成熟度和行业认可度。

b. **行业知识**。选择对你的行业有深入了解的合作方，这有助于确保其所提供的解决方案能够满足特定的行业需求和标准。

c. **定制化能力**。考察合作方是否能提供定制化的解决方案，以满足特定需求；检查其解决方案的灵活性和扩展性。

d. **成本效益**。对比不同合作方的价格和成本结构，确保所选择的合作方在预算范围内提供最佳的价值；考虑长期的维护和升级成本。

e. **实施和支持服务**。确保合作方能提供充分的实施支持和持续的技术服务；检查其客户服务和技术支持的质量和响应时间。

f. **合作方的信誉和可靠性**。考察合作方的市场声誉，阅读客户评价和案例研究；确认合作方的财务稳定性和业务持续性。

g. **安全性和合规性**。验证合作方的解决方案是否符合相关的数据保护和隐私法律法规；确保其安全措施符合行业标准。

h. **创新能力**。评估合作方在技术创新方面的能力和历史，了解他们是否能持续提供最新的技术和及时更新。

i. **合作模式和文化契合度**。考虑合作方的工作方式、企业文化是否与本企业契合；确保双方可以建立有效的沟通和合作关系。

这些标准有助于企业系统地评估潜在的技术合作伙伴，确保选择最合适的合作方来实现数字化和智能化的目标。卓越企业作为化工行业龙头企业，一直被很多数字化厂家视为首选的化工行业标杆示范企业，这为卓越企业选择合作方提供了良好的条件。

③ **项目实施步骤**。在数字化和智能化项目的实施中，每个阶段的关键任务基于标准项目管理理论，可以大致划分如下。

a. **项目准备阶段**。**定义项目范围和目标**，明确项目要达成的具体目标和预期结果；**制订项目计划**，包括时间表、资源分配、预算和关键里程碑；**组建项目团队**，确定项目团队成员及各自职责；**进行风险评估**，识别潜在风险并制定相应的应对策略。

b. **业务蓝图阶段**。**详细分析业务需求**，深入理解和文档化业务流程和需求；**设计业务蓝图**，基于需求制定详细的业务流程和解决方案蓝图；**确认业务目标与 IT 解决方案的对齐**，确保技术解决方案能满足业务目标；**获取利益相关者的批准**，确保所有关键利益相关者对业务蓝图有共识并批准继续。

c. **系统实现阶段**。**系统配置**，根据业务蓝图配置系统；**开发和集成自定义功能**。开发必要的自定义功能和集成现有系统；**进行系统测试**，执行功能测试、性能测试和用户接受测试以确保系统满足业务需求；**用户培训**，培训用户使用新系统，确保他们理解并能有效操作系统。

d. **上线准备阶段**。**进行最终测试**，确保系统稳定并解决所有关键问题；**数据迁移**，安全地迁移旧系统的数据到新系统；**准备上线支持**，建立支持团队和帮助台，以便快速响应上线后可能出现的问题；**制订上线计划**，详细规划上线过程中的每一步，包括时间表和责任分配。

e. **上线与支持阶段**。**实施上线**，按计划切换到新系统；**监控系统性能**，密切监控系统性能和用户反馈，确保系统稳定运行；**解决上线后出现的问题**，迅速响应和解决用户反馈的问题；**进行持续改进**，基于用户反馈和系统性能数据持续优化系统。

这些阶段和关键任务为数字化、智能化项目提供了一个结构化的实施框架，帮助项目团队有效管理和导航复杂的技术和业务需求。

（3）应用迭代

好的系统是用出来的，而不单纯是设计出来的。应用迭代是数字化项目管理中的关键环节，特别是在初步实施之后。它涉及根据用户反馈、业务发展需求和技术进步对已部署的系统、软件或流程进行周期性的评审和更新。这一过程包括添加新功能、优化现有功能、提升系统性能及修复已发现的问题等。应用迭代的主要目的是确保数字化解决方案能持续地适应并支持业务的成长与变化。随着业务环境的不断变化，原始的数字化方案可能无法完全满足新的业务需求或者抓住由新技术带来的机遇。通过迭代升级，企业可以确保技术的前沿性，提高业务运营的效率和效果，从而保持竞争力。

通常，应用迭代由项目的原始团队或者专门的维护团队执行，其中包括软件工程师、系统分析师、项目经理以及业务部门的关键利害关系人。业务部门的直接参与尤为重要，因为他们最了解业务的需求和用户的实际使用情况。迭代工作通常在企业的IT部门或特定的项目工作区进行，有时也涉及远程团队，特别是在使用云计算资源的情况下。

应用迭代是一个持续的过程，一般在项目初次部署后立即启动，并根据预设的迭代周期进行。这个周期应考虑到业务需求的变化速度、技术更新的频率以及用户反馈的紧急程度。

迭代的具体方法如下。首先收集并分析用户反馈和业务数据，识别需求变化和优化点。其次，团队会制订迭代计划，包括新功能的开发、现有功能的优化和必要的系统维护。此后，开发人员进行代码开发、测试和部署，以确保每一次迭代都不会影响系统的稳定性和安全性。最后，持续监控迭代效果，评估其对业务的影响，并为下一轮迭代作准备。

通过这样的持续改进和迭代过程，化工企业能够确保其数字化投资得到最大化的利用，同时快速适应市场和技术的变化。这不仅能提升企业的内部效率，也能增强企业对客户需求的响应能力，从而使企业在竞争激烈的市场中保持领先。

3.5.7　案例：数字化安全作业票

卓越企业在宁波基地率先实施了数字化作业票项目。安全作业票是化工企业安全生产的管理重点。2008年笔者作为安全工程师负责全公司的作业票规范提升工作。当时，通过对员工进行培训、编制并打印发放电子作业票模板、抽查作业票并采取奖惩措施等传统管理手段开展工作，取得了一定效果，但付出的管理成本比较大，管理效果存在波动性，需要持续高强度关注。后来因为装置技改较多，公司的作业票量比较大，管理的难度日益上升。随着技术的发展，卓越企业率先引入了数字化作业票系统。数字化作业票相比传统纸质作业票在多个方面具有显著优越性。首先，利用数字化作业票中的在线管理系统实现作业票的自动生成，支持作业的实时监控和状态更新。这种方式不仅提高了作业审批的效率，还通过智能引导风险评估，显著提升了作业的安全性和合规性。此外，数字化作业票系统能即时推送相关作业信息，如风险警告和作业指导，确保作业人员和管理人员即时获取重要数据，从而提高响应速度和决策效率。

数字化作业票还特别适用于化工厂等需要严格监管的工业环境，这些环境通常有较高的安全标准和作业合规要求。通过数字化作业票，企业能更有效地进行作业计划和前置管理，减少作业的随机性，增加作业的可计划性。作业记录的数字化也为追溯和验收提供了便利，支持包括图像和视频在内的多种记录方式，极大地方便了后期审核和质量控制。

数字化作业票增强了管理的全局视角，管理人员可以实时监控并查看工业现场的作业状况，如作业票证的位置、状态及各类特殊作业的情况，支持多种分类汇总和统计，帮助企业快速作出管理决策。这种全面的数字化处理，显著优于传统纸质作业票，为企业带来了更高的工作效率和更强的安全保障。表 3-15 是数字化作业票实施前后的对比。

表 3-15　数字化作业票实施前后的对比

维度	实施前	实施后
安环	高风险操作，事故率较高，依赖纸质记录，易丢失或损坏	风险降低，自动风险评估，电子记录，提高异常响应速度
质量	纸质作业票难以追溯，易出错	作业记录数字化，质量追溯和控制更加精准
成本	纸质材料成本，存档成本高	降低物理存储成本，流程自动化，减少人工错误成本
交期	手动处理审批，响应慢	实时更新和推送，加快审批过程，提高响应速度
人力	需要大量人力处理和监管纸质作业票	通过系统自动化减少人力需求，提升工作效率

表 3-15 展示了数字化作业票在提高安全性、质量控制、成本效率、响应速度、人力资源利用方面的显著优势。通过数字化转型，企业能够更有效地管理其生产过程，同时减少潜在的风险和成本。

以下是促使该项目成功的 3 个主要因素。

① **技术集成与兼容性**。成功实施数字化作业票系统需要高度的技术集成能

力，确保新系统能够与现有的 IT 基础设施（如视频监控、人员定位等）无缝集成。其中包括硬件和软件的兼容性以及数据的互联互通。技术集成能确保所有工作流程都能数字化，从而提高效率和减少错误。

② **员工培训和接受度**。项目的成功极大地依赖于员工的接受度和他们使用新系统的能力。因此，全面的员工培训和教育至关重要，其中不仅包括技术操作培训，还包括使员工理解数字化作业票带来的好处，从而增强员工的使用意愿和主动性。员工的积极参与是推动项目长期成功的关键。

③ **明确的目标与持续的支持**。项目需要从上至下的明确支持和投入，包括从管理层到一线工作人员的所有层级。设定明确的实施目标，以及确保持续的资源和技术支持，是保证电子作业票系统顺利运行和优化的基础。此外，对系统进行持续评估和升级，根据反馈调整功能，也是确保系统能够满足不断变化的业务需求的关键。

通过确保这些关键因素的实现，数字化作业票项目不仅能在初期获得成功，还能持续提供长期的业务价值。

3.5.8　数字化常见问题

在推进数字化转型的过程中，企业可能会遇到多种挑战。首先，如果忽视了组织文化对技术接受和使用的影响，可能会导致员工对新系统产生抵触，从而阻碍技术的有效落地，影响其发挥效果。此外，缺乏一个清晰和全面的数字化战略也是一个常见问题，在这种情况下企业可能只是零散地引入新技术，导致资源浪费和项目方向不一致。

数据治理的不当处理也是数字化过程中的一个重要问题，如数据收集、存储、访问和使用的规范不明确，可能引发数据质量和安全问题。同时，技术推广过快可能会导致员工没有足够时间适应新技术，从而增加操作错误和降低生产效率。

用户体验在数字化转型中同样重要，如果开发的系统和工具操作复杂，且未从用户的角度出发优化体验，可能会导致用户使用不便和接受度低。数字化项目的预算也需实际考量，不符合实际需求的预算可能导致项目半途而废或效果不佳。

在进行数字化改造前，未对现有系统进行充分评估也是一个误区，这可能导致新系统与旧系统的兼容性差，整合困难。此外，过分追求即时效果而不将数字化投资视为长期投资，可能导致战略执行过于急躁，难以持续。

在追求效率和便利性的同时，忽略数据安全和行业合规性问题也是一个严重的误区，可能导致法律和信誉问题的产生。最后，企业对特定技术或平台的依赖过强是一个风险点，一旦这些技术或服务出现问题，整个企业的运营可能都会受到影响。解决这些挑战、走出误区是确保数字化转型成功的关键。

3.5.9　数字化诊断

表 3-16 是数字化管理的通用诊断标准，读者可以进行自评，并根据评价结果进行针对性的改进，以提高数字化管理的有效性。

表 3-16　数字化诊断表

评估项目	优——5 分	良——4 分	中——3 分	差——2 分	未开始——1 分
集成互联	建立统一平台，实现生产、仓储、物流等环节的数据和系统全面集成，信息流畅通	大部分环节的数据和系统已集成，信息流较为顺畅	部分环节的数据和系统已集成，信息流通性一般	少部分环节的数据和系统已集成，信息流通性较差	数据和系统未集成，各环节信息孤立
数据精准	数据实时监控，精准度高，能够精细控制生产过程	大部分数据实时监控，精准度较高，能够基本控制生产过程	部分数据实时监控，精准度一般，生产过程控制较为粗放	少部分数据实时监控，精准度较低，生产过程控制不精确	无数据实时监控，数据精准度差，生产过程无有效控制
以人为本	系统设计以用户为中心，操作界面直观易用，操作员能快速理解和响应生产状况	系统设计较为以用户为中心，操作界面较为直观易用，操作员能较好理解和响应生产状况	系统设计部分以用户为中心，操作界面一般，操作员理解和响应生产状况有难度	系统设计很少以用户为中心，操作界面不直观，操作员理解和响应生产状况困难	系统设计不以用户为中心，操作界面复杂，操作员无法有效理解和响应生产状况
安全保密	实施先进的网络安全解决方案，加密技术和访问控制完善，数据安全无漏洞	大部分数据有网络安全保护措施，加密技术和访问控制较完善，数据安全性较好	部分数据有网络安全保护措施，加密技术和访问控制一般，数据安全性一般	很少数据有网络安全保护措施，加密技术和访问控制不完善，数据安全性差	无网络安全保护措施，数据无加密和访问控制，数据安全性差

续表

评估项目	优——5分	良——4分	中——3分	差——2分	未开始——1分
持续创新	积极探索并应用新技术和方法,利用云计算、大数据等技术持续优化生产流程	大部分探索并应用新技术和方法,利用云计算、大数据等技术优化生产流程	部分探索并应用新技术和方法,偶尔利用云计算、大数据等技术优化生产流程	很少探索并应用新技术和方法,基本不利用云计算、大数据等技术优化生产流程	未探索和应用新技术和方法,不利用云计算、大数据等技术优化生产流程

3.6 智能化——先仿后替,自主学习决策

3.6.1 智能化缺失的痛点

化工企业在推行智能化过程中面临多种痛点,如果不加以解决,可能严重影响企业的技术进步和市场竞争力。

智能化技术的**成熟度不足**是一个常见问题。例如,自动化控制系统可能不稳定,时常需要人工干预,这降低了自动化的效率,增加了操作的不确定性。

此外,智能化设备需要大量的初期投资,这对许多企业来说是一个重大的**财务负担**。更新智能化生产线需要大量资金,对于预算有限的企业来说,这种高昂的成本可能会阻碍技术的更新和升级。

智能设备的**维护复杂性**也是一个痛点。这些设备的维护和修理通常需要高度专业的技能,而寻找合适的维修技术人员往往不易。这不仅增加了运维成本,也可能在设备出现故障时延长停机时间。

员工的**技能缺口**也是实现智能化的一个障碍。随着智能技术的引入,员工需要掌握更高级的智能操作和维护技能。这要求企业进行投资培训,提升员工的技术能力,以适应新的工作要求。

系统兼容问题也是化工企业智能化中常见的技术问题。新引进的智能系统与现有系统之间可能存在兼容性差异,例如智能化软件与旧有生产设备的接口不匹配,可能造成数据交换问题,影响整个生产流程的效率和可靠性。

智能设备产生的大量数据对**数据处理能力**提出了更高要求,这导致数据分析和存储需求大幅增加,而现有的IT设施可能无法满足这些要求,需要进一步的技术和资本投入。

隐私和安全风险也随着智能化的推进而增加。智能监控设备可能会不小心泄露员工的个人信息，引发隐私侵犯和安全问题，这需要企业加强数据保护措施，确保信息安全。

依赖外部技术支持是智能化的另一个问题。许多核心智能化系统的维护依赖于特定供应商的技术支持，这增加了企业在关键技术方面的外部依赖性，可能在技术支持不足时影响企业运营。

自动化失误也是智能系统可能引入的风险。例如，自动化控制系统可能因程序错误导致原料过量投放，这会直接影响产品的质量和生产成本。

变革管理挑战是引入智能化技术时必须面对的，企业需要改变组织文化和管理方式，员工对新技术的抗拒可能导致智能化推广困难。

综上所述，化工企业在推进智能化时需要全面考虑这些痛点，并采取适当的策略和措施，以确保技术投资能够带来预期的效益，并加强企业的市场竞争力。

3.6.2　智能化释义

在化工企业中，智能化指的是通过集成先进的信息技术、人工智能（AI）、物联网（IoT）、大数据分析和自动化技术，来提高企业的生产效率、产品质量、安全性和可持续性。智能化转型使得企业能够实时监控和优化生产流程，提高决策的精确度，并增强企业的适应性和响应能力。

（1）智能化的关键特征

① **高度自动化**。自动化不仅涵盖物理生产过程，如自动化的反应器和分离系统，还包括 ERP、供应链管理和客户关系管理（CRM）系统的自动化。

② **实时数据监控与分析**。利用传感器和网络设备实时收集生产数据，通过大数据技术和机器学习模型对数据进行分析，从而预测设备故障、优化生产过程和提高能源效率。

③ **智能决策支持**。集成人工智能算法来辅助或自动化复杂的决策过程，可以包括从原料采购、生产调度到产品质量控制等各个方面。

④ **互联互通**。通过物联网技术实现设备、系统和人员之间的互联互通，确保信息流的无缝传递，增强跨部门和跨地区的协同工作能力。

⑤ **自适应与学习能力**。智能系统具备学习和适应新情况的能力，能够根据历

史数据和实时反馈调整生产参数，持续优化操作。

⑥ **可持续运营**。智能化帮助化工企业更有效地利用资源，减少废物和排放，从而符合环保和可持续发展的要求。

通过推行智能化，化工企业能够获得更高的生产灵活性和效率，同时降低运营成本和风险，提升整体竞争力。

（2）智能化的分级

化工企业在生产运营中的智能化通常可以按照不同的技术和实施深度分为以下 5 个等级。

① **基础自动化（等级 1）**。这个等级包括了基本的过程控制和设备自动化，如自动阀门控制、流量和温度监测。此阶段的自动化主要是为了替代手工操作，保证生产的连续性和基本安全。

a. 自动阀门控制系统。用于控制反应釜中的物料流动，确保反应过程中的物料比例和流速符合预设参数。

b. 温度监控系统。在聚合反应过程中，自动监控和调整温度，防止因超温或温度不足影响产品质量。

c. 流量计自动监控。在原料进料过程中，通过流量计自动监控并记录流量，确保原料投加量的精确性。

d. 压力传感器。在高压反应器中安装压力传感器，自动监测压力变化，以预防安全事故。

e. 液位自动控制。在储罐管理中使用液位传感器，自动控制液体的储存量，避免溢出或过低。

② **系统集成（等级 2）**。在这个阶段，各种生产设备和系统开始实现数据的集成。通过集成的 SCADA 系统（数据采集与监控系统）或者更高级的过程控制系统，实现数据的实时监控和较为复杂的操作自动化。

a. 集成 SCADA 系统。对多个生产线的控制系统进行集成，实现中央控制室对整个工厂生产状态的实时监控和管理。

b. 制造执行系统。通过制造执行系统（MES）集成车间级数据，提高生产效率和追踪产品质量。

c. 自动物料调度系统。整合物料流动和生产设备运行状态，自动优化物料供应和产品流程。

d. 设备健康监测系统。通过集成的传感器和分析工具，监测关键设备的健康状态，实现故障预警。

e. 能源管理系统。集成能源消耗数据，进行能效分析和优化，降低能源成本。

③ **数据驱动的优化（等级 3）**。引入数据分析和机器学习技术，通过分析历史数据和实时数据，对生产过程进行优化。其中包括能耗管理、质量控制、预测维护等方面的智能化应用。

a. 预测维护应用。运用机器学习模型分析设备数据，预测设备可能出现的故障点，减少非计划停机时间。

b. 质量控制优化。通过实时数据分析和机器学习技术，自动调整生产参数，保证产品质量的一致性。

c. 能耗优化算法。应用数据分析工具，根据生产需求和设备状态动态调整能耗，实现能源使用的最优化。

d. 生产调度智能优化。通过分析生产数据，智能调整生产计划和资源分配，提高生产效率。

e. 库存管理优化。利用数据分析预测产品需求，优化库存水平和物料供应链。

④ **企业级集成（等级 4）**。这一阶段的智能化不仅局限于生产线，还包括与 ERP、供应链管理（SCM）等系统的深度集成，通过这种方式，实现从原料采购到产品销售的全链条智能化管理。

a. ERP 系统深度集成。将生产数据与企业资源计划系统完全集成，优化财务、采购和销售决策。

b. 供应链自动化管理。集成供应链管理系统，自动化处理原料采购、库存管理和物流调度。

c. 客户关系管理集成。通过客户关系管理（CRM）系统集成，自动化客户订单处理和反馈管理，提高客户满意度。

d. 智能报告和分析系统。自动生成生产和管理报告，提供决策支持。

e. 全球运营控制中心。建立一个集中的控制中心，监控全球范围内的生产和供应链状态，实现实时决策支持。

⑤ **全面智能决策与自动化（等级 5）。**最高级别的智能化，实现生产设备的自我学习、自我优化和自动决策。在这个等级，人工智能和机器人技术被广泛应用于所有生产环节，可以实现近乎全自动的生产运营。

a. 自我优化的生产线。生产设备能够基于反馈学习和调整自己的操作参数，以达到最优生产效率。

b. 机器人自动化操作。广泛应用机器人进行物料搬运、产品装配和包装，生产线实现高度自动化。

c. 智能决策系统。应用人工智能进行复杂的生产决策，如产品设计优化、生产调度和质量管理。

d. 自动化品质检测系统。使用高级视觉系统和人工智能进行产品质量检测，以减少人工差错。

e. 全自动物流系统。实现从生产线到客户的全自动物流和分发系统，减少运输和存储成本。

这些等级展示了从基础自动化到全面智能化的逐步深入，每一步都对技术和管理的要求更高，同时也能带来更大的生产效率和安全性提升。

智能化应用对于化工企业来说是一项重大的战略决策，它涉及企业的各个层面，从生产流程到企业管理，再到市场定位。先行者、跟随者、观望者是针对化工企业应用智能化的 3 种策略，每种策略根据企业的市场定位、财务状况、技术基础和竞争环境有着不同的战略特点、实施方式和面临的挑战。

先行者策略强调企业作为市场领导者或创新者，早期投资于高级技术和智能化系统，承担较大风险以期获得更高回报。跟随者策略则较为谨慎，优先观察市场趋势和技术验证，随后选择成熟的技术进行投资。观望者策略最为保守，通常在技术完全成熟并广泛被市场接受后才考虑采用，依赖于传统的生产方式，并在必要时进行技术升级。

这三种策略为企业提供了不同的选择路径，以便在快速变化的技术环境中找到适合自己的智能化转型策略。表 3-17 是 3 种策略的对比。

表 3-17　智能化的 3 种策略

战略类型	战略特点	实施方式	面临挑战
先行者策略	先行者通常是市场中的领导者或创新者，他们愿意承担较大的风险以期获得更高的回报。其具有较强的财务实力和研发能力，能够投资于最新的技术和设备	在智能化的初期阶段就开始投入，包括研发自动化生产线、引入高级的数据分析技术和人工智能系统，以及建立智能供应链管理	技术实施的不确定性大，设备存在兼容性问题，软件和硬件的频繁更新，员工对新技术的抗拒心理。高昂的前期投资可能在短期内对企业财务造成压力
跟随者策略	不会立刻采纳新技术，而是观察市场趋势和先行者的表现，待技术成熟和市场接受度提高后再进行投资。适合资源较为有限或对新技术采用较为谨慎的企业	选择已经在市场上得到验证的技术和解决方案，通过引进合作伙伴或技术来降低技术风险。从非关键的业务开始实施智能化，逐步扩展到核心领域	风险较低，但可能会因为技术应用的延迟而错失早期市场机会。技术引进和系统集成可能需要额外的时间和成本
观望者策略	对新技术持保守态度，会等到技术完全成熟并且广泛被市场接受后才开始考虑采用。适合对技术转型不太敏感或业务模式不依赖于高科技的企业	不主动投资于高风险的技术研发，选择成本较低、风险较小的技术升级路径。依赖于传统的生产方式，只在必要时进行技术升级	主要风险是技术和市场落后。随着行业标准的提升和市场对高效、环保生产的需求增加，可能难以满足市场需求或与竞争对手竞争

3.6.3　智能化范围

在化工行业中，智能化技术已经成为提升生产运营效率、安全性、质量控制和成本效益的关键驱动力。这些技术广泛应用于安全环保、质量管理、成本控制、交期保证、人力资源管理、工艺优化和设备管理等多个方面，各具特色且智能化等级从基础到高级不等。

3.6.4　智能化的组织和关键角色

智能化的组织结构、关键角色和数字化比较类似，在很多企业中都是合并运作的。

3.6.5　智能化应用阶段

企业智能化应用通常分为四个主要阶段，即准备期、导入期、发展期和成熟期，每个阶段都有特定的描述、关键任务和预计时间，它们共同构成了智能化转型的完整旅程。

① **准备期**。这个阶段主要集中于制定智能化战略和框架，通常持续半年至一年。关键任务包括评估人工智能（AI）和机器学习的潜力、规划智能化项目的路线图，以及确定关键技术和合作伙伴。这一阶段是智能化转型的基础，旨在为接下来的实施工作确立明确的方向和目标。

② **导入期**。随后的导入期也持续半年至一年。在这一阶段，企业将开始实施基础智能化技术，包括部署自动化设备和系统、培训员工理解和维护智能设备以及使用初步的 AI 功能。这个阶段的关键在于确保技术的有效部署和开展员工的适应性培训，为更复杂的智能化应用打下坚实的基础。

③ **发展期**。此阶段持续一年至三年，主要目标是集成更高级的智能技术。关键任务涉及通过高级分析优化流程、实施自适应和学习算法以及扩展 AI 应用至核心业务。发展期是智能化转型的深化阶段，重点是扩大智能技术的覆盖范围并增强其在企业运营中的核心作用。

④ **成熟期**。成熟期是一个持续的阶段，标志着企业达到了完全智能化的运作。在这一阶段，企业将实现自动化决策、连续学习优化和系统改进，并推广智能化解决方案至全行业。成熟期的重点是利用智能化技术持续优化企业运作，同时成为行业内智能化转型的领导者和模范。

通过遵循这四个阶段的策略性部署，企业可以确保智能化转型的顺利进行，最终实现运营效率的显著提升和竞争力的增强。

3.6.6　如何应用智能化

3.6.6.1　智能化应用 5 个原则

① **自动优化**。在化工生产中，自动化和智能化技术的引入正逐步改变传统的生产模式。通过智能算法，可以自动调整生产设备的设置，以优化操作流程并提高生产效率。例如在卓越企业，反应器的温度和压力是影响反应效率的关键因素。过去，这些参数的调整往往依赖于经验和人工操作，难以精确控制并实现持续优化。现在，利用机器学习模型和实时数据分析，系统可以自动根据生产过程中的变化进行调整，确保每一个反应阶段都处于最佳条件，从而最大限度地提高反应效率。这不仅能减少人为操作的误差，还能够在更大范围内优化资源利用和能耗，从而降低生产成本。

② **实时监控**。在化工生产的安全和质量管理中，实时监控系统发挥着至关

重要的作用。卓越企业的生产装置普遍部署了大量传感器和智能监控设备，覆盖从原材料储存到生产装置再到产品出厂的每一个环节。这些传感器能够持续跟踪工厂内的关键运营指标，如温度、湿度、压力、流量等，并将数据实时传输至中央控制系统。当系统检测到任何超出预设范围的异常时，能够立即发出警报，并采取相应的措施来预防潜在风险。例如，化学品存储区的环境参数（如温度和湿度）直接影响化学品的稳定性和安全性，如果这些参数在不利条件下波动，可能导致化学品变质甚至引发安全事故。通过实时监控，企业可以在问题发生之前进行干预，从而保障生产的安全和稳定。

③ **预测维护**。设备故障和突发停机是化工生产中面临的重要挑战之一，传统的定期维护模式往往无法有效避免这些问题。为了解决这一难题，卓越企业采用了智能预测维护技术。该技术通过收集和分析设备的历史运维数据，利用机器学习算法预测设备可能发生故障的时间点，并在问题出现之前进行维护，从而减少意外停机时间。例如，系统通过对泵和压缩机等关键设备的振动、温度、电流等数据进行长期监测，可以提前识别出潜在的故障迹象，通知维修团队进行预防性维护。这种方法不仅能够延长设备的使用寿命，还能大幅度降低维修成本，提高整个生产系统的可靠性和稳定性。

④ **决策支持**。随着化工行业的信息化和数据化程度不断提高，数据驱动的决策支持系统已经成为生产管理的重要工具。例如卓越企业逐步采用了这些系统，这些系统通过整合和分析大量的生产数据、设备状态数据以及人员调度信息，能够为生产管理人员提供更精准的决策依据，有助于优化生产流程、提升整体生产效率。例如，人工智能模型可以分析设备的运行状况、生产线的负荷情况以及人员的工作效率，帮助管理人员作出关于生产排程、设备维护计划和人员配置的科学决策。此外，智能决策支持系统还能通过模拟不同的生产场景，预测生产瓶颈和潜在问题，帮助企业提前制定应对方案，确保生产流程的顺畅运行和资源的最优利用。这种数据驱动的决策支持还能够提升企业应对突发事件的能力，保证生产管理体系在复杂多变的环境中始终保持高效。

⑤ **灵活扩展**。化工企业在引入智能化系统时，不仅需要关注当前的技术需求，更需要考虑到未来技术更新和业务扩展的可能性。因此，设计智能化系统时，预留足够的灵活性和扩展性至关重要。例如卓越企业在选择软件和硬件设备时，优先考虑标准化和模块化的设计，使得系统能够轻松适应未来的技术升级或

功能扩展。这种设计理念能够帮助企业在快速变化的市场环境中保持技术领先，并根据业务需求灵活调整生产系统。同时在设计中也注重确保系统的可维护性和兼容性，以便在后续的运营过程中能够更好地进行管理和优化。

3.6.6.2　智能化工具和方法

在化工行业，智能化工具和方法正变得日益重要，通过应用集成先进的技术，如人工智能（AI）、机器学习、高级数据分析和自动化系统，能极大地提升生产效率和安全性。这些工具不仅能优化生产流程，还能通过智能传感器和预测维护系统等实现了设备的实时监控和维护，从而保证生产过程的持续优化和故障预防。此外，虚拟现实（VR）、增强现实（AR）以及自动导引车（AGV）等技术的应用也在不断地推动着行业的技术进步和工作效率的提升。

① **人工智能（AI）**。模拟人类智能过程的技术，包括学习、推理、自我修正等。例如在化工生产中使用 AI 进行原料配比优化和产品质量控制，减少人为干预。

② **机器学习**。属于 AI 的一个应用，允许系统从数据中学习并改进性能。例如应用机器学习算法预测化工产品的需求和原料供应问题，优化库存和生产计划。

③ **高级数据分析**。使用高级算法和数学模型来解析大量数据，找出复杂模式和预测未来趋势。例如利用高级数据分析工具进行风险评估和预测市场动态，支持战略决策。

④ **自动化机器人**。执行重复性高和精确度要求高的任务，提高效率和减少人为错误。例如在包装和物料搬运环节使用自动化机器人，减少劳动力成本和提高作业速度。

⑤ **智能传感器**。可以感知环境信息并根据预设程序作出响应的高度集成化设备。例如部署智能传感器监测生产环境的温度、压力等关键参数，实时调整控制系统以保持最优生产条件。

⑥ **预测维护系统**。通过预测设备故障时间来安排维护，以防止意外停机和生产损失。例如实施预测维护系统分析设备性能数据，预测并预防潜在的设备故障。

⑦ **智能优化软件**。利用先进的算法来自动优化生产过程和资源利用。例如使

用智能优化软件调整生产参数，以实现能源消耗最小化和产量最大化。

⑧ **虚拟现实（VR）**。通过创建模拟环境，为用户提供沉浸式的视觉和听觉体验。例如利用 VR 进行员工安全培训和设备操作模拟，增强培训的实效性和安全性。

⑨ **增强现实（AR）**。通过在用户的视野中叠加数字信息来增强其对现实世界的感知。例如使用 AR 技术为操作员提供实时数据和操作指引，提高操作的准确性和效率。

⑩ **自动导引车（AGV）**。自动导航的车辆，用于工厂内部材料和产品的搬运。例如在化工厂中部署 AGV 系统，自动搬运化学品和其他物料，减少人工搬运风险和成本。

3.6.6.3　智能化应用步骤——蓝图规划、项目实施、应用迭代

化工企业智能化的应用实施步骤与数字化相似，但具体内容有所差异，主要体现在智能化更加注重 AI、机器学习和 IoT 等先进技术的应用。

① **蓝图规划**。智能化蓝图规划与数字化类似，需要进行全面的需求分析和现状评估。但在目标设定上，智能化更加强调自动化、智能决策和预测性维护等高级功能。此外，技术路线图中需要详细规划 AI、机器学习和 IoT 等技术的应用场景和实施路径。

② **项目实施**。在技术选型上，智能化需要选择更加先进的技术解决方案，如 AI 平台、智能传感器和边缘计算设备。在系统集成过程中，需要重点关注数据的实时采集和分析能力，确保系统能够实时响应和处理复杂的业务需求。

③ **应用迭代**。在智能化应用迭代过程中，需要持续监测和优化 AI 和机器学习模型，确保其性能和准确性不断提升。企业还需要不断引入和应用新的智能技术，保持技术的领先性和竞争力。此外，智能化应用迭代中还需要重点关注数据安全和隐私保护，确保智能系统的安全运行。

通过这些步骤，化工企业能够成功实现数字化和智能化转型，提升运营效率和市场竞争力。

3.6.7　案例：智能产品装车机

卓越企业与合作方合作研发的智能产品装车机项目旨在推动化工行业向无人

化、数字化、安全化、智慧化及绿色环保的生产方式转型。通过技术创新，该装车机实现了 200L 钢铁桶集装箱装车作业的高精度和空间的高效利用需求，并显著提高了装车效率，与传统人工叉车装车相比，作业时间大幅缩短。该产品集成了智能制造技术、数字孪生技术、虚拟现实技术等多种高新技术，覆盖了车辆信息识别检测系统、包材容器对接转运系统、自动对接装车系统、安全防护监控检测系统、三维成像动态仿真系统和装车智慧管理系统等多个关键技术领域。

此外，该项目不仅在技术上实现了重大突破，还体现了产业链上下游的耦合发展和协同创新，是行业内的典型示范。智能装车机的成功研发和应用，不仅提高了生产效率和安全性，也标志着卓越企业在集装箱装车领域实现了从传统人工操作向智慧化生产的重大转变。表 3-18 是实施装车智能化前后的对比。

表 3-18　装车智能化实施前后的对比

对比维度	实施前	实施后
安环	人工操作存在人身安全风险，碳排放和能源消耗较多	无人化没有人身安全风险，绿色环保，使用能效更高的设备和工艺，显著降低碳排放和能源消耗
质量	手动操作导致较大空隙和误差	采用高精度传感器和自动调校技术，实现精确控制和小空隙操作
成本	初期投资较低，但长期运营成本高	初期投资较高，但通过自动化减少人工成本和维护费用，降低长期运营成本
交期	依赖人工叉车，速度较慢	利用自动化装车系统和高效的物流管理软件，装车时间大幅缩短，效率显著提高
人力	人工操作风险较高	通过实施无人化操作和自动监控系统，减少了人工干预，从而大幅提升了作业的安全性
工艺	传统的机械和手工操作	应用智能制造技术、数字孪生技术、虚拟现实技术实现高度自动化和模拟，提升工艺和控制水平
设备	人工集中的传统生产方式	引入高级自动化设备和智能化控制系统，转变为无人化、智慧化的现代生产方式

主要应用的技术如下：

① **自动化和机器人技术**。利用集成的自动化设备和机器人来自动化整个装车

过程，提高操作效率和准确性。

② **数字孪生技术**。通过创建物理装车系统的虚拟副本，可以在虚拟环境中模拟和优化操作过程，以预测潜在问题并进行预防性维护。

③ **虚拟现实技术**。用于培训操作员和技术人员，通过模拟现实操作环境，提供无风险的培训平台。

④ **自动监控系统**。使用传感器和监控摄像头持续追踪装车过程中的关键参数，确保操作安全并及时调整。

以下是促使该项目成功的 3 个主要因素：

① **紧密的合作与协同创新**。卓越企业和合作方的密切合作是项目成功的关键。两个团队共同开展研发活动，充分利用各自的专业知识和技术资源。这种跨企业的合作模式加速了技术开发和实施进度，同时也确保了项目能够围绕企业的具体需求进行优化设计。

② **高级技术的应用与自主研发**。项目团队在智能装车机上应用了智能制造技术、数字孪生技术、虚拟现实技术等先进的技术解决方案。这些技术的融合不仅提高了装车的精确度和效率，还使得整个生产过程更加安全和环保。自主研发的关键技术组件如车辆信息识别系统、自动对接装车系统和三维成像动态仿真系统等，都是实现项目目标的技术基石。

③ **明确的项目目标与绩效指标**。项目从一开始就设定了明确的目标，包括实现无人化、数字化、安全化、智慧化和绿色环保的生产方式。通过设定这些具体目标，并配合实际可量化的绩效指标（如装车效率提高 ××%、减少操作空隙和提高操作精度等），团队可以有针对性地开发解决方案，并在整个项目周期内持续监控和调整以确保目标达成。

这 3 个因素共同构成了智能装车机项目成功的基础，不仅加速了技术的开发和实施，也推动了整个化工行业向智慧化生产的转型。

3.6.8　智能化常见问题

在引入智能化技术的过程中，企业面临多种挑战，其中包括对业务流程重新设计的忽视。未在引入智能化技术前对现有业务流程进行必要的重新设计和优化，会导致新技术无法发挥其最大效能。此外，当引入的技术超前于员工的技能水平且未对员工进行相应的培训时，技术无法得到有效使用。

数据质量在智能化推广中也经常被忽视，这可能导致决策基于错误或不准确的数据，进而影响结果。智能化项目如果未能实现跨部门的有效协作，也会导致项目推进缓慢或失败。同时，过度自动化，尤其是在关键决策环节，可能会降低业务的灵活性和对异常情况的响应能力。

项目初期未考虑到长期的维护和升级成本也是一个常见问题，这可能导致未来运营困难。如果智能化改造的目标和预期成效不明确，项目方向可能会显得模糊，无法有效评估进展和成效。此外，过度依赖单一技术解决方案或供应商会限制技术的灵活性和选择范围，可能导致成本增加和技术更新滞后。

在部署智能化解决方案时，如果未考虑操作员的接受程度和使用习惯，可能会导致实施后员工产生抵触情绪和降低使用率。此外，智能化投资如果缺乏明确和可量化的回报预期，会使项目难以获得持续的资金和管理层支持。这些挑战需要通过细致的规划和管理来克服，以确保智能化技术能够为企业带来预期的效益。

3.6.9　智能化诊断

表 3-19 是智能化管理的通用诊断标准，读者可以进行自评，并根据评价结果进行针对性的改进，以提高智能化管理的有效性。

表 3-19　智能化诊断表

评估项目	优——5 分	良——4 分	中——3 分	差——2 分	未开始——1 分
自动优化	使用先进的智能算法，自动调整设备设置，优化操作流程，生产效率最高	大部分使用智能算法，自动调整设备设置，优化操作流程，生产效率较高	部分使用智能算法，自动调整设备设置，优化操作流程，生产效率一般	很少使用智能算法，手动调整设备设置，操作流程优化不足，生产效率较低	未使用智能算法，手动调整设备设置，操作流程无优化，生产效率低
实时监控	部署全面的传感器和智能监控系统，实时跟踪关键运营指标，及时处理异常	大部分区域部署传感器和智能监控系统，实时跟踪关键运营指标，较及时处理异常	部分区域部署传感器和智能监控系统，偶尔跟踪关键运营指标，异常处理不及时	很少区域部署传感器和智能监控系统，关键运营指标跟踪不足，异常处理滞后	无传感器和智能监控系统，关键运营指标无跟踪，异常无法及时处理

续表

评估项目	优——5 分	良——4 分	中——3 分	差——2 分	未开始——1 分
预测维护	利用智能分析预测设备故障和维护时间，避免突发停机，维护效率高	大部分利用智能分析预测设备故障和维护时间，突发停机较少，维护效率较高	部分利用智能分析预测设备故障和维护时间，偶尔突发停机，维护效率一般	很少利用智能分析预测设备故障和维护时间，突发停机多，维护效率较低	无智能分析，无法预测设备故障和维护时间，突发停机频繁，维护效率低
决策支持	使用智能决策支持系统，提供数据驱动的决策依据，决策科学准确	大部分使用智能决策支持系统，提供较为科学准确的决策依据	部分使用智能决策支持系统，决策依据不完全科学准确	很少使用智能决策支持系统，决策依据不足，准确性低	未使用智能决策支持系统，决策无数据依据，准确性低
灵活扩展	智能化系统设计灵活，标准化和模块化程度高，易于扩展和升级	智能化系统设计较灵活，标准化和模块化程度较高，较易扩展和升级	智能化系统设计部分灵活，标准化和模块化程度一般，扩展和升级有难度	智能化系统设计灵活性低，标准化和模块化程度低，难以扩展和升级	智能化系统设计无灵活性，无标准化和模块化，无法扩展和升级

3.7 5 化小结

在化工企业的生产管理中，流程化、标准化、精益化、数字化和智能化 5 个方面相互关联，共同构成了一个综合且高效的管理体系。这些方面虽然独立但并非孤立，它们通过一系列相互作用和反馈机制相互增强，推动企业生产管理向更高水平发展。

流程化与标准化之间的联系尤为紧密。流程化的核心在于创建明确且可重复的工作流程，以此来提升生产效率和质量。标准化则在流程化的基础上进一步发挥作用，通过制定和执行标准操作规程（SOP），确保全企业内的生产活动能够得到统一执行，从而减少操作差异和错误，显著提高产品质量。可以说，标准化是流程化的自然延伸，有助于固化和标准化最佳操作方法，使之更容易监控和调整。

进一步地，标准化与精益化之间的联系也非常密切。精益化的目标是消除浪费、提高生产效率，并持续改进生产过程。在这一过程中，标准化提供了一种方法和框架，帮助精益化在可预测和控制的环境中实施。通过标准化的流程，精益化可以更有效地识别过程中的非增值活动，从而实施有效的改进措施。同时，持续的改进往往需要对标准进行调整，使其适应新的生产效率要求，形成一个持续优化的正反馈循环。

精益化与数字化的结合则为生产管理带来了数据驱动的洞见。精益化依靠持续的过程改进，而数字化要通过引入先进的信息技术和系统，如实时数据监控和大数据分析，为精益管理提供了强大的数据支持。这些技术能够快速准确地捕捉到生产过程中的关键数据，帮助管理者及时发现问题并迅速响应，从而大幅提高决策的效率和精确性。

随着技术的进步，数字化与智能化的联系日益紧密。智能化通过利用数字化收集的海量数据，采用人工智能和机器学习算法对这些数据进行深入分析，实现生产过程的自动化和智能化决策。智能化不仅提升了生产效率，还通过预测维护和优化资源配置，降低了生产成本和风险。此外，智能化技术能够实时调整生产参数，响应市场和环境变化，增强企业的适应性和竞争力。

智能化的反馈机制进一步推动了流程化和标准化的实施。智能系统的实时监控和分析能力提供了对现有流程效率和标准执行的即时反馈，这些信息是流程和标准持续改进的关键。通过这种方式，企业不仅能够优化现有流程，还能根据实际操作中的学习和发现不断更新和完善操作标准，以适应技术进步和市场需求的变化。

特殊作业票是一个综合运用5化的典型。在化工企业中，动火作业（如焊接、切割等）作为一类典型的特殊作业，具有较高的火灾和爆炸风险，因此需要严格管理和控制。通过流程化、标准化、精益化、数字化和智能化的管理方法，特殊作业票能够确保作业的安全性和效率。

首先，流程化是特殊作业票管理的基础。流程化通过规定详细的流程节点和职责，确保动火作业的每一步都有明确的指引。动火作业票从申请到批准有明确的流程节点，包括申请、审核、审批、实施和验收。每个节点都有指定的责任人。例如，申请人负责填写动火作业票，描述作业内容及可能的风险；现场负责人审核动火作业票，确认安全措施的落实；安全管理人员审批动火作业票，确保其符合安全规定；作业人员按照动火作业票的要求进行操作。通过创建并使用标准的工作流程图，操作中的不确定性得以减少，确保每一步操作都有明确的指导，从而提高了作业的可控性和安全性。

其次，标准化在流程化的基础上进一步发挥作用，通过制定和执行标准操作规程（SOP），规范风险识别和控制措施。动火作业票明确规定了动火前的气体检测要求、现场清理和防护设备的使用要求。例如，动火前必须进行气体检测，确保无可燃气体存在；现场必须清理易燃物，并设置防火隔离带；操作人员必须佩戴适当的防护设备。这些标准操作规程确保所有动火操作符合统一的标准，减少了操作差异和错误，从而显著提高了作业的安全性和一致性。此外，应定期审核和更新标准操作规程，确保其与最新的安全法规和技术要求保持一致。

再次，精益化管理方法则旨在通过持续改进和消除浪费来优化动火作业票的管理流程。精益化通过优化审批流程和减少不必要的步骤，减少了动火作业中的等待时间和返工浪费。例如，通过优化审批系统，使得动火作业票可以及时提交和审批，大大提高了审批效率，减少了等待时间。此外，精益化还强调持续改进，通过定期评估和改进动火作业票流程，根据实际操作反馈进行优化，进一步减少了浪费，提高了作业效率。例如，定期组织团队回顾动火作业票的执行情况，识别并消除流程中的瓶颈和浪费，确保流程的高效运行。

接着，数字化技术的应用极大地提升了动火作业票的管理效率。通过在线作业票申请和审批系统，实现了作业票的电子化管理，减少了纸质文档的处理时间，大大提高了工作效率。应用数字化手段还能够实时监控动火作业现场的数据，如气体浓度和温度等，有助于及时发现并处理潜在风险，确保作业的安全性。例如，利用传感器实时监测作业现场的气体浓度，一旦检测到可燃气体浓度超标，系统会自动发出警报，并通知相关人员采取紧急措施。此外，数字化系统还能够记录和分析作业数据，为管理者提供决策支持，进一步提升管理效率。

最后，智能化通过集成人工智能和机器学习技术，对动火作业的风险进行预测和识别。基于历史数据和传感器数据，智能系统能够预测可能出现的安全隐患，并在风险发生前采取预防措施。例如，通过分析历史动火作业的安全事故数据，智能系统可以识别出高风险操作模式，并在类似操作发生时发出预警。此外，还可利用智能化技术自动监控动火作业过程中的关键参数，实时调整作业条件，确保安全和效率。例如，当现场气体浓度超标时，智能系统会立即发出警报并停止作业，从而有效避免事故的发生。智能化系统还可以进行自我学习和优化，不断提升风险识别和控制的准确性和效率。

综上所述，通过流程化、标准化、精益化、数字化和智能化的管理方法，动火作业票不仅规范了高风险作业的操作流程和安全措施，还通过技术手段提升了管理效率和作业安全性。这种综合管理体系确保了化工企业在进行动火作业时，能够有效控制风险，提高生产效率，实现安全和可持续发展。

建立流程化、实施标准化、推行精益化、转型数字化、应用智能化，这 5 个管理方面通过一系列的相互作用，形成了化工企业生产管理中一个互补和互促的有机系统，每个方面都在不同层面上支持和增强其他方面，共同推动企业向更高效、可持续和具备更强竞争力的方向发展。

第 4 章

6 核要素
——理念、目标、组织、知能、绩效、沟通

4.1　生产运营管理的 6 大核心要素

在企业管理中，一个优秀的企业可以类比为一个健康、强壮的人体。每一个部分都有其重要性：理念如人的大脑，必须清晰；目标犹如人的心脏，必须强劲；组织犹如人的骨骼，必须健全；知能（知识技能）如同人的肌肉，必须坚实；绩效如同人的血管，必须顺畅；沟通如同人的神经，必须灵敏。每一个部位都必须在最佳状态，才能确保整体的高效运作。例如万华化学在上述各要素的提升上都下了真功夫，取得了真实效，铸就了卓越化工企业的根基。

（1）6 大要素的概念和作用

① 理念——企业的大脑。理念是指企业的核心价值观和基本信念，它是企业文化的核心部分，对企业的所有活动产生指导作用。理念在企业中的作用如同大脑在人体中的作用，它是决策中心和思考核心。一个清晰的企业理念不仅能指引企业的发展方向，还能在企业面临决策时为其提供明确的指导。企业应该定期检视和更新其理念，确保与时俱进，并反映市场和内部变化的需求。此外，理念的传达要清晰且广泛，每一位员工都应明确理解企业的核心理念，这样才能确保每个人的行动和决策都与企业的总体目标保持一致。在化工企业中，安全生产、环保和质量控制通常是其核心理念。这些理念不仅指导企业设定生产目标，也影响组织结构的设计、沟通方式的选择、绩效评价标准的设定以及员工知识技能的培

训重点。例如，如果企业强调环境保护，则会设立更为严格的废物处理和排放标准，这直接影响到生产目标和绩效评估体系。

② **目标——企业的心脏**。目标是企业为实现其理念而设定的具体可量化的标准和期望结果。目标的设定影响着组织结构和绩效管理的具体实施。目标是企业的导航，指引企业向前发展的方向。清晰、具体且可衡量的目标就如同强劲的心脏，能为企业提供持续发展的动力。设立短期和长期的目标，并定期评估这些目标的实现情况是至关重要的。此外，企业应当通过高效的数据分析和市场调研，不断调整其目标，以适应外部环境的变化。在化工企业中，目标通常涉及生产效率、产品质量、安全生产等方面。这些目标需要通过有效的组织架构来实现，例如，设立专门的安全管理部门或质量控制小组。同时，目标的设定也是绩效评价的基础，绩效管理部门通过跟踪这些目标的实现程度来评估员工和部门的表现。

③ **组织——企业的骨骼**。组织结构是企业的支撑框架。一个健全的组织结构能够确保信息流畅、资源合理配置和决策效率高。组织结构决定了信息和责任的流向，对沟通方式和绩效管理具有重要影响。一个清晰、合理的组织结构能够促进有效的沟通，确保信息在企业内部迅速准确地传递，从而提高决策效率和响应速度。此外，组织结构对绩效管理也至关重要，它决定了绩效评价的责任链和反馈机制。优化组织结构需要定期的评估和调整，包括部门的设置、职责的分配以及领导层的构成。企业还应该注重梯队建设，培养未来的领导者，保证组织的可持续发展和适应能力。在化工企业中，组织结构往往需要设计得更为精细，以应对复杂的生产过程和高风险的安全要求。

④ **知能——企业的肌肉**。员工的技能和知识是企业竞争力的基石，正如肌肉之于人体。企业应通过持续提供培训和学习机会，提升员工的专业能力和技能。此外，加强创新思维和问题解决能力的培养同样重要，这可以通过举行培训班、研讨会和跨部门项目来实现。只有当员工的知能得到充分的发展和利用，企业才能在竞争中保持优势。

⑤ **绩效——企业的血管**。绩效管理通过设定目标、监控进度和反馈结果来驱动员工的行为和提升其工作效率。在这个过程中，员工的知识和技能是实现高绩效的基础。因此，绩效管理与员工的能力发展密切相关，应通过绩效评估发现员工在知识和技能上的不足，进而提供针对性的培训和发展机会。这样不仅可以帮助员工提升个人能力，也能提高整个组织的竞争力。绩效管理系统是企业运营的

"血管"，确保资源、信息和奖励能够有效流通。建立一个公正、透明且具有激励性的绩效管理系统对于提升员工的工作热情和效率至关重要。其中包括定期的绩效评估、公平的反馈机制，以及与绩效挂钩的奖励体系。通过这些措施，企业可以确保每个部门和员工都朝着共同的目标努力。

⑥ **沟通——企业的神经**。沟通是管理中的关键环节，它直接影响绩效管理和知识技能的传递。有效的沟通可以确保员工对企业目标的理解和认同，提高员工的执行力和协作效率。同时，沟通也是绩效反馈的重要途径，通过沟通，员工可以了解自己的工作表现和改进的方向。在知识和技能的培训方面，沟通的质量直接影响培训的效果和员工技能的提升速度。沟通在企业中的作用就如同神经在人体中的功能，它是连接各部分的关键。有效的沟通可以促进信息的快速传递，加强团队合作，解决冲突，并促进知识的共享。企业应建立开放和多渠道的沟通环境，包括内部会议、团队建设活动以及适用的在线沟通工具。此外，领导者的沟通技能尤为重要，他们需要确保能够清晰、准确地传达信息和倾听员工的声音。

化工企业的生产管理是一个系统的集成，涉及理念、目标、组织、知能、绩效和沟通等多个方面。这些要素相互作用、相互依赖，共同构成了企业管理的框架。理念是基础，目标是导向，组织是平台，沟通是纽带，绩效是评价，知能是保障。企业只有在这些方面都做到优秀和卓越，才能在竞争激烈的化工行业中保持领先地位，实现可持续发展。通过优化这6个核心要素，企业就像一个健康的人体，能够灵活应对各种挑战，不断前进。正如一个人需要均衡饮食、适量运动和充足睡眠来维持健康一样，企业也需要持续关注和优化这些管理要素，以保持其长期的竞争力和生命力。

（2）缺乏6大要素对企业的影响

在企业管理中，忽视关键管理要素会引发一系列问题，就如同人体若缺乏关键营养会功能失调一样，无法保持健康状态。

假设有一家化工企业，其管理理念不明确，导致员工不理解公司的长远目标和日常操作的意义。因为缺乏明确的导向，部门之间频繁产生冲突，员工的工作积极性低下，新员工更是难以融入公司文化。这就像一个大脑功能紊乱的人，无法作出明智决策。

同时，该企业没有设定清晰的目标，工作进展难以衡量，也难以评估成效，仿佛是一个心脏不好的人，无法为身体提供足够的动力来维持各器官的正常运作。由于缺乏明确的目标，这个企业的各部门在行动上缺乏方向感，无法协调一致地朝着共同的目标努力，这将导致工作效率低下。心脏功能不佳意味着血液循环不畅，企业就像这样无法有效地分配资源和信息，进而难以迅速响应市场的变化和需求。

在组织结构上，该企业的组织架构混乱，职责重叠，信息传递不畅，部门间缺乏有效协调，资源分配不均，效率低下。这就如同一个骨骼脆弱的人，支撑不了整体的运动和活动。

在知能方面，由于缺乏有效的培训和发展机会，员工的专业技能和知识未得到提升，整个团队的竞争力逐渐减弱，就如同肌肉萎缩的人体，缺乏行动的力量。

在绩效管理方面，由于没有建立公正和透明的绩效评估系统，员工感觉他们的努力未被公平对待或认可，工作动力大减。绩效如同阻塞的血管，未能有效激励员工，影响整体的活力和效率。

在沟通方面，企业内部缺乏有效的沟通渠道和文化，信息往往滞后或失真，导致决策失误和团队冲突。这就像神经系统受损的人体，感觉迟钝，反应慢。

总结来看，这个企业因为忽视了生产运营管理的 6 个核心要素，整体运作效率低下，员工士气低落，且在激烈的市场竞争中处于劣势。这些问题的累积，最终可能导致企业衰退甚至倒闭。不难看出，重视和合理优化这些管理要素对于企业的成功至关重要。在安环、质量、成本、交期、人力、工艺、设备各项管理中，除了各自领域专业的管理内容，理念、目标、组织、知能、绩效和沟通都是共同的管理核心要素。

4.2　理念——管理的大脑，力求清、透、稳

4.2.1　理念管理概述

化工企业的生产管理理念是确保企业运行高效、安全且可持续的关键。这些理念的实施对象涵盖了从决策层到前线工作人员的所有相关方，确保每一个环节都能够对企业的长期战略和日常操作产生积极影响。

管理层，包括高层经理和部门负责人，负责制定生产策略并监督整个生产过程，确保策略的有效执行。他们需要明确企业的长远目标和即时需求，通过有效

的沟通和指导，促进各部门之间的协作。而生产线上的操作员、技术人员和安全监督员则直接参与到生产活动中，他们的操作精度和专业性直接关系到产品的质量和生产的安全性。

这些管理理念不仅仅局限于工作场所或特定区域，它们贯穿于整个生产链的每一个环节，从原料采购到最终产品的出库。生产管理的目标是通过优化流程和资源分配，提升生产效率，减少资源浪费，并最大程度地减少对环境的影响。

实施这些管理理念的动机是多方面的。优化生产过程可以显著降低成本，提高产品质量，增强市场竞争力。遵守国家和国际上的环保和安全标准是法律的要求，有助于企业避免法律风险。企业承担的社会责任也驱使其采取措施保护环境，确保员工的安全与健康。

实现这些目标的途径包括采用先进的技术和管理工具，比如精益生产和六西格玛方法，利用这些方法可以有效地识别和消除生产过程中的浪费。同时，定期对员工进行专业技能和安全意识的培训也是必不可少的，这有助于员工更好地理解和执行公司的安全和质量标准。通过这样的方法，化工企业能够确保其生产管理的高效和持续改进，从而实现长期的业务成功。

化工生产管理的理念对于确保生产效率、安全和质量至关重要。如果理念管理不当，可能会导致以下问题。

① **安全事故频发**。化工生产涉及多种危险化学品和复杂的工艺过程。如果管理理念忽视安全文化的培养和安全规程的严格执行，可能会增加发生化学泄漏、火灾或爆炸等严重安全事故的风险。

② **产品质量下降**。管理理念若不重视质量控制，可能会导致产品质量不稳定或不符合规定标准，进而影响企业的市场竞争力和客户满意度。

③ **资源浪费**。缺乏有效的生产管理理念可能导致原材料和能源的浪费。例如，过程控制不当或设备维护不足可能导致能源效率低下和原料利用率低。

④ **环境污染**。如果管理理念中忽视环境保护的重要性，化工生产可能会产生过多的废气、废水和固体废物，对环境造成严重损害，同时也可能导致企业承担相关的法律责任。

⑤ **员工士气低落和流动率高**。管理理念若不能有效地关注员工的工作环境和福利，可能会导致员工满意度低，士气低落，从而增加员工流动率和影响生产效率。

这些问题不仅会影响企业的经济效益，还可能对公众安全、环境和企业的社会责任产生长远的负面影响。因此，树立和维护一个合理的化工生产管理理念是至关重要的。

4.2.2　理念管理 5 个原则

在化工行业的生产运营中，有效的理念管理是确保组织成功和可持续发展的关键。以下是 5 个核心原则，专注于理念管理本身，适用于培养积极、一致的企业文化。

① **清晰明确**。明确定义企业的管理理念，并确保它们与组织的使命和愿景紧密对齐。这些理念应该明确传达给所有员工，并在日常运营中体现出来。例如，卓越企业将"持续创新"作为其核心理念之一，并通过定期的创新研讨会和激励机制来鼓励员工提出新的产品改进方案，全员开展微创新。

② **领导示范**。领导层需要通过自身的行为和决策来体现企业的理念。领导者的行为将直接影响员工的行为模式和工作态度，因此，领导者必须恪守企业理念，并以身作则。例如在卓越企业，高层管理人员会按照标准化要求到班组参与班组安全活动，展现他们对安全文化的重视。

③ **持续宣贯**。通过持续的教育和沟通，将企业理念深植于员工心中。其中包括定期的培训、会议和团队建设活动，确保每个员工都理解并接受这些理念。例如卓越企业会设立特定的文化日，邀请员工分享如何在他们的日常工作中践行公司理念。

④ **激励认同**。建立一个激励机制，奖励那些积极践行公司理念的员工。可以通过表彰大会、奖励制度等方式增强员工对理念的认同感和忠诚度。例如卓越企业为表现出卓越安全意识的团队颁发安全奖，以表彰他们对维护安全文化作出的贡献。

⑤ **评估改进**。定期评估理念的传达和实施效果，以及它们如何影响组织绩效。基于评估结果，适时调整和改进理念传播的策略和方法，确保理念管理与组织发展同步。例如卓越企业会利用员工满意度调查和绩效数据分析等方式来评估企业理念的生效情况，并根据反馈调整理念推广策略。

通过这些原则，化工企业可以有效地管理、强化其文化和理念，从而支持业务战略的执行和提高整体组织绩效。

4.2.3 理念管理过程

在化工企业中，理念管理是确保企业文化、战略方向和操作标准得以有效实施的关键过程。理念管理通常涵盖三个主要阶段，即形成、宣贯和更新。这三个阶段是循环进行的，不仅促进了企业理念的持续发展，也有助于企业适应不断变化的市场和技术环境。

（1）理念形成

理念的形成是理念管理过程中的第一步，要求企业领导层对企业的使命、愿景和核心价值观进行深入的思考。在化工企业中，这一阶段尤为重要，因为化工行业的特殊性要求企业不仅要追求经济效益，同时还要高度重视安全、环保和质量控制。

例如，在质量理念的形成上，企业可能会采纳如"零缺陷"或"全员质量管理"的理念。这些理念强调每一个员工都是质量管理的一部分，每个环节都不容有失。通过这样的理念，企业可以建立起一种全面质量意识，从原材料采购到最终产品出库的每一个步骤都不断追求质量的完善。

在安环管理方面，企业可能会形成"安全第一，预防为主"的理念。例如，可以参考海因里希法则，强调通过减少小事故来预防大事故的出现，实现零事故、零伤害的总体目标。

（2）理念宣贯

理念一旦形成，接下来的关键步骤是宣贯。这一阶段的目的是确保每一个员工都能理解和接受这些理念，并将其内化为自己的行为准则。在宣贯过程中，企业通常会使用培训、会议、内部通信等多种方式来传播这些理念。

以质量管理为例，企业可能会举办定期的质量培训，通过案例研究和角色扮演等互动方式，使员工了解质量不良的后果，并激励他们主动寻找改进的机会。此外，通过标语、海报等视觉工具的持续展示，也能够帮助员工时刻牢记质量的重要性。

在安环理念的宣贯上，企业可能会通过模拟演练和应急反应训练，强化员工在紧急情况下的应对能力，确保每个人都能在遇到安全问题时作出正确的判断和反应。

（3）理念更新

随着企业内外环境的变化，可能需要对原有的企业理念进行适时的调整和更新。这一阶段，企业需要对现有理念的有效性和适应性进行定期的评估。通过收集反馈、分析数据和市场趋势，企业可以识别理念中的不足之处，并进行必要的修正。

在质量理念的更新上，随着新技术的应用和客户需求的变化，企业可能需要引入新的质量控制工具或标准，如六西格玛管理法或ISO标准的更新版，以持续提高产品和服务的质量。

同样，安环理念也应随着新的法律法规的颁布、技术进步或行业标准的变更而更新。例如，随着环保法规的加严，企业可能需要引入更为严格的废气处理和废水处理技术，以确保其操作符合最新的环保要求。

总之，化工企业的理念管理是一个动态的、持续的过程。通过有效地形成、宣贯和更新企业理念，企业不仅能够提升自身的竞争力，还能在确保安全、保护环境的同时，实现可持续发展的目标。

4.2.4 理念管理工具和方法

在化工企业中，理念管理是确保企业长期成功和可持续发展的核心组成部分。其工具和方法，如使命宣言、愿景声明、核心价值观、战略规划、企业伦理和社会责任、文化建设活动以及变革管理，共同构成了塑造企业文化、引导决策过程、实现战略目标的基础，不仅有助于明确企业的目标和责任，还可以激励员工向共同的愿景努力，同时确保企业活动在伦理和社会责任的框架内进行。通过这些管理工具和方法，企业能够在复杂多变的商业环境中持续推动创新和改进，以达到其商业和社会目标。

使命宣言。企业的根本目的和目标，通常简洁明了，表明企业的核心职责和承诺。例如一家化工公司的使命宣言可能是"通过科技创新，致力于为全球市场提供环保和高效的化学解决方案"。

愿景声明。描述企业希望达到的未来状态，通常具有激励性质，指明长远目标。例如，一家化工企业的愿景可能是"到2030年，成为全球领先的可持续化工产品供应商"。

核心价值观。企业在业务和内部文化中所坚持的基本信念和行为准则。例如一家企业可能将"安全优先、尊重环境、创新驱动"作为其核心价值观。

战略规划。为实现长期目标设定的详细行动方案和资源分配方案。例如企业可能设定战略计划，聚焦于新兴市场的拓展和生产效率的提升。

企业伦理和社会责任。确保企业活动在伦理和社会责任方面的合规性。例如实施严格的环保措施和社区支持项目以优化企业形象和促进可持续发展。

文化建设活动。通过组织活动加强员工之间的沟通与合作，提升团队凝聚力。例如定期举办安全生产和环保知识竞赛，加深员工对这些重要议题的理解和重视。

变革管理。在引入新流程、技术或文化变革时，确保平稳过渡和接受。例如在引入自动化生产线时，通过培训和内部沟通活动确保员工的顺利过渡。

4.2.5 案例：十大安全管理理念

在万华化学员工卡的背面印着万华化学十大安全管理理念，如表4-1所示。

表4-1 万华化学十大安全管理理念

1. 安全绝不妥协	6. 隐患意味着事故
2. 我的区域安全我负责	7. 隐患必须及时整改
3. 每位员工都必须对自身和他人的安全负责	8. 良好的安全创造良好的业绩
4. 所有的事故都是可以预防的	9. 安全是聘用的条件
5. 安全是所有工作的前提	10. 心之所至，安全等随

万华化学的十大安全管理理念通过一个详尽且系统化的理念管理过程得以实施和维护，确保每一项安全准则都能被全面执行并适应不断变化的环境。以下详细介绍万华化学在理念的形成、宣贯和更新三个阶段的具体实施方法。

（1）理念形成

在万华化学，安全理念的形成是基于深入的策略规划和领导层的坚定承诺。这一阶段，公司领导深入分析化工行业的特点和企业的安全历史，参考国际先进企业的最佳实践，形成适合万华化学的独特安全管理理念。例如，"安全绝不妥协"和"我的区域安全我负责"理念是在多次安全会议和讨论后形成的，旨在提升员工的个人责任感和自主管理能力。

企业还会邀请外部安全专家和内部高级技术人员共同参与理念的制定，确保理念的科学性和前瞻性。通过引入最新的安全研究成果和成功案例，例如借鉴海因里希法则和国际安全标准，万华化学确立了如"所有的事故都是可以预防的"这样的核心安全信条。

（2）理念宣贯

理念形成后，接下来的宣贯阶段是确保每位员工都能够深刻理解并将其转化为行动的关键。万华化学采用多渠道宣传策略，包括安全培训、日常会议和数字媒体平台。在宣贯"每位员工都必须为自身和他人的安全负责"的理念时，公司通过举办模拟安全事故响应的活动，让员工在模拟环境中学习如何在紧急情况下作出正确的反应。

此外，万华化学还通过定期的安全检查和反馈机制，加强理念的实践应用。通过这些活动，员工能够在日常工作中不断提醒自己安全的重要性，将安全理念内化为自己的行为准则。

（3）理念更新

理念的更新是理念管理流程中不可或缺的一环，它确保企业能够适应内外部环境的变化，持续提升安全管理水平。万华化学定期评估现有安全管理理念的有效性，通过收集和分析安全绩效数据、员工反馈和市场研究结果来调整和改进理念。

通过这种全面的理念管理过程，万华化学不仅优化了企业的安全文化，也为实现零事故和零伤害的总体目标打下坚实的基础。这一流程确保了安全理念在企业中的生命力和实际操作中的有效性，是企业持续成功和行业领先地位的关键因素。

4.2.6　理念管理常见问题

在化工行业中，理念管理出现的问题可能对企业的发展产生深远的负面影响。

首先，短期目标优先的倾向会使企业过度关注短期利益而忽视长期发展和可持续性。例如，企业如果只追求季度利润，而不投资于新技术研发和环保设备升级，可能会在未来面临市场竞争力下降的风险和受到环境法规的制约。

其次，安全文化的缺失也是一个严重的问题。如果企业忽视安全文化的宣传，员工的安全意识低下，极易引发生产事故。例如，企业如果不定期进行安全培训和演习，不仅会增加事故发生的风险，还可能面临严重的法律后果和经济损失。

再次，效率优先而忽视质量的问题也时有发生。在化工生产中，单一强调生产效率而忽视产品和服务质量，会导致产品缺陷和客户投诉增多。例如，企业为了赶工期而降低质量检验标准，最终可能会因为产品质量问题失去客户信任和市场份额。

同时，忽视环保责任的做法会带来巨大的风险。如果企业不重视环保，可能会引发环境污染和相关法律问题。例如，企业如果未按照环保规定处理废水和废气，不仅会污染环境，还可能面临巨额罚款和停产整顿。

利益冲突也是理念管理中的一个常见问题。管理层个人或小团体的利益与企业整体利益冲突，会影响企业的健康发展。例如，如果公司高层为了个人利益而作出不利于企业长远发展的决策，最终会损害整个企业的利益。

此外，对变化的抗拒也是一个严重的管理问题。化工行业技术和市场变化迅速，如果企业管理层抗拒变化，无法及时调整战略和技术，会导致企业在竞争中处于劣势。例如，企业如果不愿意引进新的生产工艺和技术，最终会被市场淘汰。

过度中心化的决策方式也会抑制基层的创新和响应能力。在化工企业中，如果所有决策都由高层集中做出，基层员工的积极性和创造力会受到抑制。例如，生产线上的改进建议如果需要层层上报审批，可能会错失快速改进的机会。

忽视员工发展同样是一个重要的问题。不注重员工个人和职业发展，会影响员工的动力和忠诚度。例如，企业如果不提供培训和晋升机会，员工可能会缺乏工作动力，甚至选择离职，导致企业人才流失。

忽视客户反馈也会带来负面影响。如果企业不重视或不及时处理客户的反馈和投诉，会失去客户的信任。例如，企业如果对客户提出的产品质量问题置之不理，最终可能会失去重要客户。

最后，过度竞争导向可能会破坏团队合作和企业文化。如果企业内部过度强调竞争，员工之间的合作精神会受到影响。例如，为了争夺奖金和升职机会，员工之间互相拆台，会导致团队凝聚力下降和工作效率降低。

4.2.7　理念管理诊断

表 4-2 可以帮助企业详细评估其理念管理的现状，并根据评价结果进行针对性的改进，以提高理念管理的效率和有效性。

表 4-2　理念管理诊断表

理念管理原则	优——5 分	良——4 分	中——3 分	差——2 分	未开始——1 分
清晰明确	企业的管理理念与使命和愿景完全对齐，并被所有员工广泛理解，日常体现全面	大部分员工理解管理理念，理念与企业使命较好地对齐，但在日常运营中的体现不完全	部分员工理解管理理念，理念与企业使命对齐一般，日常体现不足	管理理念传达不清晰，员工理解有限，理念与企业使命对齐差，日常几乎不体现	企业未明确定义或传达管理理念
领导示范	领导层行为完全与企业理念对齐，其行为和决策对员工产生积极影响，极好地以身作则	大部分领导层行为与企业理念对齐，但个别领导示范效果一般	一些领导层行为体现企业理念，但不一致，影响较小	领导层行为与企业理念不对齐，示范效果差，对员工影响不良	领导层不展示企业理念，无以身作则行为
持续宣贯	持续教育和沟通非常有效，员工完全接受企业理念，定期活动（如文化日）极具参与度	教育和沟通较为频繁，大部分员工接受企业理念，活动有一定参与度	教育和沟通间歇性进行，员工对理念接受度一般，活动参与度不高	教育和沟通偶尔进行，多数员工对理念理解不足，活动参与度低	无持续的教育和沟通，员工不了解企业理念
激励认同	奖励机制完善，高度激励员工实践公司理念，员工认同和忠诚度高	有奖励机制，但激励效果一般，员工认同度良好	奖励机制存在但不常用，激励效果有限，员工认同度一般	奖励机制不常用且效果差，员工对理念认同度低	无奖励机制，员工对公司理念无认同感
评估改进	定期评估理念管理效果，及时调整策略，理念与组织发展高度同步	定期评估，调整不够及时，理念与组织发展基本同步	偶尔评估理念管理效果，调整滞后，理念与组织发展部分同步	很少评估或调整，理念管理与组织发展不同步	从未评估或调整理念管理策略

4.3　目标——管理的心脏，力求强、力、久

4.3.1　目标管理概述

在化工企业中，目标管理是一个至关重要的过程，它确保每个部门和员工的活动都与企业的整体战略目标保持一致。这种管理方式不仅能驱动业务增长和创新，还能优化资源利用，提升操作效率，并确保企业在遵守安全与环境标准的同时增强市场竞争力。

目标管理涉及化工企业中的所有层级，从最高管理层（如总裁和董事会）到基层操作员工。在这个过程中，要求每个人根据自己的职责设定具体、可实现的目标。这些目标通常涵盖生产量、质量控制、成本管理、安全记录、环境保护、员工满意度及客户服务等多个方面，都应具体且易于量化，以确保可以准确评估进度和成效。

目标的设定通常在财年开始时进行，并伴随整个财年持续跟踪其进展。此外，目标管理也是一个持续的过程，涉及定期回顾和调整，这可能是季度性的、半年度或年度的，具体取决于目标的性质和组织的需求。

目标管理的实施不仅限于企业总部，还包括所有生产工厂和分支机构。这确保了无论是在全球还是区域层面，所有业务单位都遵循相同的目标管理原则，保持企业运作的一致性和协调性。通过这种全面而详细的目标管理，化工企业能够在竞争激烈的市场环境中保持领先地位，持续推动企业向前发展。

目标管理不善在化工企业中可能引发一系列严重问题，影响企业的运作效率和长期可持续性。以下是目标管理不良可能导致的最突出问题。

① **战略方向混乱**。如果目标管理不清晰，企业可能缺乏明确的战略方向。这会导致资源被错误或低效地分配，企业难以优先处理关键任务和项目，从而阻碍企业的发展和市场定位。

② **生产效率下降**。目标不明确或不切实际会影响员工的工作方向和动力，导致生产流程中出现混乱或效率低下的情况。这些情况可能导致生产延误、成本增加和产出质量下降。

③ **员工士气与参与度降低**。当目标设置不明确或不具有挑战性时，员工可能感到不满或缺乏动力，这会导致士气低落和参与度下降。长期而言，这可能引发员工流失率提高和人才流失的问题。

④ **客户满意度下降**。如果目标管理未能正确反映市场需求或客户期望，产品和服务的质量可能不会满足客户的要求。这直接影响客户满意度和企业的声誉，进而可能导致销售额下降和市场份额损失。

⑤ **决策质量受损**。在目标管理体系不健全的情况下，决策过程可能缺乏必要的数据支持和明确的优先级，导致管理层基于不完整或错误的信息作出决策。这种情况会增加企业运营风险，影响长期的财务稳定和增长潜力。

这些问题强调了化工企业中目标管理的重要性，以及需要系统地设定、跟踪和调整目标以确保企业的成功和可持续发展。正确的目标管理不仅可以提高生产效率和员工满意度，还能稳固企业在竞争激烈的市场中的地位。

4.3.2　目标管理 5 个原则

在企业卓越的目标管理中，以下 5 个原则都有其重要性和实际应用的场景。

① **具体量化**。设定明确的、具体的目标，确保每个目标都是可量化的，这样才能有效地监控进展并评估成果。例如在卓越企业，设定的目标可能是将某特定产品的月产量提高 20%，或者是将工艺中的能源消耗在一年内减少 15%。

② **战略对齐**。确保所有生产目标都与企业的整体战略和长远目标对齐。例如卓越企业设定环保方面挑战性的目标，以支持其持续性发展战略，并满足全球环保标准，从而扩大其在国际市场上的竞争力。

③ **与时俱进**。定期审视并更新目标，以确保它们仍然与市场需求和企业战略相符。在快速变化的化工市场中，卓越企业每季度都会重新评估其生产目标，以适应产品供需关系、原材料成本的波动。

④ **员工参与**。在设定目标的过程中，积极地让员工参与进来。例如，卓越企业通过开展合理化建议、头脑风暴周等活动，鼓励员工提出提高生产效率和安全性的建议，这些建议经过评估后可被纳入部门或企业的目标中。在一次头脑风暴周活动中，全体员工一周内共提出了 8000 多条宝贵的建议。

⑤ **分享成功**。设置目标完成后的奖励机制，并提供持续的反馈。例如在卓越企业，对于成功降低生产成本或优化工艺流程的团队，企业设定了额外的奖金和表彰程序，以公开肯定这些团队的成就，并通过这种方式激励所有员工努力实现公司目标。

这些原则在化工企业中尤为重要，因为化工行业涉及高风险的生产过程和严格的环境标准，有效的目标管理有助于确保安全、提升效率，并推动企业持续向前发展。

4.3.3　目标管理过程

在化工企业中，目标管理是实现企业战略和提升组织绩效的关键过程。这一过程通常包括目标的设立、回顾和验收三个主要阶段，每个阶段都对企业的长远发展和日常运营至关重要。

（1）目标设立

目标设立是目标管理过程的第一步，关键在于确立清晰、具体且可衡量的目标。在化工企业中，这些目标不仅需要反映企业的战略方向，还需要考虑到行业的特殊性，如安全、环保、质量控制和效率提升。例如设立严格的年度安全目标，包括减少事故率、提高应急响应速度和强化安全培训。这些目标通过SMART 原则（具体性、可测量性、可达成性、相关性、时限性）来设立，确保每个目标都是明确和可执行的。

（2）目标回顾

目标的回顾是目标管理过程中的检查和调整阶段，主要是评估目标实现的进度和效果。在化工企业中，这通常通过定期的绩效回顾会议进行，涉及关键绩效指标的分析和问题的识别。例如定期回顾环保和能效目标。通过收集与处理废水、减少能源消耗和降低温室气体排放相关的数据，企业能够评估其环保措施的效果，并在必要时进行调整。这种回顾不仅有助于企业持续改进其环保策略，也符合其长期可持续发展的企业理念。

（3）目标验收

目标的验收是目标管理过程的最后阶段，主要是对目标完成情况进行最终评估。这一阶段通常在年底进行，涉及对已达成和未达成目标的全面分析，以及对相关员工和团队的奖励或者调整。年终目标验收包括对生产量、产品质量和新技术应用等方面的综合评估。成功达到或超越目标的部门和个人可能会得到奖金、晋升机会或其他奖励，而未能达到目标的团队则需要参加问题分析会议，以识别失败的原因并制定未来的改进措施。

总之，目标管理在化工企业中是一个复杂但至关重要的过程。通过有效的目标设立、回顾和验收，企业不仅可以确保每个部门和员工都朝着共同的目标努力，还能及时调整策略以应对不断变化的市场和技术环境，从而持续提升企业的整体绩效和竞争力。

4.3.4 目标管理工具和方法

在化工企业中，有效的生产运营目标管理是实现组织效率和优化产出的关键。通过 SMART 分析法、关键绩效指标（KPI）、平衡计分卡以及绩效评估等工具和方法，企业能够设定规范的目标，监控进展，并评估结果。

① **SMART 分析法**。确保目标具有具体性（specific）、可测量性（measurable）、可达成性（attainable）、相关性（relevant）、时限性（time-bound）的特征。例如设定在一年内将产品缺陷率降低 5%，通过改进生产工艺和增强质量控制。

② **关键绩效指标（KPI）**。关键绩效指标用于测量企业、部门或个人在关键业务目标和效率方面的表现。例如设定每季度减少单位产品能耗 10% 的 KPI，以推动能源利用效率。

③ **平衡计分卡**。定期评价员工和团队的工作绩效，通常包括反馈和改进措施。例如进行半年度员工绩效评估，以评价和提升个人和团队的生产力。

④ **绩效评估**。定期评价员工和团队的工作绩效，通常包括反馈和改进措施。例如进行半年度员工绩效评估，以评估和提升个人和团队的生产力。

4.3.5 案例：生产基地年度目标管理

卓越企业通过精确和系统的目标管理过程来确保其战略计划的实施与成功。年度目标管理是其战略管理体系中的关键组成部分，涉及详尽的计划和执行过程。

（1）目标的设定

① **设定战略规划与目标**。卓越企业的年度目标设定始于其长远的战略规划。企业高层领导团队会定期进行市场分析、行业趋势评估以及内部资源的审查，以确保战略计划的持续适应性和前瞻性。在此基础上，利用平衡记分卡的方法论，企业将战略目标转化为具体的年度目标。平衡记分卡中不仅包括财务指标，还包括客户、内部流程、学习与成长等多个维度，确保目标的全面性和平衡性，并可分为指标类的目标和项目节点类的目标。

② **目标的共同设定与确认**。设定初步目标后，总部将与各基地的管理团队

进行多轮讨论和调整，以确保年度目标的实际可行性及挑战性。这一过程中，总部与各基地之间的沟通至关重要，确保双方对目标的理解和期望达成一致。在目标最终确定后，总部与各基地将正式签署目标责任书，这不仅是一种形式上的确认，更是对双方责任的明确。

③ **目标的分解与实施**。签署目标责任书之后，各基地的管理层将目标进一步分解到各个部门。这一步骤的作用是确保每个部门都能具体明确自己在年度目标中的责任和角色。部门目标的设定既要具有挑战性，也要确保实际可执行性，与部门的具体情况密切相关。

（2）周期性的目标回顾与纠偏

为了确保目标的顺利实现，卓越企业实施了严格的目标回顾和纠偏机制。每月和每季度，各部门须对照目标进行自我检查，并向总部进行汇报。这些定期的回顾会议不仅是检查进度的途径，更是分析问题和调整策略的平台。如有偏差，应立即采取纠偏措施，确保目标的最终达成。

（3）目标的验收

施行年度总结与激励机制。年底时，各基地及部门将进行年度总结，评估目标达成情况。这些总结不仅关注目标的完成率，更通过分析实现过程中的成功经验和存在问题，为来年的目标设定和实施提供参考。此外，年度目标的实现情况将直接与员工的绩效考核和薪酬挂钩，形成明确的激励与约束机制。

通过这一详尽而系统的年度目标管理过程，卓越企业能够确保其战略目标的顺利达成，并通过持续的优化和改进，推动公司向更高的业务成就迈进。这种严谨的管理模式是卓越企业保持领先地位的重要因素之一。

4.3.6　目标管理常见问题

在化工行业，目标管理出现的问题可能会导致资源浪费和效率低下。首先，不明确的战略目标会使整个团队的资源和努力方向不明确。例如，如果企业没有清晰的市场扩展战略，可能会导致市场营销和生产部门的工作无法协调，资源分配不合理。其次，目标过于频繁地变动也会带来问题。化工行业的研发和生产周期较长，频繁改变目标会使得团队难以形成稳定的工作节奏，影响项目的顺利推进。

此外，缺乏可衡量的目标是另一个常见问题。比如，如果企业设定的目标是"提高产品质量"，但却没有具体的衡量标准，团队就无法有效评估进度和成效。目标与实际脱节也是一个重大问题。例如，设定一个年产量增加50%的目标，如果没有充分考虑到现有的生产能力和市场需求，最终会导致资源浪费和士气低落。

过分依赖短期目标而忽略长期发展需求也是需要避免的。例如，企业如果只关注季度利润而忽视长期的技术研发投资，可能会在未来失去竞争力。目标过于宽泛，没有具体的执行指导意义，也会让员工感到无所适从。比如，"提升全员素质"这样宽泛的目标，如果没有具体的培训计划和评估标准，很难实际落实。

缺乏阶段性目标也是一个重要的问题。长期目标如果没有被分解成可行的阶段性目标，员工会感到难以实现，缺乏动力。目标沟通不充分而导致员工产生理解和执行偏差，也是常见的问题。例如，企业高层设定了降低生产成本的目标，但没有与一线员工充分沟通具体措施，最终可能会导致执行不力。

激励没有与目标挂钩也会影响目标的实现。如果目标完成的激励措施不明确或不足，员工的积极性和创造力就无法得到充分发挥。最后，忽视关键绩效指标（KPI）的设置会使目标管理缺乏科学依据。例如，没有设定有效的KPI，企业无法准确评估生产效率和质量改进的效果，导致管理失控。因此，目标管理必须避免这些误区，才能确保企业的健康发展和持续竞争力。

4.3.7　目标管理诊断

表4-3可以帮助企业详细评估其目标管理的现状，并根据评价结果进行针对性的改进，以提高目标管理的效率和有效性。

表4-3　目标管理诊断表

目标管理原则	优——5分	良——4分	中——3分	差——2分	未开始——1分
具体量化	所有目标都明确且具体量化，如具体的产量、成本控制数，监控和成果评估系统完善	大多数目标具体量化，监控和评估系统基本有效，偶有监控不到位情况	一些目标具体量化，但监控和评估不系统，效果一般	目标设定不具体，难以量化，缺乏有效监控和评估	未进行目标的具体量化设定，没有监控和评估

续表

目标管理原则	优——5分	良——4分	中——3分	差——2分	未开始——1分
战略对齐	所有目标与企业战略完全对齐，明确支持长远目标和市场定位	大部分目标与企业战略对齐，支持企业发展，少数目标对齐不完全	部分目标与企业战略对齐，存在不一致情况，影响部分目标的实施	多数目标与企业战略不对齐，导致战略执行力弱	未考虑目标与企业战略的对齐
与时俱进	定期并频繁地审视、更新目标，与市场需求和企业战略完全同步	一般会定期审视、更新目标，但与市场需求和战略对接不完全	偶尔审视、更新目标，时效和同步性一般	很少审视或更新目标，与市场需求和战略脱节	从不审视或更新目标
员工参与	员工广泛参与目标设定，积极提出创新和改进建议，参与感高	大多数员工参与目标设定，提供建议，但参与感有待提高	一部分员工参与，提供的建议有限，参与感一般	员工很少参与目标设定，提供的建议少，参与感低	员工完全不参与目标设定
分享成功	高效的奖励和反馈机制，积极分享成功，激励效果显著	有奖励和反馈机制，偶尔分享成功，但激励效果一般	奖励和反馈机制存在但不常用，分享成功较少，激励效果有限	缺乏有效的奖励和反馈机制，很少分享成功，激励效果差	完全没有奖励和反馈机制，不分享成功

4.4　组织——管理的骨骼，力求全、固、活

4.4.1　组织管理概述

　　化工企业的组织设置是保障其运营效率和安全生产的核心。组织结构的设计必须确保生产流程的顺畅、安全和高效。这不仅涉及快速的决策过程和有效的紧急应对机制，还关乎企业战略目标的实现。化工企业的组织架构通常由高层管理者（如总裁和董事会）、中层管理者（如工厂经理和部门主管），以及基层员工（如操作工和安全监督员）组成。这种分层确保了责任和权力的明确，促进了组织内部的有序运作。

　　组织结构内通常包括多个专门的部门，如生产、安全环保、研发、财务和人力资源等。每个部门承担着特定的功能和任务，它们的协同作用是企业顺利运行的保证。在实施方式上，化工企业可能采用层级制、矩阵制或扁平化管理等不同

的组织模式。组织管理的关键在于如何通过有效的沟通渠道和决策流程，结合技术支持和员工培训，来提升组织效能。

组织结构的建立通常在企业成立之初进行，但随着企业的发展和外部市场环境的变化，需要不断地调整和优化这一结构。地理位置也对组织设置有重要影响，不仅总部的结构需要精心设计，各基地分厂的组织安排也应与总部保持协调，确保各地的操作都符合企业的总体标准和要求。

总而言之，化工企业的组织结构是影响其内部管理和外部竞争力的关键，正确的组织设计不仅可以提升企业的操作效率和市场反应速度，还是确保员工安全和环境保护的基石。随着企业环境的变化，组织结构的适时调整是企业持续成功的重要因素。

组织结构不合理可能引发许多运营和管理上的问题，特别是在如化工这样高度依赖精确和安全操作的行业中。以下是组织结构不合理可能引发的最突出问题。

① **决策迟缓**。如果组织结构过于复杂或层级过多，决策过程可能变得缓慢和低效。这种迟缓会影响企业对市场变化的响应速度和处理突发事件的能力，尤其是在需要快速解决问题的化工行业。

② **沟通不畅**。不合理的组织结构可能导致信息传递不畅。信息在上下传递过程中可能出现延误或失真，从而影响员工的工作效率和执行力。在化工企业中，沟通问题还可能增加安全风险。

③ **资源浪费**。组织结构不明确或职责重叠会导致资源分配不当，产生人力、物料和财务资源的浪费。在化工企业，资源配置的效率直接影响生产成本和经济效益。

④ **员工士气低落**。如果组织结构出现问题，导致职责不清或管理混乱，员工可能会感到挫败和不满。这种情绪会降低员工的工作积极性和忠诚度，进而影响整个企业的表现和稳定性。

⑤ **安全风险增加**。在化工企业，组织结构的合理性直接关系到生产安全。结构不合理可能导致监督不足或安全措施执行不到位，增加发生事故的风险，对人员安全和环境造成威胁。

4.4.2　组织管理 5 个原则

在化工企业中应用组织管理原则至关重要，这能确保企业可以有效应对市场的变化，提升运营效率，并成功实现其战略目标。以下是 5 个关键的组织管理原则。

① **层级清晰**。确保组织结构中每一层级的职责和权限清晰。这有助于优化决策过程和责任划分，减少决策延误，特别是在应对生产紧急情况时更能迅速响应。例如在卓越企业，紧急情况响应团队由特定管理层直接指挥，确保在发生紧急情况时能快速有效地采取行动。

② **功能专业**。功能部门如研发、生产、质量控制等应具备高度的专业化，每个部门都须拥有专门的技术和管理知识，以确保其操作的高效和专业。在卓越企业，研发部门独立于生产部门运作，拥有自己的预算和管理体系，专注于开发新的化学配方和改进生产工艺。

③ **沟通顺畅**。建立有效的沟通机制以确保上下游信息流通顺畅。其中包括定期的部门间会议、项目更新汇报以及适时的管理层反馈，保证信息在各层级间准确传递。例如卓越企业建立了一个内部网络平台，允许不同部门实时更新和共享生产数据与进度报告。

④ **灵活响应**。组织结构应具备适应变化的灵活性，能够快速调整资源和重组团队，以应对因市场变化或生产需求变化而引发的突发事件。卓越企业在面对突然增加的国际订单时，能迅速调整生产线和资源配置，以满足新的生产需求。

⑤ **适时优化**。定期评估组织结构的效率和功能，通过结构调整和优化确保组织始终保持在最佳状态。包括引入新的技术和管理方法，以及根据业务扩展调整组织框架。例如，卓越企业定期审查其组织结构，引入了自动化和机器人技术来提高生产部门的效率，同时减少人力消耗。

这些原则和例子展示了如何通过精心设计的组织结构来支持化工企业的高效运营和快速应对市场或技术的变化。通过这些管理原则的有效执行，化工企业可以确保其组织结构和管理方式与业务目标和市场需求保持一致，从而实现持续的业务成功和增长。

4.4.3　组织管理过程

在化工企业中，组织结构管理是确保企业内部结构与战略目标相匹配并有效运作的关键过程。这一过程通常包括组织结构的设置、运行和调整三个主要阶段。这些阶段互为补充，旨在适应市场变化、技术进步以及企业内部发展需求。下面将详细探讨每个阶段，并通过化工企业的实际案例来说明这些理念应如何应用。

（1）组织设置

组织结构的设置是建立有效组织架构的起始阶段。在这一阶段，企业需要根据其业务需求、战略目标和管理哲学来设计组织结构。化工企业通常面临高度复杂的生产流程和严格的安全环境要求，因此，其组织结构需要能够支持高效的信息流、资源分配和决策流程。例如卓越企业是一个具有多层次、多业务单位的综合化工企业。在卓越企业的组织结构设置中，划分了多个业务板块，包括聚氨酯、石化、新材料、精细化工等，每个板块下设有若干业务部门。这种结构有助于企业在保持核心业务高效运作的同时，也能够灵活应对市场和技术的变化。

（2）组织运行

组织结构的运行阶段是指企业在既定组织架构下的日常管理活动。这一阶段的关键是确保各部门、团队和个人能够在组织结构框架内高效地协作和执行任务。为此，企业需要建立明确的职责划分、沟通机制和监督系统。例如卓越企业高度重视跨部门的协作和沟通。为了优化组织结构的运行，卓越企业设立了项目管理办公室（PMO），该办公室负责管理监督所有重大建设项目。通过这种方式，卓越企业确保了项目能够按照既定的时间、预算和质量标准完成，同时加强了不同部门之间的协调和信息共享。

（3）组织调整

随着企业发展和外部环境变化，原有的组织结构可能无法满足新的业务需求和挑战。因此，组织结构的调整成为必要的过程，可以通过重新设计和优化组织架构来提高企业的灵活性和响应速度。例如卓越企业近年来持续进行一系列的组织结构调整，以更好地适应市场变化和技术进步。其中包括将某些生产单位合并以提高效率，引入更多的自动化和数字化工具以降低成本和提升生产质量。此外，卓越企业还提升了其研发部门的地位，以推动新技术和新产品的开发，这些调整有助于公司保持竞争力并能够更好地应对未来的市场挑战。

总的来说，组织结构管理在化工企业中是一个动态的、持续的过程。通过有效的设置、运行和调整，企业不仅可以确保其结构与战略目标保持一致，还能够提升整体的操作效率和市场适应性。这些管理活动是化工企业保持成功和长期发展的关键。

4.4.4　组织管理工具和方法

在化工企业中，生产运营组织管理是确保流程效率和团队协作的核心。通过一系列工具和方法，如组织结构设计、角色与责任清晰化、资源分配、流程优化、团队建设、冲突解决、变革领导以及合规性管理，企业能够有效地构建和维护一个高效的运作体系。这些管理工具和方法能帮助企业明确职责，优化资源利用，提高团队协作效率，并确保整个组织在变化的市场和技术环境中稳定运行。通过这些综合管理策略，企业不仅能够应对日常运营的挑战，还能在面临行业变革时迅速适应，持续推动业务前进。

① **组织结构设计**。定义不同职能、部门之间的关系及职责分配。例如采用矩阵结构，以增强项目管理和跨部门合作。

② **角色与责任清晰化**。明确每个岗位的职责和预期成果，减少职责重叠和冲突。例如为生产、质量控制和供应链管理团队制定详细的职责描述和工作界限。

③ **资源分配**。合理配置人力、物资、财力等资源，支持业务运营和战略实施。例如根据生产需求和市场动向，优化原料和设备的配置。

④ **流程优化**。通过重新设计工作流程来提高效率和降低成本。例如采用精益生产技术，优化化学品的生产流程，减少浪费和提高产量。

⑤ **团队建设**。通过培训和团队活动，增强团队合作和沟通。例如定期组织团队建设活动，如户外拓展训练，以提高团队协作能力和士气。

⑥ **冲突解决**。提供机制和方法来处理和解决工作中的人际冲突。例如设立调解委员会处理员工间的分歧，采用调解和协商方法解决问题。

⑦ **变革领导**。引导组织通过领导力和战略指导成功实施变革。例如在引入新的生产技术或市场策略时，领导层积极参与，确保顺利过渡和使员工接受。

⑧ **合规性管理**。确保组织的操作符合法律、规章制度和行业标准。例如定期进行内部审计和合规性培训，以防止产生违规行为和潜在的法律风险。

4.4.5　案例：大横班变革

万华化学曾进行了一项重大的管理变革——大横班管理模式的引入和实施。

此举是为了提升工作效率和生产自动化水平，进而提高企业的整体竞争力。

在变革之前，万华化学的生产班组结构较为传统，每个小班组负责单一工序的几套装置，每个班组通常由 5～6 名工作人员组成。这种模式虽然在早期的生产活动中能够保证各自工序的专注与独立，但随着生产规模的扩大和技术的发展，这一模式逐渐暴露出效率低下和资源配置不充分的问题。

为了应对这一挑战，万华化学决定推行大横班管理变革。在新的管理模式下，一个大班组将负责多个工序，操作多套装置。这一改革的核心目的是通过优化人员配置和提升操作效率，来达到提高生产效率的目标。具体而言，每个大班组将负责 3～4 个工序的操作，班组人员由原来的 5～6 人扩展到 10 人以上，以满足跨工序操作的需要。

为了顺利推动这一变革，万华化学采取了多项关键措施。首先是装置的技术改造和自动化升级。通过引入先进的自动控制系统和优化装置的操作界面，大大降低了操作的复杂性，使得操作人员能够更加轻松地管理多套装置。此外，自动化不仅提高了操作的精准性，还有效降低了因操作失误可能导致的安全风险。

其次，人员的多岗位技能培训也是大横班管理变革的重要组成部分。万华化学组织了一系列的内部培训，旨在提升员工的多技能操作能力和灵活应对各种生产挑战的能力。通过这种全面的技能提升，员工不仅能在新的大班组模式下更有效地工作，还能在紧急情况下快速响应，保障生产的连续性和安全性。

此外，数字化升级也是推动大横班管理变革的一个关键方面。通过建立更为完善的数据收集与分析系统，万华化学能够实时监控生产过程中的各种关键指标，如装置运行状态、原料消耗率、产品质量等。这些数据不仅可以用来优化生产流程，提高资源使用效率，还能为生产决策提供科学依据。

最终，这一系列的变革措施使得万华化学的人效提升了数倍。大横班管理不仅提高了生产效率，还促进了装置的可靠性、自动化和数字化水平的提升，为企业带来了长远的发展潜力和市场竞争优势。通过这一变革，万华化学不仅优化了自身的生产管理，还为化工行业的现代化管理模式树立了新的标杆。

4.4.6 组织管理常见问题

在化工行业中，组织管理出现的问题可能对企业的运作效率和市场竞争力产生严重影响。

　　职责和权力界限不清晰，会导致职责重叠或遗漏。例如，在企业中，如果生产部门和质量控制部门的职责不明确，可能会出现某些质量检查任务无人负责或者重复检查的情况，影响生产效率和产品质量。

　　人力资源配置不合理也是一个常见问题。关键岗位缺乏合适人才或人力资源浪费，都会影响企业的核心竞争力。例如，如果企业研发部门缺乏有经验的技术人员，可能会导致新产品研发进度缓慢，错失市场机会。同时，某些部门可能存在人手过多的情况，导致人力资源浪费和成本增加。

　　缺乏横向协作机制也会影响企业的整体效率。部门间协作机制不健全，会导致信息和资源无法有效共享。例如，市场部门获取的客户需求信息未能及时传递给生产部门，导致产品供不应求或库存积压。化工企业需要建立健全的横向协作机制，确保各部门之间的信息流通和资源整合。

　　组织结构僵化的问题在快速变化的市场环境中尤为明显。化工行业技术和市场需求变化迅速，如果组织结构过于僵化，企业将无法快速响应市场变化。例如，企业如果坚持传统的层级管理模式，无法适应灵活生产和定制化服务的需求，最终会被市场淘汰。

　　信息流通不畅也是一个影响决策效率和质量的关键问题。在化工企业中，如果信息流通受阻，高层管理者无法及时获取生产一线的真实情况，会导致决策失误。例如，生产部门的设备故障信息未能及时传递给维修部门，影响了生产进度和产品交付。

　　过度层级化会导致决策迟缓和成本增加。在一些化工企业中，层级过多，每层管理者都需要审批和决策，导致决策过程冗长，影响企业的响应速度和运营成本。化工企业需要简化层级结构，提高决策效率。

　　缺乏长效的领导力发展也会影响企业的长远发展。如果企业未能有效培养未来的领导者，那么当现任领导者退休或离职时，可能会出现领导真空的情况，影响企业的稳定和发展。企业需要建立系统的领导力培养计划，确保有足够的后备力量。

　　此外，组织缺乏适应性和灵活性也会影响企业的竞争力。化工企业需要不断调整自身以适应外部市场和技术的变化，如果缺乏这种适应能力，可能会在竞争中处于劣势，最终在市场竞争中落后。

4.4.7 组织管理诊断

表 4-4 可以帮助企业详细评估其组织管理的现状，并根据评价结果进行针对性的改进，以提高组织管理的效率和有效性。

表 4-4　组织管理诊断表

组织结构 管理原则	优——5 分	良——4 分	中——3 分	差——2 分	未开始——1 分
层级清晰	组织结构中每一层级的职责和权限完全清晰，决策快速且准确，紧急响应高效	大部分层级职责清晰，偶有决策延误，但通常能有效响应	层级职责较为模糊，决策和响应速度一般，偶尔出现延误	层级职责混乱，常见决策错误和响应不当，影响运营效率	未明确层级职责，组织结构混乱，无有效决策和响应机制
功能专业	所有功能部门高度专业化，独立运作高效，技术和管理水平顶尖	大部分功能部门具备专业化，独立运作良好，技术和管理水平较高	部分功能部门未完全专业化，独立运作一般，技术和管理有待提升	功能部门专业化程度低，独立运作效率差，技术和管理水平不足	功能部门未专业化，混合运作，缺乏有效的技术和管理支持
沟通顺畅	沟通机制完善，确保信息流通顺畅无障碍，所有层级都能及时获取和反馈信息	沟通机制较好，大部分信息流通顺畅，偶尔出现信息延迟	沟通机制一般，信息流通时有阻碍，影响部分决策和响应	沟通机制不足，信息流通经常受阻，导致决策和响应效率低下	无有效的沟通机制，信息流通严重受阻，影响整体运作
灵活响应	组织极具灵活性，能迅速调整策略和资源以应对任何市场和生产需求变化	组织具有一定灵活性，通常能有效调整资源以应对大部分变化	组织灵活性一般，对市场变化和生产需求的响应速度和效率有待提高	组织响应僵化，难以适应市场变化，对生产需求的调整缓慢	组织结构完全不灵活，无法调整以应对任何市场或生产需求的变化
适时优化	组织结构定期进行高效优化，技术和管理方法持续更新，始终保持最佳状态	组织结构定期优化，但技术和管理更新不够频繁，大部分时间保持良好状态	组织结构偶尔优化，技术和管理更新不足，效率有待提升	组织结构缺乏优化，技术和管理方法过时，效率低下	组织结构从未进行优化，技术和管理方法落后，无法满足当前运作需求

4.5　知能——管理的肌肉，力求多、富、劲

4.5.1　知能管理概述

在化工企业中，知能（知识技能）管理至关重要，因为它直接关系到企业的生产效率、安全标准、创新能力和市场竞争力。有效的知识技能管理可确保所有员工都具备执行其职责所需的最新知识和技能，这对于维护操作安全和优化生产过程尤其重要。

知识技能管理涉及企业的各个层面，从基层操作员到高级管理层，每个人都需要接受适当的培训，具备持续的职业发展计划。人力资源部门在这个过程中扮演着核心角色，负责规划、实施和监督培训和发展计划。这些培训计划包括但不限于化学工艺、安全操作程序、质量控制、设备维护以及环境法规遵守等内容。此外，也重视提升员工的软技能，如团队合作能力、领导力和解决问题的能力。

实施知识技能管理的方法多样，包括组织内部培训、提供在线课程、参与行业会议，以及与专业教育机构合作等。这些活动旨在不断提升员工的专业水平，同时，可通过设定激励措施和明确的职业发展路径，鼓励员工积极参与学习和自我提升。

知识技能的更新和管理是一个持续的过程，应随技术进步、行业标准变化及公司战略调整而调整。通常，企业会在年度计划中安排具体的培训和发展活动，确保每一项活动都能有效地支持企业目标的实现。此外，这一过程在企业的所有地点进行，无论是总部、生产工厂还是研发中心，都必须确保员工能够获得必要的学习资源，从而保证知识和技能的一致性与时效性。

通过这种全面的知识技能管理，化工企业能够确保其员工始终保持业内领先水平，进而提高整个企业的操作效率和安全性，增强其市场竞争力和创新能力。

知识技能管理不善在化工企业中可能引发一系列严重问题，这些问题对企业的运营效率、安全性、员工满意度和创新能力都有显著影响。以下是知识技能管理不良可能引发的最突出问题。

① **安全事故增加**。在化工企业中，员工的技能和知识直接关系到生产安全。知识技能管理不足可能导致员工无法了解或遵守最新的安全操作程序，从而增加发生事故的风险。

② **生产效率下降**。缺乏必要的技能培训和知识更新会直接影响员工的工作效

率。在化工行业，新技术和工艺的快速发展要求员工不断学习和适应，未能跟上这些变化会导致生产流程中断或效率低下。

③ **创新能力减弱**。如果员工没有接受到鼓励创新和解决问题的技能培训，他们可能无法有效地提出新想法。这限制了企业在产品和过程创新方面的能力，影响企业的长期竞争力。

④ **员工士气和满意度降低**。知识技能管理不良可能导致员工感到自己的成长和职业发展受限。这种情况会降低员工的工作满意度和忠诚度，进而可能导致员工流失率增高。

⑤ **合规性问题**。化工行业严格遵守各种环境和安全法规。员工如果没有得到适当的培训，可能就无法了解并遵守这些复杂的法规要求，会导致企业面临法律和财务风险。

这些问题突出了在化工企业中实施有效的知识技能管理的重要性。企业需要确保员工定期接受培训、提升技能，以保持其操作的安全性、效率和符合行业标准的持续性。

4.5.2　知能管理 5 个原则

在化工企业中，有效的知识技能管理对于提升员工能力和企业竞争力至关重要。以下是 5 个知识技能管理原则及其在化工企业中的实际应用案例，其有助于企业建立一个全面、高效的管理体系。

① **系统学习**。化工企业可以建立一个全员覆盖的在线学习平台，提供从基础技能到高级工艺操作的各类课程。通过这一平台，员工能够系统地更新和扩展他们的知识库，确保他们始终掌握最新的行业知识和技术。企业还可以定期举办专题讲座和研讨会，邀请行业专家分享最新研究成果和实践经验，进一步丰富员工的学习资源。例如卓越企业建立了在线学习平台，提供多种课程供员工学习。员工可以自主选择课程，参加在线考试，定期更新知识。平台上还有行业专家的讲座视频和实时问答环节，以帮助员工更好地理解新知识。

② **知行合一**。为了帮助员工将理论知识转化为实际操作技能，企业可以进行模拟操作训练或在安全的实验环境中进行实操演练。这种方式不仅能强化员工对知识的理解，还能提高他们在实际工作中的操作能力，减少错误和事故的发生。此外，企业可以制定详细的操作规程和标准，确保员工在实际操作中有据可依，

提升整体工作效率和质量。例如卓越企业设立了各种贴近生产的培训设施，包括虚拟现实（VR）操作模拟室，员工可以在虚拟环境中进行复杂的化工操作训练。在这里，员工可以模拟操作高危设备，体验各种突发情况，提高应变能力和操作技能，减少实际工作中的风险。

③ **共享促进**。通过组织知识分享会和建立内部知识论坛，化工企业可以有效促进员工之间的知识和经验交流。这些活动不仅能提升团队的整体技能水平，还能激发员工的创新思维，推动企业技术进步和创新发展。企业可以设立知识分享奖励机制，鼓励员工积极参与知识分享活动，共享他们的独特见解和经验。例如卓越企业的各生产部门会定期组织学习分享会，让员工在轻松的氛围中分享他们的工作经验和技术心得。公司还在内部网络上开设了知识论坛，员工可以在这里发布问题和答案，互相交流，提升整体技术水平。

④ **持续反馈**。实施技能评估和持续反馈机制，使员工在完成特定培训或项目后能够得到具体的表现反馈。这些反馈可以帮助员工识别自身的优点和改进点，明确未来的学习和发展方向。企业可以定期进行绩效评估，与员工讨论他们的职业发展目标和路径，确保每位员工都能在企业的支持下实现个人成长和专业进步。例如卓越企业建立了一个精益技能评估系统，员工在完成精益带级培训后会得到详细的评估，包括他们的优点和需要改进的方面。团队领导定期与员工面谈，指导其制订个人发展计划，帮助员工明确职业发展方向。

⑤ **激励成长**。化工企业可以通过提供专业发展基金、奖学金或支持员工参加专业认证和行业会议的方式，激励员工持续学习和提升技能。这些激励措施不仅能提高员工的专业能力，还能增强他们的职业归属感和忠诚度，推动个人和组织的长期发展。企业还可以设立内部晋升通道，为表现优秀的员工提供更多发展机会，激励他们不断追求卓越。例如卓越企业每年提供一定数目的资金支持员工参加外部培训、专业认证和行业会议。表现优异的员工还可以获得公司提供的资助，用于继续深造和提升专业技能，进一步推动个人和企业的发展。

以上这些原则有助于化工企业建立一个高效的知识技能管理体系，提升员工的专业能力，推动企业的持续创新和发展。

4.5.3　知能管理过程

在化工企业中，有效的知能管理对于维持竞争力、增强创新能力、确保生产安全至关重要。知能管理的过程主要包括三个阶段，即构建、赋能、迭代。这一过程确保了企业能够适应快速变化的市场需求和技术进步。

（1）知能构建

在构建阶段，化工企业需要明确哪些知识和技能是核心的，通常在对企业战略、市场趋势、技术发展以及竞争对手进行分析的基础上构建。核心知识和技能的识别不仅关系到企业的当前需求，还要预见未来发展的方向。例如卓越企业在构建其知识技能体系时，重点关注了生产技术和新材料的研发。为此，卓越企业投入大量资源建立研发中心，与全球化工研究机构建立合作关系，确保技术和知识的持续更新和完善。

（2）知能赋能

在赋能阶段，化工企业通过培训和认证程序，确保员工能够掌握并应用这些核心技能。有效的培训应覆盖理论学习、实操练习及技能认证各层面，以确保知识转化为实际操作能力。例如针对核心技术人员，卓越企业设计了一系列专业培训课程，这些课程不仅包括传统的课堂学习，还包括在线模块和实地操作训练。公司设立了专门的培训基地，配备了模拟生产设施，使员工能在安全的环境下进行实践操作。此外，卓越企业实行技能认证制度，每位员工必须通过严格的考核才能独立承担相应的工作职责。

（3）知能迭代

迭代阶段是知识技能管理的持续改进阶段，化工企业须定期评估现有知识体系的有效性，并根据技术发展和市场变化进行必要的更新和升级。例如随着市场对环保的要求逐步提高，卓越企业调整了其研发重点，加大了在环境友好型化工材料上的研发投入。为了支持这一转变，公司更新了相关的培训课程和材料，增加了关于可持续生产技术和循环经济的内容。同时，公司通过设立内部创新奖励机制，激励员工提出改进生产工艺和产品的方案，实现技术的迭代升级。

总之，通过这三个阶段的系统管理，卓越企业不仅确保了自身在化工行业中的技术领先地位，还促进了企业文化的形成，即不断学习和创新。通过构建、赋能和迭代，卓越企业持续提升员工的技能水平，保证企业能够有效应对行业挑战和市场变化，从而实现可持续的业务发展。

4.5.4 知能管理工具和方法

在化工企业中，有效的知能管理对于维持竞争力和确保安全生产至关重要。通过一系列工具和方法，包括培训和发展计划、知识管理系统、职业生涯规划、继任计划、员工辅导与导师制、学习与发展研讨会、跨功能培训以及数字化学习平台，企业能够确保员工技能与行业发展保持同步，并促进个人和组织的持续成长。这些工具、方法不仅有助于企业构建一个知识丰富、技能多样的人才队伍，还为员工提供了必要的职业发展支持和学习资源，从而提升整体的生产效率和安全标准。通过这样的综合策略，企业能够不断推动技术创新和业务优化，确保自身在激烈的市场竞争中保持领先地位。

① **培训和发展计划**。系统的员工培训程序能够提高员工的工作技能和职业素养。例如开展定期的安全操作和新技术应用培训，确保员工的技能与行业标准保持一致。

② **知识管理系统**。收集、共享和管理组织知识的系统，包括技术、流程和最佳实践。例如建立一个中央数据库，存储关于化学工艺过程和安全操作规程的详细文档，供所有员工访问。

③ **职业生涯规划**。与员工合作制订职业生涯发展计划，包括职业目标和达成这些目标所需的步骤。例如为每位员工提供个人发展计划，包括预期的职位晋升路径和必要的培训课程。

④ **继任计划**。为关键岗位的人员离职作好准备，通过培养潜在的接班人来确保组织的持续运营。例如制订领导力发展计划，旨在培养年轻的潜在领导者。

⑤ **员工辅导与导师制**。令经验丰富的员工为新员工或经验较少的员工提供一对一的指导和支持。例如资深工程师作为导师，指导新入职的化工技术员，帮助他们更快地适应工作环境并提升专业技能。

⑥ **学习与发展研讨会**。组织定期的研讨会，提供与行业发展相关的持续教育和学习机会。例如举办关于最新化学材料创新和应用的研讨会，提升员工的技术前瞻性和应用能力。

⑦ **跨职能培训**。训练员工掌握多种技能和职能部门的知识，以提高其灵活性和多样化的解决问题能力。例如安排生产部门员工学习供应链管理的基础知识，以增强部门间的协同工作能力。

⑧ **数字化学习平台**。利用在线资源和课程为员工提供灵活的学习选项，支持自我驱动的学习和发展。例如通过在线平台提供安全操作和环保标准的培训，确保员工随时更新知识和技能。

4.5.5 案例：企业大学

万华化学一直致力于优化人才培育机制，致力于打造高端化工人才高地。具体来说，万华化学在人才培养方面采取了多项举措，力求全方位提升企业的人才实力和竞争力。

首先，万华化学通过自建大学育才，积极推动内部人才的培养。2020 年 6 月，万华化学成立了万华大学，旨在为企业打造一个传播企业文化、分享实践经验及创新思想的平台。万华大学自成立以来，始终专注于领导力、专业化、职业化三个方向，通过整合内部和外部的优质资源，开展了一系列有针对性的培训项目。成立之后的数年间，万华大学已累计开展了数个领导力项目班，培训了数千名管理者及潜在管理者，极大地提升了企业内部管理团队的领导能力和管理水平。

在专业化培训方面，万华大学同样表现出色。自成立以来，已开展了近 1 万人次的专业化培训。这些培训课程覆盖了全产业链的专业技术人才，通过系统的学习和实战演练，显著提升了他们的业务能力和专业素养。万华大学的职业化培训更是广泛覆盖了 1 万多人次，针对青年人才提供了全方位、个性化的学习成长方案，帮助他们更好地适应职业发展的需求，快速成长为企业的中坚力量。

4.5.6 知能管理常见问题

在化工行业，知能管理出现的问题可能会导致企业在竞争中处于劣势。首先，技能落后是一个严重的问题。员工的技能未能跟上行业或技术发展的需求，会导致生产效率和产品质量下降。例如，如果员工无法熟练操作新引进的自动化设备，不仅会影响生产效率，还可能增加设备故障和安全风险。

其次，知识更新不及时也是一个关键问题。行业知识和信息若更新不及时，会影响决策和操作的有效性。例如，如果管理层不了解最新的环保法规和技术，可能会导致企业在环保审查中遇到问题，甚至面临罚款和停产。

此外，培训资源不足限制了员工的发展。缺乏有效的培训资源和机会，员工就无法提升自己的技能和知识。例如，企业如果没有定期组织技术培训和研讨会，员工的技能水平就无法提高，从而影响企业的创新能力和市场竞争力。

知识传承不畅是一个常见的问题。资深员工退休或离职，重要知识未能有效传承，会导致企业损失宝贵的经验和技术。例如，一位拥有丰富经验的化工技术专家退休后，如果没有进行系统的知识转移，新员工可能无法掌握关键的生产工艺和技术。

技能不匹配的问题也会影响工作效率。员工岗位与其技能不匹配，可能导致工作效率低下和员工满意度下降。例如，一位擅长研发的员工被安排到生产线上持续倒班，不仅无法发挥其特长，还可能导致生产效率不高。

缺乏跨功能培训限制了员工的全面发展。在化工企业中，员工只有了解不同部门的工作流程和需求，才能更好地协作和创新。例如，如果研发人员不了解市场部门的需求，可能会开发出不符合市场需求的产品。

专业技能培训缺乏实践性也是一个问题。培训内容如果仅限于理论知识，而缺乏实际操作内容，那么员工在工作中将很难应用这些技能。例如，企业如果仅通过课堂讲授进行培训，而不提供实际操作机会，那么员工可能无法掌握复杂的生产技术。

忽视软技能培训同样会影响企业的发展。沟通、领导力等软技能对于团队协作和管理至关重要。如果企业忽视这些技能的培训，可能会导致团队内部沟通不畅，影响工作效率和员工士气。例如，一位技术专家如果未接受领导力培训，那么他在管理团队时可能会遇到困难。

缺乏自我驱动学习文化也是一个管理问题。企业文化若不鼓励自我驱动的学习和成长，员工的主动性和创新能力会受到限制。例如，如果企业没有提供学习资源和激励机制，员工可能会缺乏学习新知识和技能的动力。

最后，技术应用能力不足会限制企业的发展。员工缺乏应用新技术的能力和资源，会影响生产效率和创新能力。例如，企业引进了先进的生产设备，但如果员工无法熟练操作和维护这些设备，那就可能无法实现预期的生产效率和产品质量的提升。因此，企业需要不断提升员工的技术应用能力，确保新技术能够有效地应用于生产和管理中。

4.5.7　知能管理诊断

表 4-5 可以帮助企业详细评估其知能管理的现状，并根据评价结果进行针对性的改进，以提高知能管理的效率和有效性。

表 4-5　知能管理诊断表

知能管理原则	优——5 分	良——4 分	中——3 分	差——2 分	未开始——1 分
系统学习	建立完善的在线学习平台，全员覆盖，课程更新及时，员工参与度高	在线学习平台功能齐全，但课程更新频率或员工参与度有待提高	在线学习平台存在，但课程范围有限或更新滞后，员工参与度一般	在线学习平台功能不全或课程内容过时，员工参与度低	没有建立在线学习平台或类似的系统学习机制
知行合一	定期进行模拟操作和实际演练，理论与实践完美结合，效果显著	进行模拟操作和实际演练，但频率或质量需要提高	偶尔进行模拟操作和实际演练，理论与实践结合效果一般	很少进行模拟操作或实际演练，理论很少应用于实践	不进行模拟操作和实际演练，理论知识与实践脱节
共享促进	经常组织知识分享会和活跃的内部论坛，知识交流活跃，创新氛围浓厚	有组织知识分享会和内部论坛，但活跃度和参与度有限	偶尔组织知识分享会，内部论坛不活跃，交流有限	知识分享会和内部论坛极少，缺乏团队间的知识和经验交流	未组织知识分享会或建立内部论坛，缺乏知识共享机制
持续反馈	实施全面的技能评估和反馈机制，员工获得即时、具体的反馈，明确改进方向	有技能评估和反馈机制，但反馈不够及时或详尽，改进效果一般	偶尔进行技能评估，反馈不全面，对员工改进帮助有限	很少进行技能评估和提供反馈，员工改进和学习方向不明确	没有技能评估和持续反馈机制
激励成长	提供丰富的专业发展机会，如基金、奖学金和参会支持，员工积极参与，成效显著	提供一定的专业发展支持，但机会有限或员工参与度不高	偶尔提供专业发展机会，员工参与度和成效一般	很少提供专业发展支持，员工成长和激励缺乏	完全没有提供专业发展支持或激励机制

4.6　绩效——管理的血管，力求通、畅、顺

4.6.1　绩效管理概述

绩效管理在化工企业中扮演着至关重要的角色，它能确保每位员工的工作

表现与公司的整体战略目标和标准相一致。通过绩效管理，企业不仅能够有效地识别和奖励表现出色的员工，还能发现表现不佳的员工，并为他们提供必要的培训或改进措施。更重要的是，绩效管理对确保操作安全和遵守行业规定具有重要意义。

组织绩效和个人绩效之间存在着密切而复杂的互动关系。每个员工的工作表现直接关联到其所在团队及整个组织的成果。例如，在化工企业中，一个操作工的精确操作不仅可以减少生产过程中的错误，还能提高产品质量和安全性，从而显著提升组织的整体绩效。反过来，组织的文化、政策和资源配置也极大地影响个人的工作表现。良好的工作环境、充分的培训和公正的激励机制可以有效提高员工的积极性和生产力。这种从个人到组织，再从组织到个人的影响形成了一个正向的循环，优秀的个人绩效促进组织绩效的提升，组织绩效的提升又能为个人提供更好的工作环境和成长机会。有效的组织通常会将个人绩效管理整合到整体战略目标中，确保个人努力的方向与组织的需求一致。此外，建立有效的沟通和反馈机制对于连接个人与组织绩效同样重要，它不仅帮助个人了解其对组织目标的贡献，也使组织能够根据个人绩效调整策略和流程。总的来说，组织绩效与个人绩效相辅相成，特别是在化工企业中，每个员工的质量控制和安全操作都是保障生产效率和企业可持续发展的关键。

绩效管理涵盖了化工企业中的所有层级，从高层管理到基层员工，每个人的表现都受到评估。人力资源部门通常负责设计和施行绩效管理系统，而直接上级则具体负责评估其下属的工作表现。绩效的评估标准包括生产效率、质量控制、安全记录、团队合作、创新能力和客户满意度等，这些标准应该是明确和可量化的，以便准确地评价员工的工作成效。

实施绩效管理通常涉及定期的绩效评审，包括年度或半年度的正式评估及更频繁的非正式进度检查。企业可能采用多种工具和方法来衡量和管理绩效，如关键绩效指标、360度反馈系统、自我评价和上级评价等。这些工具有助于确保评估的全面性和公正性。

绩效评估的时间安排通常为每个财务年度的结束期，以便与业绩回顾及未来计划的制订相结合。此外，为了实现持续的改进和反馈，企业还会在整个年度中进行实时反馈和周期性审查。

绩效评估在企业的每一个地点都需要执行，无论是总部、分支机构还是生产现场，以确保整个公司的绩效管理标准化和一致性。通过这种方式，化工企业能够有效提高员工的工作效率和整体业务表现，同时确保企业的安全运营和长期成功。正确的绩效管理策略能够帮助企业在激烈的市场竞争中保持领先。

目标管理和绩效管理在管理中都扮演着至关重要的角色，它们之间的密切关系体现在多个方面。首先，目标定义了企业的努力方向和期望达成的结果，为企业提供了明确的前进路径。绩效指标则是具体的、可量化的标准，用于评估目标的实现程度（表 4-6）。通过设定绩效指标，企业能够定期测量和监控目标的进展，从而确保目标的实现。这些指标所提供的数据和信息有助于反映目标达成的速度、效果以及潜在的问题。

表 4-6　目标和绩效指标

目标	绩效指标
年内实现零工伤事故报告	工伤事故发生次数（目标值 0 次）
确保所有固体废弃物 100% 分类处理	固体废弃物分类处理率（目标值 100%）
员工安全培训覆盖率达到 100%	员工安全培训参与率（目标值 100%）

此外，明确的目标能够激励员工和管理层持续努力，推动绩效的不断提升。企业可以通过分析绩效指标的数据来发现改进的空间，并制定相应措施来提高整体绩效。为了确保目标与绩效指标之间的一致性，目标应当遵循 SMART 原则。同时，绩效指标应直接反映目标的各个方面，确保两者之间的对齐和一致性。这种对齐不仅能优化管理效果，还能增强组织的战略执行力。

绩效管理若管理不善，会引发一系列问题，尤其在化工企业中，这些问题可能会对企业运营产生严重影响。以下是绩效管理不良可能导致的最突出问题。

① **生产效率低下**。如果绩效管理不到位，员工可能缺乏完成工作的动力或明确指导，导致生产效率下降。在这种情况下，企业可能无法达到生产目标或增加生产成本。

② **质量控制失败**。绩效管理不良可能导致员工忽视质量标准，结果是产品质量不一，可能引发客户投诉甚至导致重大安全事故，特别是在化工行业这种高风险环境中。

③ **员工士气和满意度下降**。如果绩效评估不公正或反馈不及时，员工可能会

感到不公和不受重视，这会降低士气和工作满意度，进而影响整体的工作氛围和团队协作。

④ **人才流失**。绩效管理系统如果不提供成长和发展的机会，或者晋升和奖励系统不透明，优秀员工可能会寻找更具吸引力的工作机会，从而导致人才流失。

⑤ **决策失误**。绩效管理数据如果收集不全面或误导性强，管理层在制定战略决策时就可能依据错误的信息，这可能导致资源被错误分配或错失重要的商业机会。

这些问题凸显了有效的绩效管理在化工企业中的重要性，尤其是考虑到化工行业的复杂性和高风险性。企业需要确保绩效管理系统公正、全面，并且能够及时反馈，以促进企业的健康发展和提升竞争力。

4.6.2　绩效管理 5 个原则

在企业中实施卓越的绩效管理是确保持续改进和提高整体业务效率的关键。以下是 5 个基本的绩效管理原则，这些原则有助于提升员工表现并推动组织目标的实现。

① **目标明确**。绩效管理的第一个原则是确保所有员工的目标清晰、具体且可衡量。这些目标应与企业的战略目标紧密对齐，以确保每个员工的努力都能对企业的总体成功作出贡献。例如卓越企业研发部门的目标可能是提高产品的质量、环保和低碳标准，从而支持企业的可持续发展战略。

② **持续反馈**。及时和定期的反馈是绩效管理中至关重要的部分。通过提供正向和建设性的反馈，管理者可以帮助员工识别和改正工作中的不足，同时确认和强化表现良好的行为。例如卓越企业对生产线员工的即时反馈，有助于他们优化操作流程以提高效率。

③ **员工发展**。绩效管理不仅仅是评估员工的表现，还应为员工提供发展和成长的机会，包括定期的培训、职业规划和晋升机会。例如卓越企业会给技术人员提供最新的化学工艺培训，帮助他们保持行业知识的更新，增强其职业竞争力。

④ **公正透明**。绩效管理系统必须公平且透明，以确保员工感受到他们的努力和成果被公正地评价。其中包括使用明确的评估标准和开放的沟通渠道。例如卓越企业通过实施标准化的评估流程来确保每位员工的绩效评估都是公正的。

⑤ **奖励认可**。有效的绩效管理体系会通过奖励和认可机制激励员工提高绩效。这可以包括奖金、升职机会或其他激励措施。例如卓越企业为成功实施关键项目或显著提高生产效率的员工提供额外的奖励,有效地提高了其工作积极性和团队士气。

通过遵循这些原则,企业不仅能够提高员工绩效,还能促进组织文化的发展,进一步推动企业的长期成功和竞争力的提升。

4.6.3 绩效管理过程

在化工企业中,绩效管理是确保组织目标与个人目标一致、优化工作流程、提高整体效率的关键机制。有效的绩效管理包括绩效目标设定、绩效跟踪以及绩效考核(包括结果评估和沟通)。通过这一过程,企业不仅能够激励员工,还能及时调整策略和工作方法,以应对不断变化的市场需求。

(1)绩效目标设定

绩效目标设定是绩效管理的起点,它确定了员工需要达到的工作标准和期望。在化工企业中,由于操作的复杂性和安全的重要性,因此设定明确且可量化的目标尤为关键。例如在卓越企业,绩效目标的设定不仅基于公司的年度业务目标,还考虑到具体操作的安全性、效率和环保标准。例如,目标可能是减少生产过程中的废物输出比例,提升原料的转化率,或者达到无事故的工作月。企业设定这些目标时应与员工进行详细的讨论,并确保每位员工都明确自己的职责和预期成果。

(2)绩效跟踪

绩效跟踪是绩效管理中的连续过程,它涉及监控和记录员工的工作表现,以及与设定目标的对比。这一过程需要实时反馈和适时调整,以确保目标的实现。例如在卓越企业,通过月度和季度审查进行绩效跟踪,过程中会详细讨论每个部门和个人的绩效数据。公司使用高级数据分析工具来监测关键绩效指标,如生产量、能效、产品质量和安全记录。这些数据帮助管理层了解进度、及时发现问题,并提供必要的支持或资源调整。

(3)绩效考核

绩效考核是绩效管理过程中的关键阶段,它不仅包括对员工绩效的最终评价,还包括与员工进行结果沟通。这一阶段的目的是总结员工的工作表现,提供反馈,奖励表现优秀的员工或对表现不佳的员工进行必要的培训或调整。例如在卓越企业，绩效考核通常在年终进行，评估标准包括定量的业绩数据和定性的行为表现。考核结束后，管理者会与员工进行一对一的绩效沟通。在这些会谈中，不仅讨论绩效结果，也会探讨员工的职业发展和未来的目标设定。此外，对于表现突出的员工，企业会提供奖金、晋升机会以及更多的职责。而对于需要提升的员工，企业会提供额外的培训资源或指导。

通过这一综合的绩效管理流程，化工企业能够确保其运营的高效性和安全性，同时激励员工追求卓越，促进个人和组织的共同发展。这种系统的绩效管理不仅能提升员工的满意度和忠诚度，也能为企业的长期成功打下坚实的基础。

4.6.4　绩效管理工具和方法

在化工企业中，生产绩效管理是确保组织效率和最大化产出的关键。通过各种工具和方法，如绩效评估系统、360度评估和目标管理系统（OKR），企业能够系统地评估和优化员工的工作表现。这些工具和方法不仅涵盖质量、数量、成本和时间的综合评价，还包括来自多方面的反馈，确保绩效管理的全面性和公正性。通过定期的评估和目标设置，企业不仅能够监控和提升个人和团队的生产效率，还能确保员工目标与企业的战略目标保持一致，从而驱动整个组织向预定的商业目标前进。这种综合性的绩效管理策略是化工企业持续改进和竞争力增强的基石。

① **绩效评估系统**。一种系统的过程，通过定期评估来衡量员工的工作绩效，通常包括质量、数量、成本和时间四个方面。例如化工企业可能采用年度绩效评估，评估员工在安全遵守、生产目标达成、质量控制和团队协作方面的表现。

② **360度评估**。一种全面的反馈系统，员工的表现不仅由直接上级评估，还包括同事、下属甚至客户的反馈。例如在项目完成后，组织一次360度评估反馈，评估项目经理的领导能力和团队合作能力。

③ **目标管理系统（OKR）**。一种目标设定框架，帮助公司确保员工的短期目标与组织的长期目标一致。例如设定季度OKR为提高生产效率5%、减少能源消耗10%，并跟踪进展。

4.6.5　案例：绩效管理引领并购的海外公司扭亏为盈

万华化学收购并重组匈牙利BC公司的案例是一个典型的通过资本输出、技术输出、管理输出、文化整合转变企业命运的成功例子。这一过程中，尤其值得注意的是绩效管理系统的引入和优化，它在企业文化改造和生产效率提升中起到了关键作用。

首先，万华化学对 BC 公司进行了全面的业务审查和员工能力评估。这一审查和评估揭示了一个显著问题：BC 公司有着不少的优势，但缺乏系统的绩效管理，导致员工缺乏明确的工作目标和动力，这直接影响了公司的生产效率。万华化学团队因此决定从根本上改变这一局面，通过建立一套完善的绩效管理体系来重新激活员工潜能和优化生产流程。

绩效管理体系的建立首先从设定明确、量化的工作目标开始。万华化学引入了 SMART 原则，要求每个部门和员工的目标设置都要遵循这一准则。接着，通过引入关键绩效指标（KPI），万华化学将这些目标与公司的总体战略目标对齐，确保每个部门的努力都能对公司的长远发展作出贡献。

此外，万华化学还采用了一个全面的绩效评估系统，内容包括定期的绩效回顾会议和绩效反馈机制。这些会议和机制不仅为员工提供了反馈和改进的机会，也使管理层能够及时了解各部门的运行情况，并及时调整策略。为了增强员工的责任感和归属感，公司还根据绩效结果实施了奖励和激励措施，包括奖金、晋升机会以及职业发展计划。

在这一系列措施的影响下，BC 公司的员工开始展现出前所未有的积极性和创造力。生产装置的效率得到显著提升，产品质量也有了大幅提高。绩效管理不仅改善了公司的经营状况，也促进了企业文化的正向发展，员工更加认同公司的目标和价值观。

随着 BC 公司绩效管理体系的建立和优化，万华化学不仅成功地扭转了其亏损状况，每年实现数亿欧元的净利润，使其逆袭成为匈牙利业绩最好的化工企业，更通过这一案例展示了万华化学在国际化管理实践中的能力和前瞻性。这种综合的管理输出模式，为万华化学在全球化市场中的进一步扩张奠定了坚实的基础。

4.6.6 绩效管理常见问题

在化工企业，绩效管理出现的问题可能会对员工的积极性和企业的整体效率产生不良影响。

首先，绩效标准不一致的问题尤为突出。不同团队或个人之间的绩效标准不一致，会影响公正性和员工的士气。例如，在同一家企业中，两个生产装置部门如果采用不同的绩效评估标准，可能会使员工感到不公平，影响工作积极性和团队合作。

其次，重结果、轻过程的问题也很常见。只重视结果而忽略过程，会错失持续改进的机会。例如，企业如果只关注最终的生产数量而不重视生产过程中的质量控制和安全管理，可能会引发产品质量问题、增加安全隐患。

绩效反馈延迟是一个常见问题。绩效反馈不及时，员工就无法及时调整和改进。例如，如果一位化工车间的操作员在季度末才收到上季度的绩效反馈，可能就已经错过了改进工作方法和纠正错误的机会。

绩效考核缺乏客观性的问题也需要引起重视。考核标准主观性强，容易引发争议和不满。例如，企业的员工如果感到其绩效评价主要取决于上司的个人意见而非客观标准，可能就会产生不满和抵触情绪。

绩效不与奖励挂钩也是一个问题。优秀绩效未能得到相应的认可和奖励，会打击员工的积极性和工作热情。例如，一位在项目中表现出色的研发工程师，如果未能获得相应的奖金或晋升机会，可能会感到失望和不满。

缺乏个性化绩效管理也是一个问题。绩效管理方案缺乏针对性和个性化，就无法有效激励不同类型的员工。例如，企业如果对所有员工采用相同的绩效评估和激励方案，可能无法充分激发研发人员和生产工人的不同潜力。

忽视团队绩效的问题也需要注意。过分强调个人绩效，忽视团队整体绩效，会影响团队合作和整体效率。例如，企业如果只奖励个人而不考虑团队的贡献，可能会导致团队成员之间的竞争加剧，影响合作和项目进展。

绩效管理工具落后也是一个需要解决的问题。使用的绩效管理工具不符合现代管理要求，可能会影响绩效评估的准确性和效率。例如，企业如果仍然依赖手工记录和评估，可能会面临数据不准确和评估效率低的问题。

绩效数据分析不足也会限制绩效管理的效果。缺乏对绩效数据的深入分析和应用，会影响企业的决策和改进。例如，如果企业没有对生产数据和绩效指标进行系统分析，可能无法发现生产过程中的瓶颈和改进机会。

最后，绩效考核周期过长的问题也需要引起重视。绩效考核周期过长，不利于及时调整和优化。例如，企业如果每年只进行一次绩效评估，可能会错过很多改进和优化的机会，影响企业的灵活性和竞争力。因此，企业需要缩短绩效考核周期，以便于及时发现和解决问题，提升整体绩效管理水平。

4.6.7　绩效管理诊断

表4-7可以帮助企业详细评估其绩效管理的现状，并根据评价结果进行针对性的改进，以提高绩效管理的效率和有效性。

表 4-7　绩效管理诊断表

绩效管理原则	优——5分	良——4分	中——3分	差——2分	未开始——1分
目标明确	所有员工都有清晰、具体且与企业战略紧密对齐的目标，理解并积极执行	大部分员工有明确目标，但部分目标与企业战略对齐度有待提高	一些员工目标不够具体或与企业战略对齐不充分，影响执行效果	多数员工目标模糊，难以衡量或不与企业战略对齐，导致低效执行	未为员工设定明确的绩效目标
持续反馈	管理者提供及时且定期的正向和建设性反馈，优化员工绩效	反馈及时但部分缺乏建设性，或不够频繁，略影响绩效改进	反馈不够及时或不具建设性，员工绩效改进受限	反馈稀少且效果差，员工绩效问题长期未解决	未实施绩效反馈机制
员工发展	提供丰富的培训和发展机会，支持员工职业成长与晋升，与绩效管理紧密结合	提供一定的发展机会，但与员工需求和绩效管理结合不够	培训和发展机会有限，仅满足基本要求，未能有效支持员工成长	培训和发展机会稀少，对员工职业成长几乎无帮助	未为员工提供培训和发展机会
公正透明	绩效管理系统完全公平且透明，评估标准明确，沟通渠道开放	绩效评估大体公平且透明，但部分评估标准或沟通渠道有待优化	绩效评估存在一定的不公平或不透明情况，影响员工信任	绩效管理系统不公平且缺乏透明度，员工感受到明显不公	完全缺乏公平和透明的绩效管理系统
奖励认可	有高效的奖励和认可机制，显著激励员工绩效，与员工实际贡献紧密相关	奖励和认可机制存在，但激励效果一般，须进一步调整以提高相关性	奖励和认可机制不够有吸引力，部分与员工贡献不匹配，影响激励效果	奖励和认可机制稀少或执行不当，几乎无法激励员工	完全没有实施奖励和认可机制

4.7 沟通——管理的神经，力求灵、快、勤

4.7.1 沟通管理概述

在化工企业中，沟通的重要性不容忽视，它对于确保工作效率、安全生产和维持组织稳定性起着至关重要的作用。有效的沟通能够确保所有相关人员都能准确、及时地接收和理解关键信息，从而避免误解和操作错误，降低发生安全事故的风险。

沟通在化工企业的所有层级中都至关重要，从高层管理到基层操作人员，包括安全监督员及外部的供应商、客户和监管机构。这种全方位的沟通确保了从战略决策到日常操作的每一个环节都能得到良好的支持。例如，管理层需要与员工沟通公司的策略和操作标准，员工之间需要交流具体的操作细节和安全措施，而与外部利益相关者的沟通则有助于企业满足市场需求和法规要求。

沟通的内容包括但不限于生产数据、安全规程、操作指南、质量控制信息以及管理决策等。这些信息的流动对于企业的顺利运营是不可或缺的。为了有效地传递这些信息，化工企业采用了多种沟通方式，如面对面会议、电子邮件、内部报告和实时通信工具等。这些工具和方法的选择旨在确保信息的及时更新和精确传递。

在何时进行沟通方面，持续的日常沟通是必要的，但在进行生产调整、安全事故处理或危机管理时，需要提升沟通频率和明确性。此外，定期的会议和报告制度有助于保持信息的连续性和透明度，使所有人都能够及时获取关键信息并作出相应的反应。

沟通的地点包括企业的各个地点，如生产线、办公区和会议室。对于跨地区甚至国际化的化工企业，利用高效的远程沟通技术也极为关键，这有助于保证信息在全球范围内的一致性和实时性。

总之，建立和维护一个高效的沟通体系对化工企业而言是一个持续的任务，关系到企业的整体表现和长期成功。通过优化沟通流程和工具，化工企业可以提高其安全标准，增强团队合作，并更好地应对市场变化和挑战。

4.7.2 沟通管理5个原则

在化工企业中，有效的沟通管理是确保安全和高效运营的关键。遵循以下5

个沟通管理的原则，并结合实际应用实例，有助于企业建立一个全面、有效的沟通体系。

① **清晰无误**。在化工企业中，必须使用清晰、准确的语言编写操作手册和安全规程，确保所有步骤描述简明扼要，易于操作人员正确执行。例如卓越企业制作了详细的危险化学品处理指南，每一个步骤都以简明扼要的语言描述，并附有操作示意图。这些指南经过多次审阅和测试，确保每位操作人员都能理解和遵循，避免了因模糊或复杂的指令而导致的操作错误。

② **即时传达**。化工企业在面临紧急情况（如化学泄漏）时，必须立即通知相关部门和员工，可通过建立自动化的警报系统和即时的沟通渠道，确保关键安全信息能够迅速且准确地传达给所有相关人员。例如企业安装了高效的自动化警报系统，能够在发生异常紧急情况时，立即向全厂员工发送警报信息。系统通过短信、电子邮件和现场广播多渠道传达，确保所有相关人员在最短时间内获得关键信息，并迅速采取应对措施。

③ **双向互动**。化工企业可以通过定期的安全和操作反馈会议，促进员工与管理层之间的双向沟通。在这些会议中，员工可以提出工作中遇到的问题和改进意见，管理层则提供必要的支持和资源，提升员工的参与感和满意度。例如定期举行安全和操作反馈会议，所有部门的代表都会参与。会议上，员工可以自由提出工作中遇到的问题和改进建议。管理层认真听取这些反馈，并及时提供解决方案或资源支持。这不仅增强了员工的参与感，也大大提高了工作效率和安全性。

④ **规范专业**。在多元化的工作环境中，必须采用统一的专业术语和符号，以避免产生误解。化工企业中，对于危险品的标志、操作步骤的标准化术语等，都需要严格规范。例如在所有操作手册中使用统一的专业术语和符号，所有危险品标志都严格按照标准规范设计，并在每个工作区域清晰标示。操作步骤中也使用了统一的术语，确保任何其背景和经验的员工都能准确理解和执行。

⑤ **避免过载**。控制沟通中的信息量，确保关键信息不被边缘化。在化工企业中，可以通过精简会议内容和报告，只传达最关键的操作和安全信息，避免不必要的信息干扰。例如在每次会议和报告中严格控制信息量，只传达最关键的操作和安全信息。每次会议前都会提前设定议程，确保讨论内容集中在最重要的问题上。会议记录和报告也经过简化处理，突出重点信息，避免了因信息过载而导致重要信息被忽视的情况。

这些原则及其在化工企业中的应用实例，能够帮助企业更有效地管理内部和外部沟通，确保信息的准确性和及时性，同时增强员工的参与感和公众的信任。

4.7.3　沟通管理过程

在化工企业的管理中，沟通扮演着至关重要的角色。沟通管理的过程通常可以分为三个主要阶段，即规划、执行和跟进。每个阶段都有其独特的功能和重要性，它们共同确保了信息的有效流动，从而支持企业的整体运营和战略目标的实现。

（1）沟通规划

在规划阶段，化工企业需要明确沟通的目的、对象、方式和频次。首先，明确沟通的目的是关键，这决定了沟通活动的重点和期望成果。例如，是为了解决生产线上的安全问题，还是为了推广新的操作标准，抑或是为了内部管理改革。接下来，确定沟通的对象也同样重要，这涉及企业内部的不同层级，如一线操作工、技术人员、管理层以及必要时的外部利益相关者（如供应商或监管机构）。

选择合适的沟通方式和频次也至关重要。在化工企业中，沟通方式可能包括内部会议、电子邮件、企业内部网、面对面的日常对话。频次则需要根据沟通内容的紧急程度和重要性来决定。例如，对于日常操作问题的沟通可能需要每日进行，而对于长期战略规划的沟通可能每季度进行一次。

（2）沟通执行

执行阶段是沟通计划转化为实际行动的过程。在这一阶段，确保沟通信息的准确性和时效性是关键。化工企业可能会设立专门的沟通团队来管理这一过程，其主要工作包括撰写沟通材料、组织会议、发送更新通知等。例如在引入新的化学物质处理程序时，通过研讨会和培训会议可以确保每位员工都理解新的安全规定。

此外，执行阶段还需要考虑到信息的双向流动。化工企业中的沟通不应只是自上而下的指令传达，也应包括自下而上的反馈循环。例如，一线工人可能会在实际操作中发现问题并反馈给技术部门，技术部门再将处理结果通告给全体员工，以优化操作流程。

（3）沟通跟进

最后的跟进阶段是检验沟通效果和闭环处理的阶段。在这一阶段，化工企业需要评估沟通活动的成效，并根据反馈进行必要的调整。这可以通过问卷调查、员工访谈、会议记录等方式进行。例如，企业可能在引入新的生产技术后进行一次员工满意度调查，以评估沟通的有效性和查明还存在哪些问题未被解决。

此外，跟进阶段也是确认沟通后续工作落实和关闭的关键时刻。在化工企业中，这常常关系到业务问题的解决，能确保每项通过沟通启动的行动都有明确的结束和记录，是防止未来问题和误解的重要措施。

通过这三个阶段的管理，化工企业能够确保沟通的有效性，从而支持企业运营的顺利进行和持续改进。在高风险的化工行业，优秀的沟通管理不仅能提升生产效率，更能直接影响到企业的安全生产和长期发展。

4.7.4 沟通管理工具和方法

在化工企业中，高效的生产沟通管理是确保操作流畅和促进团队协作的关键。通过内部通信系统、反馈机制、沟通培训、跨部门会议、知识共享会议、开放式办公环境以及危机沟通计划等工具和方法，企业能够在组织内部和外部有效地传递信息和增强交流。这些工具能确保信息快速准确地流通，有助于解决问题，提升员工参与度，并加强决策过程的透明度。通过这种系统化的沟通管理，企业不仅能够增强内部协作，还能在面临挑战时迅速有效地响应。

① **内部通信系统**。使用现代通信工具和技术（如公司内部网站、电子邮件、内部聊天应用、会议软件等），确保信息在组织内部有效流通。例如利用内部即时通信工具来加强项目团队之间的日常沟通和信息共享。

② **反馈机制**。建立系统的方法来收集、分析和回应内部和外部反馈，以提高服务质量和员工满意度。例如定期开展员工满意度调查，并对结果进行分析，以便制定改进措施。

③ **沟通培训**。为员工提供沟通技巧培训，包括有效的听力技巧、言语和非言语沟通技巧，以及处理冲突的技巧。例如为前线管理人员和客户服务团队提供定期的沟通技巧培训，特别强调在处理投诉和危机时的沟通策略。

④ **跨部门会议**。定期组织不同部门之间的会议，讨论跨部门项目、资源共享和策略协调。例如在每月举行的跨部门战略会议上，讨论如何制订生产、市场和研发之间的协同工作计划。

⑤ **知识共享会议**。定期举行的会议，旨在分享最佳实践、技术更新和个案学

习。例如定期组织知识分享会议，让员工展示他们在项目中的创新和学习成果，鼓励知识传播和团队合作。

⑥ **开放式办公环境**。物理空间设计，以促进员工之间的开放交流和协作。例如设计开放式办公空间，鼓励不同部门的员工交流创新想法和解决方案。

⑦ **危机沟通计划**。制定详细的计划，以便在发生危机时，快速、有效地将信息传递给所有关键利益相关者。例如准备好一套危机沟通预案，包括首先通知内部安全团队，然后是通知相关政府机构和公众，确保透明度和快速响应。

4.7.5　案例：咖啡时间

咖啡时间作为万华化学的一种创新沟通形式，是高层管理者与员工间交流的重要桥梁。这种沟通形式旨在创造一个更加轻松和开放的环境，以促进更自由的对话。咖啡时间通常在公司的会议室举行，每次会议邀请一组不同的员工，保证公司每个层级的员工都能与高管直接对话，这种设置旨在消除职位之间的隔阂，增强内部沟通的直接性和有效性。

在咖啡时间中，员工有机会直接向高层提出任何问题或建议，无论是关于公司的运营策略、员工福利、职场环境改善还是个人职业发展等话题都可以。这种无话题限制的开放性是咖啡会议的核心特点，它鼓励员工表达真实的意见，同时也使管理层能够从基层员工的直接反馈中获得宝贵的洞见。

高层领导在会议中的角色不仅只是倾听者，他们还会积极参与到对话中，对员工提出的问题进行回应和解答。这种互动不仅限于口头交流，许多时候，一些紧急或重要的问题会在会议中即时得到决策或安排跟进，这极大地提升了会议的实际效用。

此外，咖啡时间也致力于营造一种非正式和放松的氛围，帮助员工放松心情，更自由地表达思想。这种轻松的环境有助于打破层级障碍，使员工感觉更被尊重和更具价值，从而增强内部的团队精神和企业凝聚力。

总之，咖啡时间在企业中不仅增进了员工和管理层之间的理解和信任，还提高了决策的透明度和响应速度。通过这种方式，企业能够更有效地识别和解决内部问题，同时激发员工的参与感和归属感，为企业的持续发展和创新打下坚实的基础。

4.7.6 沟通管理常见问题

在化工行业，沟通管理出现的问题可能会对企业的决策效率和执行力产生严重影响。首先，不及时沟通的问题尤为突出。信息传递延迟会直接影响决策和执行的时效性。例如，如果一项重要的安全通知没有及时传达到生产线，可能会导致操作员继续使用存在隐患的设备，从而引发安全事故。

其次，沟通方式单一也是一个常见问题。依赖单一的沟通渠道无法满足多样化的沟通需求。例如，企业如果只通过电子邮件进行内部沟通，可能会错过不使用电子邮件或不常查看邮件的员工的反馈，从而影响信息的全面传达和执行。

信息过滤或扭曲是沟通中的一个大问题。在信息传递过程中，如果信息被过滤或扭曲，最终会导致决策失误和执行偏差。例如，一位中层管理者在向高层报告生产问题时，如果为了显示业绩好而隐瞒了某些负面信息，高层管理者可能会作出错误的决策。

缺乏开放的沟通环境也是一个管理问题。员工如果在沟通中感到不被鼓励表达意见或反馈问题，会影响整体工作效率和创新能力。例如，如果一线操作员发现生产流程中的潜在问题，但害怕上级的批评而不敢提出，最终可能会导致问题进一步恶化。

管理层与基层脱节是一个需要解决的问题。管理层与基层员工之间存在沟通鸿沟，会导致管理决策与实际执行脱节。例如，一家化工厂的高层制定了一项新的生产政策，但未能与基层员工充分沟通和进行培训，导致基层员工不了解新政策的具体内容和操作方法，最终影响了政策的执行效果。

跨文化沟通障碍在多文化环境中尤为明显。在全球化的化工企业中，不同文化背景的员工在沟通中容易产生误解。例如，一家跨国化工公司如果未能为员工提供跨文化沟通培训，可能会导致国际团队之间协作不畅，影响项目进展。

技术支持不足也会影响沟通效率。特别是在远程或异地团队的沟通中，缺乏有效的沟通技术支持会降低沟通效率和效果。例如，企业如果没有配备先进的视频会议系统，远程团队之间的沟通可能会受到限制，影响项目协作和进度。

沟通内容缺乏针对性是一个需要注意的问题。沟通内容和方式未针对不同的听众进行优化，会影响信息的理解和执行。例如，技术部门和市场部门对同一信息的关注点和理解方式可能不同，如果沟通内容没有根据不同部门的需求进行调整，可能会导致信息传达不清和执行不到位。

重要信息缺乏重复强调也是一个管理问题。关键信息未被足够强调，员工可能会忽视或误解。例如，关于安全操作规程的重要信息如果仅在一次会议上提及，员工可能会遗忘，导致操作失误和增加安全隐患。

4.7.7 沟通管理诊断

表4-8可以帮助企业详细评估其沟通管理的现状，并根据评价结果进行针对性的改进，以提高沟通管理的效率和有效性。

表4-8 沟通管理诊断表

沟通管理原则	优——5分	良——4分	中——3分	差——2分	未开始——1分
清晰无误	所有沟通材料均清晰、准确、无误解，且完全符合行业标准	沟通材料大部分清晰，偶尔有小误解，但不影响操作安全	沟通材料时常模糊，需额外解释，影响日常操作效率	沟通材料晦涩难懂，频繁引发误操作或安全事故	缺乏有效的沟通标准或材料
即时传达	关键信息能够实时传达给所有相关人员，无延误	大部分关键信息及时传达，偶有小延误，但不影响关键操作	关键信息传达有时延迟，影响部分紧急响应	关键信息传达严重延迟或未能传达，导致操作风险	没有关键信息的即时传达机制
双向互动	双向沟通频繁且有效，员工积极参与，管理层积极响应	有一定的双向沟通，但参与度或响应速度有待提高	双向沟通不足，员工或管理层参与度低	几乎没有双向沟通，问题反馈无人响应	完全缺乏双向沟通机制
规范专业	统一使用规范的专业术语，无任何误解	大部分情况下使用规范术语，偶尔有小误用	时常有术语使用不当的情况，需要纠正	经常使用错误或非标准术语，导致沟通混乱	未制定或未使用任何专业术语规范
避免过载	有效控制信息量，确保关键信息突出，无信息过载现象	大部分情况下信息量适中，偶尔有过载现象	经常出现信息过载现象，影响关键信息的接收	信息过载严重，关键信息常被忽略	未对信息进行筛选或优化，信息总是过载

4.8　6 要小结

　　生产运营管理的 6 大核心要素各有要点：理念主要由高层管理者及全体员工持续维护，通过培训和文化活动确保与公司目标一致；目标则由管理者及员工设定，通过明确的绩效指标追踪推动公司前进；组织结构由 HR 及部门管理者在策略调整时优化，以提高资源效率；知识技能的提升依赖于员工及培训团队的持续学习，旨在适应岗位和行业变化；绩效由管理者和员工通过定期评估来激励与提升，使用绩效管理工具来实现；而沟通则贯穿于全体员工和管理者，通过有效工具和定期会议来增强团队协作和透明度。这些要素相互协作，共同构成了企业管理的全景，确保了组织的高效运作和持续发展。

　　理念要清晰，目标要强劲，组织要健全，知能要发达，绩效要顺畅，沟通要灵敏，各个核心要素间协同配合，企业就会呈现最好的状态，犹如一个全能的勇士，可以赢得一个又一个胜利，并在实战中不断磨砺，越来越强。

第5章

7 项能力
——安环、质量、成本、交期、人力、工艺、设备

5.1 7 项能力各有焦点

在化工企业的生产和运营管理中，有效的管理体系是确保企业高效、安全运行的关键。化工企业的七项能力——安环、质量、成本、交期、人力、工艺、设备，各自有其独特的管理焦点以及对应的代表性的管理方法（表 5-1）。

表 5-1　7 项能力的焦点及代表性的表单方法

管理方面	焦点	说明	代表性的表单	代表性的管控方法
安环管理	风险	预防安全事故和环境污染	安环风险辨识表	风险评估与控制措施
质量管理	风险	确保产品符合质量标准和客户需求	质量风险辨识表	风险分析和质量控制
成本管理	波动	控制成本并优化资源使用	成本动因表	成本分析与预算控制
交期管理	异常	确保产品按时交付且在过程中减少延误	异常记录表	追踪与管理生产异常
人力管理	需求	满足员工需求并提高员工满意度与生产效率	马斯洛夫需求满足表	员工需求分析与激励措施
工艺管理	失控	确保生产过程稳定和符合技术规范	工艺关键点控制表	监控关键工艺参数和调整工艺
设备管理	失效	防止设备故障影响生产	设备 FMEA 表	设备维护计划和故障预防措施

（1）安环管理——基于风险的管理

安环（安全环保）管理是化工企业中最为重要的方面之一，涉及企业的生产安全和环保责任。在这一管理领域中，使用《安环风险辨识表》是常见的做法，这可以帮助企业识别潜在的安全隐患和环境风险，实现以预防为主的管理效果。通过系统地评估原材料、生产过程、废物处理等各环节的风险，企业能够制定出有效的应对措施，减少事故发生的概率，确保生产活动不对环境造成不可逆的损害。

（2）质量管理——基于风险的管理

质量管理关注产品是否满足既定的标准和客户要求。在化工行业中，质量问题会带来严重的后果，因此采用《质量风险辨识表》来预测和控制可能的质量变异是非常必要的。这种方法有助于企业从源头上控制风险，比如原料的质量控制、生产过程的监控以及最终产品的检验等，都是质量管理不可或缺的部分。

（3）成本管理——基于波动的管理

成本管理在化工企业中同样至关重要，特别是在原料和能源成本不断变动的背景下。通过《成本动因表》，企业能够追踪成本波动的原因，从而更好地控制和优化成本结构。这一工具能帮助企业分析各种成本因素（如原材料价格、能耗、人工成本等）如何影响总成本，并据此调整生产策略，提升成本效率。

（4）交期管理——基于异常的管理

交期管理聚焦于产品的交付时间和过程中的各种异常。企业使用《异常记录表》可以记录和跟踪生产过程中出现的任何非计划事件，如设备故障、原材料供应延迟等。通过对这些异常的及时响应和处理，企业能够有效地缩短交货周期，提高客户满意度。

（5）人力管理——基于需求的管理

人力（人力资源）管理以《马斯洛夫需求满足表》为工具，关注员工需求的满足与激励。马斯洛夫认为，员工的需求从基本的生理需求到自我实现需求不等，管理者应通过采用各种激励措施来满足这些需求，从而提高员工的工作效率和企业的整体绩效。

（6）工艺管理——基于失控的管理

工艺管理是确保生产过程稳定、效率和质量达标的关键。使用《工艺关键点控制表》可以帮助企业监控生产中的关键变量，防止工艺失控。此类管理工具能确保生产活动在预定的参数范围内运行，避免生产偏差带来的风险和损失。

（7）设备管理——基于失效的管理

设备管理采用《设备 FMEA（失效模式与影响分析）表》来预防设备故障。这一方法通过分析设备可能的失效模式及其对生产的影响，帮助企业提前采取措施，以减少停机时间，延长设备的使用寿命，从而保障生产的连续性和稳定性。

通过采用各种专业的管理方法和工具，化工企业能够在保障安全环保、控制质量、优化成本、确保及时交付、满足员工需求、保持工艺稳定和设备良好运行的同时，实现持续改进和竞争力的提升。

5.2　7 项能力的专业核心要素

化工企业每项能力都包含 10 个核心要素，即通用的理念、目标、组织、知能、绩效、沟通以及 4 个具体专业核心要素（表 5-2）。这些核心要素共同构成了全面的管理体系，确保各领域的有效运行和持续改进，从而提高企业整体管理水平。

表 5-2　7 项能力的核心要素

能力	理念	目标	组织	知能	绩效	沟通	专业领域			
安环	安环理念	安环目标	安环组织	安环知能	安环绩效	安环沟通	安环设计	安环预防	安环控制	安环改进
质量	质量理念	质量目标	质量组织	质量知能	质量绩效	质量沟通	质量策划	质量控制	质量改进	客户成功
成本	成本理念	成本目标	成本组织	成本知能	成本绩效	成本沟通	成本策划	成本设计	成本控制	成本改进
交期	交期理念	交期目标	交期组织	交期知能	交期绩效	交期沟通	需求预测	产量计划	计划执行	交期优化
人力	人力理念	人力目标	人力组织	人力知能	人力绩效	人力沟通	人才选拔	人才使用	人才培育	人才保留
工艺	工艺理念	工艺目标	工艺组织	工艺知能	工艺绩效	工艺沟通	工艺设计	工艺控制	工艺优化	工艺技改
设备	设备理念	设备目标	设备组织	设备知能	设备绩效	设备沟通	设备使用	设备维保	设备维修	大修改造

① **安环管理**。在安环管理中，设计、预防、控制和改进是 4 个核心专业领域。在设计方面，企业需要对设施和流程进行安全和环保设计，以确保符合相关法规和标准，并通过风险评估消除潜在危害。实施预防措施，包括培训、制度和技术手段，以避免事故和环境污染，例如制定紧急预案和安装安全防护装置。控制则是指通过监测系统、定期检查和审计来确保操作符合标准，并及时纠正违规行为。在改进过程中，企业须不断评估和优化安环管理体系，结合新技术和最佳实践提升绩效，通过分析事故和事件制订改进计划并跟踪效果。

② **质量管理**。质量管理涵盖质量策划、控制、改进和客户成功 4 个方面。质量策划是指在产品和服务开发过程中制订详细的质量计划，明确质量目标和标准，确保各阶段符合预期要求。控制是指通过原材料检验、生产过程监控和成品检测，保证产品和服务质量。改进则持续进行，通过数据分析和反馈机制不断优化生产流程和质量管理体系。客户成功是指注重客户满意度，通过建立反馈机制和及时解决问题，确保客户获得良好体验和支持，从而提升客户忠诚度。

③ **成本管理**。成本管理包括成本策划、设计、控制和改进 4 个专业领域。成本策划是指在项目开始前进行详细预算，确定各项活动和资源的成本，并制定控制策略。在设计阶段应考虑成本效益，选择经济可行的方案，同时满足质量和功能要求。在执行过程中，通过预算监控和成本核算确保实际支出不超预算，并及时采取措施纠正偏差。改进则是指通过成本分析和优化措施，持续改进成本管理，降低不必要的开支，提高资源利用效率。

④ **交期管理**。交期管理涉及需求预测、产量计划、计划执行和交期优化 4 个方面。需求预测是指利用市场分析、历史数据和预测模型，准确预测产品和服务需求，确保生产计划与市场需求匹配。产量计划是指拟定详细的生产目标、时间表和资源需求，确保生产顺畅。在计划执行过程中，严格按照生产计划进行，监控生产进度，及时解决问题，确保按时交付。交期优化是指通过改进生产流程、提高效率和加强供应链管理，缩短交期，提高客户满意度。

⑤ **人力管理**。人力管理包含人才选拔、使用、培育和保留 4 个专业领域。在人才选拔时制定科学的标准和流程，通过多种评估手段选拔合适人才，建设高素质员工队伍。在人才使用方面，根据能力和特长合理分配岗位和任务，充分发挥员工潜力。人才培育是指提供系统培训和发展机会，丰富员工知识和技能，促进职业发展和企业成长。人才保留意为通过激励和保留政策，增强员工归属感和忠

诚度，减少人才流失。

⑥ **工艺管理**。工艺管理涉及工艺设计、控制、优化和技改 4 个方面。在工艺设计中，制定和优化工艺流程，确保科学性和高效性，提升产品质量和生产效率。控制是指通过严格的工艺措施，监控和调整工艺参数，确保生产过程稳定可靠。优化是指不断改进工艺流程，利用新技术和最佳实践，提升工艺水平，降低成本，提高效率。技改即进行技术改造，更新设备和工艺，以提升生产能力和竞争力，适应市场需求变化。

⑦ **设备管理**。设备管理涵盖设备使用、维保、维修和大修改造 4 个专业领域。设备使用是指制定操作规范和使用指南，确保设备正确操作和高效运行，延长寿命。在维保过程中进行定期维护和保养，预防设备故障，保证其可靠性和稳定性。在维修时应及时处理设备故障，使其快速恢复运行，减少停工时间和损失。大修改造是指定期进行设备更新，提升性能和生产能力，适应生产需求变化，确保设备始终处于最佳状态。

通过这些管理要素的全面覆盖和相互支持，化工企业能够系统化地提升各项能力的管理水平，确保生产运营的高效、安全和可持续发展。

5.3　5 化方法是提升 7 项能力的关键

在化工企业管理中，将 5 化方法——流程化、标准化、精益化、数字化和智能化系统性地应用于专业能力的提升，已成为提高竞争力的关键策略。通过这些方法，企业能够在 7 个关键的业务领域中实现显著的业绩进步和能力提升（表 5-3）。

通过实施流程化、标准化、精益化、数字化和智能化的措施，不仅能优化现有流程，提高操作的标准化水平，还能通过引入先进的技术，如人工智能和机器学习，加强对关键操作的监控和预测。这种综合性的方法确保了企业在竞争激烈的市场中能够持续优化其操作流程，增强可持续竞争力，并实现长期的业务成功。

表5-3 7项能力的5化提升做法示例

能力	流程化	标准化	精益化	数字化	智能化
安环管理	建立完整的安全环保操作程序和应急流程	实施安全标准化，遵循法规要求，提升安全文化和员工安全意识，提升安全绩效	实施5S管理，优化现场环境和设备状态，减少安全隐患，提高工作效率和安全标准	安装实时监控系统以监控危险源	利用AI和机器学习预测和预防安全事故
质量管理	定义质量控制流程，确保产品符合规格	遵循质量管理体系标准，如ISO 9001:2015	实施全面质量管理和持续改进的策略	使用质量管理软件跟踪产品质量	应用机器视觉系统检测生产线上的缺陷
成本管理	采用成本计算和控制流程	制定成本控制标准，如成本核算标准	应用价值流分析以减少浪费	实现成本信息的实时数据采集和分析	采用预测性分析优化资源配置和降低成本
交期管理	制订明确的物料需求计划和供应链流程	供应链管理标准化，如制定供应商评估标准	采用精益库存策略以减少库存成本	使用ERP系统管理订单和物流	集成高级规划和调度算法以提升供应链响应速度
人才管理	建立人才招聘、培训及发展流程	制定人力资源管理标准，如绩效考核标准	开展精益思维培训和员工持续教育	引入人才管理系统	利用大数据分析人才趋势和需求
工艺管理	生产操作流程规范化	应用工艺标准化，如标准操作规程（SOP）	实施持续流动和减少生产中断的策略	部署工艺管理系统以优化生产效率	引入人工智能进行工艺优化和故障预测
设备管理	建立设备维护和检修流程	施行设备管理标准，如设备维护标准	应用设备效率优化和故障率降低的精益方法	部署设备管理系统以监控设备状态	应用AI和机器学习预测和预防设备失效

第6章

安环管理能力

——极高责任

6.1 安环管理概述

安环管理的目的是确保化工企业的生产过程在安全和环境友好的条件下进行，防止发生事故和造成污染，保障员工和周边社区的健康和安全。其管理范围包括风险评估、事故预防、应急响应、环境保护措施、法规遵从、安全培训、设备安全管理和废弃物处理等。

化工企业的安环管理是企业运营中一项至关重要的责任。首先，化工企业必须严格遵循国家、地方的环境保护和安全生产法律法规。遵守这些法律法规不仅是为了避免因违法而可能遭受的法律制裁，如重罚和业务停摆，这更是化工企业作为社会成员应尽的责任。不遵守这些规定可能导致的不仅仅是短期的经济损失，更有可能带来对公众健康和自然环境的长期损害，这种损害可能是不可逆转的。

此外，考虑到化工产品及其生产过程所涉及的化学物质通常具有潜在的高危险性，化工企业须实施严格的安全控制措施以及周密的应急管理系统。这些措施旨在预防如火灾、爆炸或有毒化学物质泄漏等灾害性事件的发生，不仅确保工作人员的生命安全，也保护周边社区居民的健康与福祉。

在环境保护方面，化工企业负有减少生产活动对环境影响的重要责任。企业应通过采用先进的污染控制技术和优化生产工艺来减少废水、废气和固体废物的产生与排放。例如，采用闭环回收系统可以有效地回收和重用在生产过程中产生的废水和废气，从而减少对环境的影响。

良好的安环管理不仅能减少事故的发生，避免因事故造成的人员伤亡和环境污染，还能显著提升企业的社会形象和市场竞争力。在当前消费者和投资者日益关注企业环境和社会责任的背景下，展现出优秀的安全环保能力的企业能够获得更广泛的市场认可和社会支持。

最后，随着技术进步和管理理念的不断更新，化工企业也需要对安环管理工作持续进行自我审视和改进。企业应该积极探索和采用更加高效、环保的生产技术和管理策略，推动整个行业向着更加可持续和环保的方向发展。这不仅是对现有法律规定的遵循，更是化工企业对社会、对环境以及对未来负责任的体现。

6.2 安环管理面临的挑战

化工企业在安环管理中面临的挑战来自方方面面。

化学风险是化工企业面临的重大风险之一。化学泄漏往往是由设备老化或操作失误引起的，这不仅威胁到员工的健康，还可能对周围环境造成严重污染。为应对这一风险，企业应定期检查设备，确保其处于良好状态，并加强员工的操作培训，以减少失误的发生。此外，有毒气体的释放是另一大化学风险，通常源于不当操作或安全措施不足。为此，企业应安装气体监测系统，并加强泄漏应急措施，以确保在出现问题时能够迅速反应。反应容器爆炸则多由于反应控制失误或压力管理不当引起，优化反应控制并定期检查压力容器是减少此类风险的有效措施。

物理风险同样不可忽视。高温高压设备事故常常是由设备维护不足或操作不当引起的，这类事故不仅会对设备本身造成损害，还可能危及操作人员的安全。为此，企业须强化设备维护，并对操作人员进行专业培训。静电引发的火灾是另一种常见的物理风险，这需要通过安装静电接地和消除装置来进行控制。机械故障通常由设备老化或保养不当导致，定期进行设备保养和更换是必要的防范措施。

在**生物风险**方面，生物污染是由生物安全措施不足引起的。严格实施生物安全措施是防范生物污染的关键，企业应确保严格执行所有相关程序和措施，减少生物污染对员工和环境的影响。

环境风险也是化工企业安环管理中的重要一环。废水处理不当往往由处理设施不足或操作不当引起，企业应升级废水处理设施并优化操作流程，以确保废水达标排放。废气排放超标的问题通常源于排放控制技术落后，为此，企业应采用先进的废气处理技术，减少有害气体的排放。固废处理不规范则反映了管理不善或技术不足，优化固废处理流程并加强监管是解决这一问题的有效途径。

人为风险主要包括操作错误、安全管理松懈和疏忽大意。操作错误通常由培训不足或监管不严引起，企业应加强操作人员的安全培训和考核，确保其具备必要的技能和知识。安全管理松懈往往源于安全文化建设不足，强化安全文化建设、提高全员安全意识是减少此类风险的重要手段。疏忽大意则多因员工工作压力大或疲劳作业造成，企业应合理安排工作时间，减轻员工的压力，以提高其工作集中度和安全意识。

法规风险涉及法规遵从不足和未达到环保标准等问题。法规遵从不足可能是由于法规更新不及时或对法规了解不充分，企业应定期进行法规培训，确保符合最新法规要求。未达到环保标准通常是因环保设施不足或操作不规范，企业应优化环保设施及操作流程，确保排放符合标准。

应急风险包括应急处理不当、信息传递失败和救援延迟。应急处理不当常常是由于应急预案不完善或训练不充分，企业应定期更新应急预案，并开展应急演练，提高应急反应能力。信息传递失败通常是因通信系统不完善，优化信息通信系统是确保应急信息畅通的关键。救援延迟则反映了救援资源配置不足，企业应配置足够的救援资源，并建立快速响应机制，以确保在紧急情况下能够迅速开展救援行动。

经济风险方面，投资不足和成本上升是主要问题。投资不足通常是由于资金分配不当，企业应合理安排资金，确保安全环保投入充足。成本上升则多是因原料成本增加或运营成本高，企业应寻找成本效益高的原料供应商，并优化运营管理，降低生产成本。

技术风险涉及技术落后、数据安全问题和自动化水平不足等问题。技术落后主要是由于研发投入不足，企业应加大研发投入，引进先进技术，提高生产效率和产品质量。数据安全问题反映了信息技术保护措施不足，企业应加强数据安全措施，提高信息保护水平。自动化水平不足通常是因技术更新不及时，企业应更新自动化设备，提高操作精确度，减少人为误差。

综上所述，化工企业在安环管理中面临的挑战多种多样，需要企业从多个方面入手，采取有效的管理措施，提升安环管理水平，确保企业的安全生产和可持续发展。

6.3　安环理念

卓越的安环管理基于以下 5 条核心理念。

① **安全第一**。强调安全优先于生产和效率。任何操作和决策都必须首先考虑到员工、社区和环境的安全。例如卓越企业在所有生产基地都采用严格的安全标准，通过持续的员工培训和安全演练，确保安全文化深入人心。具体措施包括每年定期进行的全员安全培训，涵盖了紧急情况的处理、化学品的安全操作以及设备的安全使用。同时，卓越企业还定期组织全厂性的应急疏散演练，通过模拟火灾、泄漏等紧急情况，提高员工的应急反应能力。此外，卓越企业还建立了完善的安全管理体系，确保每一位员工都了解并遵守安全规程。

② **本质安全**。强调通过设计和操作减少危险源，从根本上提高化工企业的安全水平。卓越企业在其生产过程中采用了本质安全设计原则，例如在高风险工序中使用较低的反应温度和压力，以最小化潜在的危险。具体措施包括在化学反应过程中选择更稳定的原料和反应条件，避免使用高压高温等容易导致事故的工艺。同时，卓越企业还在设备选型上优先选择那些具备本质安全设计的设备，如自动化程度高的生产装置和具备双重安全保护的储存设施。此外，卓越企业还通过持续的技术改造和工艺优化，逐步淘汰高风险工艺，进一步提高了生产过程的本质安全水平。

③ **预防为主**。通过采用预防措施减少事故发生的可能性，包括定期的风险评估、隐患排查和维护保养，以及强化操作规程和培训。卓越企业通过施行全面的风险管理程序和定期安全检查，有效地降低了工作场所的事故发生率。具体措施包括每季度进行一次全面的风险评估，识别潜在的安全隐患，并制定相应的预防和整改措施。对于发现的隐患，卓越企业会及时组织专门的团队进行整改，并跟踪整改效果。此外，卓越企业还制订了详细的设备维护保养计划，确保所有设备都在良好的工作状态，减少因设备故障引发的安全事故。同时，通过定期的操作

规程培训，提高员工的安全意识和操作技能。

④ **全员参与**。鼓励所有员工参与安环管理，从一线操作员到高层管理者，每个人都承担责任，共同构建安全文化。例如卓越企业建立了"由上而下、全员参与"的安全文化，形成具有企业特色的"五个全员"的安全管理文化，即"全员承诺、全员区域安全责任制、全员安全稽核、全员安全培训、全员事故调查"。通过全员参与确保"零伤害、零事故、零排放"的三零目标的实现。

⑤ **持续改进**。通过不断地审查和改进安环管理体系，引入新技术和方法，提高安全环保水平，应对变化的外部环境和法规要求。卓越企业通过引入先进的自动监测系统和实施定期的内部审计，持续提升其安环管理的水平。具体措施包括安装覆盖全厂的自动化监测系统，实时监控生产过程中的安全和环保参数，及时发现和处理异常情况。此外，卓越企业还定期开展内部审计，评估各部门的安环管理情况，并提出改进建议。对于审计中发现的问题，卓越企业会制订详细的整改计划，并跟踪落实情况。通过引入先进的技术和管理方法，如大数据分析、人工智能和物联网技术，卓越企业不断优化其安环管理体系，确保其能够适应不断变化的外部环境和法规要求。

在化工企业的安环管理中，这 5 条核心理念形成了一个紧密相连的体系，相互补充并增强整体的安环管理效果。

首先，"安全第一"作为最基本的导向，确保所有操作和决策首先考虑到安全性，这为其他所有安全措施设定了基调。

其次，"本质安全"理念通过设计和操作而从源头上减少危险，直接响应并实现安全第一的要求，减少对后续控制措施的依赖。

再次，"预防为主"理念强调通过预先的风险评估和控制措施来防止事故的发生，这与"本质安全"理念相辅相成，共同作用于事故预防。

同时，"全员参与"的理念确保每一位员工都参与到安全管理中，从一线操作员到高层管理者，每个人的参与都为安全管理体系提供了广泛的基础和动力。这种全面的参与保证了预防措施的执行效果，并使得安全措施能够在组织中深入人心。

最后，"持续改进"的理念保证了安全管理体系随着技术进步和外部环境变化而不断进化。它不仅要求企业对现有措施进行定期的审查和更新，还鼓励创新思维，寻找新的方法来提高安全水平。持续改进连接了所有理念，确保安全措施始终在最佳状态，并在反馈循环中不断优化和调整。

这些理念相互之间密切联系，共同构成了化工企业安全管理的坚实基础，通过集成这些理念，企业能够建立起一个既高效又可持续的安全管理体系。

6.4 安环目标

化工企业的安环目标管理是确保企业运营的安全性和环保性的关键。此管理过程涉及制定一系列综合的目标和措施，目的是降低生产活动对环境的影响、防止安全事故的发生，并保护员工及公众的健康、安全。因此安环目标包括减少污染、预防职业病和事故、节约资源和能源等。

安环目标管理的必要性源于企业对遵守环境和安全法规的法律义务，同时其也是企业社会责任的体现。有效的目标管理不仅可以帮助企业防止因违规操作引起的经济损失，还能提升企业的公众形象和市场竞争力。

安环目标管理是跨部门的协作过程，涉及企业的高层管理、安全环保部门、人力资源和所有参与生产及维护的员工。这种管理通常在制订企业年度计划时进行，并根据行业法规的更新进行必要的调整。

这些目标的实施范围广泛，涵盖了企业的所有操作区域，包括生产装置、仓库、办公区及研发部门，确保从源头到终端的安环管理毫无遗漏。

为了实现这些目标，企业制定了一系列具体的政策和程序，如风险评估、应急预案、定期的安全环保培训以及环境排放监控等。企业还会定期评估和审查安全环保目标的执行情况，确保这些措施能够得到有效实施，并根据实际操作中的反馈进行持续的改进和优化。

化工行业中的安全环保管理是至关重要的一环，因为它直接关系到人员的安全、企业的可持续发展以及环境保护。卓越的化工安环管理总体目标"零伤害，零事故，零排放"体现了化工行业对极端安全和环保标准的追求。

① **零伤害**。这一目标强调保护工作场所中的每一个人不受伤害。实现这一目标需要企业建立完善的安全培训体系，确保所有员工都能理解并遵守安全操作规程。此外，定期的安全演练和健康监测也是必不可少的，这能够确保工作环境的安全性。

② **零事故**。零事故的目标要求企业不仅要在技术上进行创新，以预防任何形

式的工作事故，还需要在组织文化中传播一种预防意识。其中包括对潜在风险的及时识别和管理，以及建立一个让员工能够自由报告潜在风险的开放环境。

③ **零排放**。在环保方面，零排放目标促使企业采用更加清洁和高效的生产技术，减少废气、废水和固体废物的排放。这需要企业投资于最新的污染控制技术并持续改进生产过程，以减少对环境的影响。

常见的安环管理具体目标如表 6-1 所示。

表 6-1　安环管理目标示例

序号	目标	对应指标名称
1	将工伤事故率控制在每百万工时不超过一定次数，确保员工安全，减少工伤事故的发生	工伤事故率
2	每年将重大安全事故次数减少到零，确保重大事故的预防和有效管理	重大安全事故次数
3	每月将危险化学品泄漏次数减少到零，确保生产过程中的化学品安全管理	危险化学品泄漏次数
4	每年至少进行 ×× 次紧急疏散演练，确保所有员工熟悉紧急疏散程序，提高应急响应能力	紧急疏散演练频率
5	每季度员工安全培训完成率达到 100%，确保所有员工接受必要的安全培训	安全培训完成率
6	每月安全检查合格率达到 100%，定期进行安全检查，及时纠正不合格项	安全检查合格率
7	每周个人防护装备使用率达到 100%，确保所有需要的员工正确使用个人防护装备	个人防护装备使用率
8	每月高危作业许可证签发与遵守率达到 100%，严格控制高危作业，确保作业安全	高危作业许可证签发与遵守率
9	每月消防设施完好率达到 100%，定期检查和维护消防设施，确保其状态良好	消防设施完好率
10	每季度风险评估和风险控制措施执行率达到 100%，定期进行风险评估，并实施相应的控制措施	风险评估和风险控制措施执行率

在化工企业的安全环保管理中，总体目标"零伤害、零事故、零排放"是企业追求极致安全和环保的标准，而具体目标则是实现总体目标的分步骤措施和阶段性成果。总体目标为具体目标提供了明确的方向引领，具体目标通过实际的执行和量化来推动总体目标的实现。两者相辅相成，共同保障安全环保管理的卓越

性，确保安全、环保，从而提升企业的社会责任和可持续发展能力。

6.5　安环组织

　　化工企业的安环管理组织设置是为了有效地实施安全生产和环境保护策略。这一组织架构包括设置专门的安全部门、环保部门和健康管理部门，每个部门都承担着确保企业活动符合安全和环保标准的具体职责。

　　该组织的核心任务是系统化管理所有与安全和环境保护相关的活动，从而确保企业遵守相关的法律法规，预防和减少事故及环境污染事件的发生，同时保护员工及公众的健康和安全。这种组织架构通常由一名高级安全环保总监领导，下设多个部门，每个部门由专业的部门负责人管理，进一步下分为具体的专业团队，包括安全工程师、环保技术员和健康监督员等。

　　这些部门和团队在企业的整个运营周期中扮演着关键角色，特别是在企业规模扩大或面对新的、更严格的安全环保法规时，这种组织结构可能需要相应的调整或强化。安环管理组织不仅存在于生产现场，还涵盖了企业的实验室、仓库和办公区等所有关键位置，确保在所有相关领域内的安全环保措施都能得到有效实施。

　　化工企业通过设定清晰的管理职责和操作流程、实施定期的安全环保培训、进行事故应急演练以及持续的风险监控和效果评估，来强化其安环管理。此外，这些部门通常配备先进的监测和检测设备，采用最新的技术来实现安全和环保目标，从而有效地控制风险，保障员工和公众的安全，同时保护环境。通过这种综合性的组织设置，化工企业能够确保其安全环保措施的实施既系统又高效。

　　安环管理的部分关键角色以及角色的职责和能力要求如表 6-2 所示。

表 6-2　安环管理关键角色的职责和能力要求

角色名称	关键职责	能力要求
安全经理	制定和实施安全管理体系；监督危险品的安全存储和运输；开展关于安全规范的培训	强大的组织和领导能力；熟悉相关安全法规和标准；良好的沟通和培训能力
环保经理	监督环保政策的实施；管理废物处理和污染控制项目；确保符合环保法规	深入理解环境法规；项目管理能力；高度的责任心和精细观察力

续表

角色名称	关键职责	能力要求
安全工程师	分析和评估生产过程中的安全风险；实施事故预防措施；监控安全设备的运行状况	技术和工程知识；问题解决能力；能够进行风险评估和事故调查
环境工程师	设计和优化环保技术和设备；监控环境影响和污染水平；进行环境影响评估	环境科学和工程知识；数据分析技能；创新和持续改进的能力
职业健康工程师	监督工作场所的健康和安全政策；调查工伤事故；编制健康安全报告	熟悉职业健康安全法规；调查和报告技能；高度的警觉性和细致性
班组安全管理员	监控班组的安全执行情况；开展班组安全培训和应急演练；报告安全隐患和事故	熟悉工作场所安全规程；优秀的沟通和培训能力；应对紧急情况的能力

6.6　安环知能

化工企业的安环管理中的知能管理是关键环节，旨在确保所有员工都具备必要的知识和技能来执行与安全和环保相关的政策、程序和技术。这种管理活动包括对安全操作、环保规范、应急响应和健康保护等方面的综合教育和培训。

安环知能管理目的在于提升员工的事故预防能力，确保其遵守相关法规，同时保护员工的健康和环境的安全。这种管理不仅适用于直接参与危险化学品操作的技术人员，也包括管理层和所有相关员工。人力资源部门和安全环保部门负责共同规划和执行这些培训活动。

常用的安环知识技能如下：

① **海因里希法则**。这是一种基于统计的数据分析理论，用于描述工作场所事故的发生频率和模式。海因里希通过分析过去的事故数据，提出了"300∶29∶1"的法则，即当一个企业有 300 起未遂事故，必然要发生 29 起轻微事故和 1 起严重事故，这强调了预防和处理轻微事故及隐患的重要性，以避免严重事故的发生。

② **应急响应计划**。这是一套应对紧急情况的预防和应对措施，确保在发生事故时能够迅速反应，减少人员伤亡和财产损失。应急响应计划包括风险评估、资源配置、应急演练和培训等内容。

③ **风险评估方法**。如 HAZOP（危险与可操作性研究）和 FMEA（失效模式与影响分析），这些方法可用于识别和评估生产过程中可能存在的风险，并据此制定相应的控制措施，以降低事故发生的可能性。

④ ISO 14001:2015。由国际标准化组织（ISO）制定的环境管理体系标准，为企业提供了一套系统的方法来支持其安环管理。通过认证 ISO 14001:2015，企业可以提高其环境绩效，确保合规，并在市场上获得更高的信誉。

⑤ **职业健康安全管理体系（OHSAS 18001）**。这是一个国际认可的职业健康安全管理体系标准，有助于企业通过系统的管理方法来减少职业病和事故的发生，保护员工的健康和安全。

⑥ **环境影响评估**。这是一种系统的方法，可用于评估项目实施可能对环境造成的影响，包括空气、水、土壤和生态系统等方面，以便于企业采取适当的预防和缓解措施。

⑦ **安全生产标准化**。通过制定统一的安全生产管理标准，规范企业的生产行为，确保各项操作符合安全要求，以预防和减少生产事故的发生。

⑧ **安全文化建设**。通过持续的教育和培训，提高员工的安全意识，形成一种自觉遵守安全规程、重视安全生产的企业文化。

⑨ **安全审计**。定期对企业的安全管理系统和措施进行检查和评估，确保其有效性和合规性，并提出改进建议。

6.7 安环绩效

化工企业的安环绩效管理是一个关键的系统过程，旨在评估和监控安全和环保活动的效果，确保措施的有效执行和持续改进。这个过程涵盖了从设定具体的绩效指标，如事故发生率、废物处理量和能耗水平，到通过这些指标衡量企业在安全和环保方面的表现。

绩效管理的主要目的是降低运营中的风险，确保符合法律和行业标准，并提升公众及市场对企业的信任。这有助于企业遵守法规、履行社会责任。绩效管理的相关人员包括安全环保部门的管理团队、高层管理人员、现场操作人员，以及负责数据收集和分析报告的专员。

安环绩效管理是一个持续的活动，通常在年度计划制订时设定目标，并通过定期（月度、季度或年度）的评估来监控绩效，及时调整和优化策略。这些活动覆盖了企业的所有关键运营区域，包括生产现场、研发现场、办公区域，确保整个组织的安全环保标准得到严格执行。

企业通过建立一个明确的绩效评估体系来执行这一过程，采用先进的监测工具和技术来收集相关数据，并通过数据分析来评估绩效。基于这些评估结果，企业制定具体的改进措施，不断优化其安全环保流程。这种系统化的绩效管理使化工企业能够有效地控制安全和环保风险，同时推动自身在这些至关重要的领域中的持续改进和发展。

常用的安环管理绩效指标如表 6-3 所示。

表 6-3　常用安环管理绩效指标

序号	指标名称	指标计算方式	注意事项	指标考核部门	频次	数据采集方式
1	工伤事故率	（发生工伤事故的次数 / 总工时）×100%	确保所有事故都被记录和报告	安全部门、生产部门	每月	事故报告系统
2	重大安全事故次数	一年中重大安全事故的总次数	分类准确，确保所有重大事故都被纳入统计	安全部门、生产部门	每年	安全监控系统
3	危险化学品泄漏次数	一定时期内泄漏的次数	及时处理泄漏事件，减少环境和人员风险	安全部门、生产部门	每月	环境监测系统
4	紧急疏散演练频率	每年进行紧急疏散演练的次数	确保所有员工了解紧急疏散流程	安全部门、生产部门	每年	培训记录
5	安全培训完成率	（完成安全培训的员工数 / 总员工数）×100%	确保所有员工接受必要的安全培训	安全部门、生产部门	每季度	培训记录
6	安全检查合格率	（安全检查合格的次数 / 安全检查总次数）×100%	定期进行安全检查，及时纠正不合格项	安全部门	每月	安全检查记录
7	个人防护装备使用率	（正确使用个人防护装备的员工数 / 需要使用个人防护装备的总员工数）×100%	确保所有有需要的员工正确使用个人防护装备	安全部门、生产部门	每周	观察和检查记录
8	高危作业许可证签发与遵守率	（遵守高危作业许可的次数 / 发出高危作业许可证的总次数）×100%	严格控制高危作业，确保作业安全	安全部门、生产部门	每月	许可证发放记录

序号	指标名称	指标计算方式	注意事项	指标考核部门	频次	数据采集方式
9	消防设施完好率	（完好的消防设施数／总消防设施数）×100%	定期检查和维护消防设施，确保其状态良好	安全部门、生产部门	每月	维护检查记录
10	风险评估和风险控制措施执行率	（执行的风险控制措施数／识别的风险数）×100%	定期进行风险评估，并实施相应的控制措施	安全部门、生产部门	每季度	风险管理记录
11	废气排放浓度	排放废气中污染物浓度（毫克／立方米）	确保废气处理设施正常运行，定期检测设备校准	环保部门、生产部门	每日	废气排放监测系统
12	固体废弃物处置率	（处置的固体废弃物量／产生的固体废弃物总量）×100%	确保废弃物按规定进行分类和处置，减少未经处理的废弃物排放	环保部门、生产部门	每日	废弃物管理系统

6.8 安环沟通

化工企业的安环管理中的沟通管理是一个至关重要的环节，它确保所有相关的安全信息、环保政策、程序更新和紧急响应措施能够及时且准确地传达给所有关键的利益相关者，包括企业内部的各级员工、管理层以及外部的监管机构和公众。有效的沟通不仅有助于预防事故和环境事件的发生，还能提高员工的安全意识，促进法规的遵守，保护企业的资产和声誉。

在化工企业中，安环沟通是一个持续的过程。它从员工的入职培训开始，并贯穿于员工的整个职业生涯。特别是在引入新的操作程序、发生法规变更或出现安全环保事件时，及时的沟通显得尤为重要。通过内部会议、培训课程、电子邮件、企业内网等多种渠道进行沟通，企业可以确保信息的广泛传播和接收。

化工企业可通过建立标准化的沟通流程，并利用各种工具和方法（如电子邮件系统、内部通信网络、定期的会议以及紧急广播系统）来执行这些流程。这些工具和方法不仅能保证信息传达的及时性和准确性，而且能支持跨部门和跨层级的有效信息流通。此外，对于面向外部的沟通，企业可能还需要进行公开发布和通过媒体进行报告，以满足公众的知情权和监管机构的要求。

总之，通过这样的系统化沟通管理，化工企业能够确保其安全环保措施得到有效实施，进而保障员工、公众及环境的安全。这种综合的沟通策略是企业成功履行其安全环保责任的关键。

常用的安环管理沟通方式如表 6-4 所示。

表 6-4　常用安环管理沟通方式

沟通方式名称	描述
安全培训会议	通过定期会议向员工传达最新安全操作规程和应急响应计划
安全通告	在工厂区域内通过公告板和电子邮件发布安全提醒和更新
危险识别会议	通过定期会议讨论识别和评估工作场所的潜在危险
安全里程碑通告	若在安全方面达到了一定的里程碑式的效果，即发布通告，激励员工继续努力保持
安全奖励计划通告	实施安全奖励计划，奖励那些遵守安全规程的团队或个人
交接班安全分享	在交接班进行安全分享，包括安全知识技能、安全注意事项、公司内外安全事故事件调查报告等内容

6.9　安环设计

在化工企业的安环设计中，安全设计审查、环境影响评估、应急预案设计、工艺安全评估、设备安全性设计、布局优化设计、危化品管理设计的实施至关重要。这些环节旨在确保项目从设计到运营各阶段均符合安全与环境保护的高标准。通过综合考虑工艺、设备、布局及危化品管理，企业不仅可以有效预防安全事故，还能优化环境影响、应对紧急情况、保障人员和环境的安全。

① **安全设计审查**。在化工企业项目初期，安全设计审查是确保设计符合安全标准的重要步骤。该过程由安全工程师、项目设计团队和第三方顾问共同完成，旨在识别并消除潜在的安全问题，确保设计符合行业标准与法规，从而避免施工与运营阶段的安全事故。审查团队会对总体设计方案进行全面审核，包括生产工艺、设备布局、安全防护设施等，确保设计合理、风险可控。此外，对于特殊工艺和设备，团队会重点关注其安全要求，确保符合安全标准。审查结果将作为后续设计修改的依据，通过多次会议和专家讨论，确保设计的安全性与可靠性。通过这些审查，企业可以避免后期修改带来的成本和风险，提升整体安全管

理水平。

② **环境影响评估**。化工项目的环境影响评价（EIA）旨在识别项目可能带来的环境影响，并制定减缓措施，确保项目符合环保法规。该任务由环境工程师、环保顾问和项目管理团队负责，贯穿于项目规划与初期阶段。评估过程包括现场勘察、数据收集与分析、公众参与及报告编制。团队会详细调查项目选址、周边环境，并通过科学方法预测项目的环境影响。评估结果用于制定减缓措施，如安装污染控制设备、优化生产工艺等。此外，公众参与也是重要环节，收集的公众意见会影响评估结果。最终，将评估报告提交至环保部门审批，确保企业遵守法规，并提升环保形象。

③ **应急预案设计**。应急预案设计旨在应对紧急情况，确保人员与环境安全。该过程由安全工程师、应急管理专家和项目管理团队共同完成，贯穿于项目初期与运行期间。首先需要进行风险评估，识别可能发生的紧急情况，并制订详细的应急响应计划，包括指挥体系、资源配置、人员疏散路线等。企业须合理配置应急资源，如灭火器、防毒面具等，并建立应急指挥中心，确保预案有效执行。通过定期演练和培训，提高员工应急能力，确保在紧急情况下迅速响应，减少损失并提高企业的应急管理水平。

④ **工艺安全评估**。工艺安全评估旨在确保生产工艺流程的安全性，避免安全隐患。该评估由工艺工程师、安全顾问和生产管理人员负责，在工艺设计和运行初期进行。评估团队通过危险与可操作性研究（HAZOP）、故障树分析（FTA）等方法，识别工艺流程中的危险源并分析事故发生概率。例如，高温高压等环节的安全措施是重点审核内容。此外，评估还包括对工艺设备和操作规程的审核与优化，确保设备设计、安装和运行符合安全标准。通过这些评估，企业可提出改进建议，完善安全管理体系，确保工艺流程的安全运行。

⑤ **设备安全性设计**。设备安全性设计的核心目标是确保生产设备的设计符合安全标准，防止因设备故障而引发事故。该设计由设备工程师、安全专家和供应商共同参与，贯穿于设备设计与采购阶段。首先，制定设备安全标准和规范，确保设计、制造、安装和运行的安全性。设备工程师和供应商在设计设备时须严格遵循这些标准。其次，设备设计的详细审查与验证也是必不可少的步骤，团队应全面审核设计图纸，消除潜在的设计缺陷。最后，在使用设备前还须进行试运行与验收测试，确保安全性和可靠性。通过全面的设备安全性设计，企业能有效防

止因设备故障引发的安全事故。

⑥ **布局优化设计**。布局优化设计旨在确保厂区安全通道和应急疏散通道的畅通，提高化工企业的安全管理水平。该设计由安全工程师、规划设计师和项目管理团队在厂区规划阶段完成。首先，须对厂区总体规划进行分析，合理布局生产车间、仓库等区域，确保功能分区合理、流程顺畅。特别是安全通道和应急疏散通道的设置须符合规范，确保通畅无阻。此外，针对危险区域，如危险化学品仓库，设计师须确保其远离人员密集区域，并设置防护设施。通过布局优化设计，企业可提高厂区安全管理水平，确保生产安全性与应急响应有效性。

⑦ **危化品管理设计**。危化品管理设计旨在确保化工企业危化品的储存与使用符合安全要求，防止事故发生。该设计由安全工程师、化学工程师和危化品管理专家共同负责，贯穿于危化品使用和储存设计阶段。首先，应识别和评估企业所使用的危化品种类及其危险特性，制定详细的储存和使用方案，确保储存设施符合安全标准，并设置必要的防护措施。其次，合理选址和布局危化品储存设施，确保其远离人员密集区域，并配备应急设备。最后，操作规范和应急预案的制定也至关重要，应确保企业在紧急情况下能迅速有效地应对。通过合理的管理设计，企业可有效防止危化品事故的发生，保障人员和环境安全。

6.10　安环预防

在化工企业的安环预防中，系统化的策略（如安全培训计划、定期安全检查、环境监测、健康监护、风险评估以及应急演练）是核心，它们共同构建了一个全面的安全和环境保护框架。这些措施确保了企业能够在多方面预防风险，从员工的健康监护到设备和环境的持续监测，再到紧急情况的有效响应，确保生产安全与环境的和谐共存。通过这样的综合预防措施，企业不仅能提高生产效率和安全管理水平，也能增强对环境的保护和员工健康的关注。

① **安全培训计划**。制订全员安全培训计划是提升员工安全意识和技能、预防事故的重要措施。由人力资源部门、安全培训师和各部门主管负责，贯穿于入职和定期培训期间。通过系统的安全培训，能确保员工掌握必要的安全知识和操作技能，减少因操作失误导致的事故。培训计划须明确目标和内容，设计涵盖基础安全知识、工艺操作、设备使用、应急响应等课程，确保每个岗位的员工都能掌

握相关安全技能。在培训实施中，应采用课堂讲解、现场演示、模拟演练等多种形式，提高实效性。企业还须通过书面测试和操作考核评估培训效果，及时调整培训内容，确保员工具备应对实际工作的安全能力。

② **定期安全检查**。定期检查生产设备和设施，是消除安全隐患、确保生产安全的重要措施。检查由安全管理人员、设备维护人员和生产主管负责，贯穿于生产运行期间。企业须制订详细的检查计划和清单，明确检查内容和标准。检查人员按清单逐项检查设备和设施，记录结果并立即整改问题。通过定期的检查评估和总结，企业能发现安全管理中的薄弱环节，制定改进措施，提高检查的全面性和实效性。通过系统的定期检查，企业能预防设备故障，保障生产安全，提高生产效率。

③ **环境监测计划**。建立环境监测体系，定期监测排放物和环境质量，是确保排放符合环保法规的重要措施。环境监测由环境工程师、技术人员和环保部门负责，贯穿于生产期间。企业须明确监测目标和内容，设计监测项目，如废气、废水的成分和浓度。监测技术人员按计划进行采样和分析，确保数据准确无误。企业须定期校准监测设备，确保其正常运行，并定期编制监测报告，提交给环保部门和管理层。通过环境监测，企业能及时掌握排放情况，采取必要的控制措施，减少对环境的污染。

④ **健康监护计划**。健康监护计划旨在保障员工健康安全，预防职业病。该计划由人力资源部门、健康管理人员和医疗机构负责，贯穿于员工的入职和日常工作期间。企业须明确健康监护的目标和内容，设计包括高温、有毒环境下的体检和职业病筛查等项目。企业与医疗机构合作，定期为员工提供健康检查，并建立员工健康档案，分析健康数据并制定预防措施。此外，健康监护还包括健康教育和职业病预防，提高员工的健康意识，确保员工在工作中能够保持健康，预防职业病。

⑤ **风险评估**。风险评估是识别和预防生产中的潜在风险、确保生产安全的关键措施，由风险评估专家、安全工程师和生产管理人员负责，贯穿于项目启动前和定期评估过程中。评估须明确目标和范围，制订详细的评估计划，使用 FMEA、HAZOP 等工具识别生产中的风险，并评估其严重性和发生概率。根据评估结果，企业须制定相应的预防措施，确保风险得到有效控制。通过系统的风险评估，企业能够有效预防潜在风险，确保生产安全，并不断提升安全管理水平。

⑥ **应急演练**。定期组织应急演练是提高员工应对紧急情况能力的重要举措。由安全管理人员、应急响应团队和全体员工负责，贯穿于生产运行期间。企业需要制定详细的演练计划和方案，设计模拟场景，如火灾应急演练，涵盖报警、疏散、灭火等环节。在演练过程中，要求全员参与，以提高演练的实效性。演练结束后，企业应对演练效果进行评估，发现问题并优化应急预案，确保预案的可操作性和有效性。通过系统的应急演练，企业能显著提高员工的应急响应能力，确保生产安全得到保障。

6.11　安环控制

在化工企业的安环控制中，采用多层次、全方位的控制策略是至关重要的。其中包括实时的监控系统、严格的安全操作规程、综合的排放控制措施、详尽的设备维护保养程序、应急响应机制的建立，以及定期的安全检查和危险源控制。这些措施共同构成了一个强大的安全防护网，确保了生产过程中的安全和环境保护，同时提高了企业对突发事件的响应能力和整体的安全管理水平。通过这些策略的实施，企业能够有效预防事故的发生，保障员工安全，同时减少环境影响。

① **实时监控系统**。安装和使用先进的监控系统，是企业实时监控生产过程中的安全和环境参数、预防事故的重要措施。通过实时监控，企业能够及时发现和处理生产中的异常情况，确保生产的安全性和环保性。首先，企业需要明确监控的目标和参数，根据生产特点和安全管理要求，设计详细的监控方案并选择合适的监控设备。例如，高温高压设备应安装温度和压力传感器，危险化学品储存区则应安装气体检测仪。监控系统的施行包括设备的安装、调试以及数据的准确采集。通过实时数据分析，监控系统能够识别异常情况并及时发出警报，确保安全管理人员和操作人员能够迅速作出反应，防止事故发生。企业还需要定期对监控系统进行维护和升级，确保监控设备正常运行和数据的准确性，以提高监控系统的可靠性和稳定性。

② **安全操作规程**。制定并严格执行安全操作规程，是企业确保生产操作符合安全要求、防止事故的重要措施。通过系统化的操作规程，企业能够规范员工的操作行为，减少因操作失误导致的安全事故。首先，企业需要明确操作的目标

和要求，并根据生产工艺和设备特点设计详细的操作规程，规定每个操作步骤和安全注意事项。在实际操作中，生产操作人员须严格按照操作规程执行，以确保每个操作步骤的规范性和一致性。为确保操作规程的有效执行，企业还应对操作人员进行系统的培训和考核，通过定期培训提高员工的安全意识和操作技能，并通过考核检验培训效果，发现并改进员工在操作中的不足。此外，企业应定期审查和更新操作规程，确保其时效性和适应性，以应对生产工艺和设备的变化。通过完善的安全操作规程，企业可以有效预防安全事故，提高生产的安全性和可靠性。

③ **排放控制措施**。采取有效的排放控制措施，是企业减少污染物排放、保护环境的重要举措。通过系统化的排放控制，企业能够确保排放物符合环保法规要求，减少对环境的污染和影响。首先，企业需要识别和评估生产过程中产生的污染物种类和排放量，根据这些数据设计详细的排放控制方案，并选择合适的控制设备。例如，废气处理可以采用静电除尘器、湿式洗涤器等，废水处理则需要建设废水处理站，采用物理、化学和生物处理方法去除有害物质。在排放控制措施的实施过程中，生产管理人员须严格按照控制方案操作，确保排放物经过处理后能够达标排放。此外，排放控制还应包括实时监测和数据记录，企业可以通过安装在线监测系统，实时监测排放物的浓度和流量，及时发现并处理排放异常情况。定期记录和报告监测数据，并将其提交给环保部门和企业管理层，确保排放控制的透明性和合规性。

④ **设备维护保养**。制订并实施设备维护保养计划，是确保设备始终处于良好状态、防止设备故障的重要措施。通过系统的设备维护保养，企业能够延长设备的使用寿命，减少设备故障，提高生产的安全性和可靠性。首先，企业需要明确设备维护保养的目标和内容，根据设备的使用情况和安全要求，设定详细的维护保养项目和频率，明确每个设备的维护保养内容和标准。在设备维护保养的实施过程中，维修工程师和生产操作人员需要按照维护保养计划逐项进行检查和保养，详细记录维护保养的结果和发现的问题，并立即进行维修和处理，确保设备的正常运行。此外，设备维护保养任务中还应包括定期的设备检查和校准，通过定期检查发现并处理设备的潜在问题，确保设备的运行可靠性和安全性。企业还需要建立设备维护保养的评估和反馈机制，持续改进和优化维护保养工作，提高设备管理水平。

⑤ **应急响应机制**。建立应急响应机制，是企业确保在事故发生时能够快速有效响应、减少损失的重要措施。通过系统化的应急响应机制，企业能够确保在紧急情况下迅速应对，减少人员伤亡和环境污染。首先，企业须制订详细的应急响应计划，明确应急响应的步骤和各部门的职责分工。在实施过程中，企业须建立应急指挥中心和应急救援队伍，确保应急响应的组织和协调有序进行。应急响应机制还应包括应急资源的配置和管理，确保企业在紧急情况下能够迅速调动和使用救援设备和物资。例如，在生产车间配置灭火器和应急呼吸器，确保火灾发生时能够迅速扑灭火源，并保护救援人员的安全。此外，企业应定期组织应急演练和培训，提高员工应对紧急情况的能力，通过模拟演练检验应急响应机制的有效性，发现并改进应急响应中的不足。

⑥ **安全检查和整改**。定期进行安全检查，并对发现的问题及时进行整改，是企业识别和消除安全隐患、确保生产安全的重要措施。通过系统化的安全检查和整改，企业能够及时发现并处理设备和设施中的问题，预防因设备故障和设施不良导致的安全事故。首先，企业应制订详细的检查计划和清单，明确检查的内容和标准。在实际操作中，检查人员须按照检查清单逐项进行检查，详细记录检查结果并立即采取整改措施，确保发现的问题得到及时解决。企业还应定期组织安全检查的评估和总结，通过对检查数据的统计和分析，发现安全管理中的薄弱环节，制定针对性的改进措施，提高检查的全面性和系统性。此外，通过设立安全检查目标和激励措施，鼓励员工积极参与安全管理和改进工作，进一步提高企业的安全管理水平。

⑦ **危险源控制**。对生产过程中的危险源进行控制，是降低事故发生概率、保障生产安全的重要措施。通过系统的危险源控制，企业能够识别和评估生产中的危险源，制定相应的控制措施，确保生产的安全性和可靠性。首先，企业需要识别和评估生产过程中的危险源，使用 FMEA、HAZOP 等工具进行系统分析，找出潜在的危险源和薄弱环节，并评估其风险的严重性和发生概率。根据评估结果，企业应制定详细的控制措施，并在生产管理和操作过程中严格执行，以确保危险源得到有效控制。例如，对于高温高压设备，生产管理人员须定期检查设备的状态和参数，及时处理设备异常情况，以确保设备的安全运行。此外，企业应定期评估和优化危险源控制措施，确保控制措施的持续改进和完善。通过全面的危险源控制，企业能够有效预防安全事故的发生，提高生产的安全性和可靠性，

提升企业的安全管理水平。

6.12 安环改进

在化工企业中，持续的安环改进是确保生产安全与环境保护的关键。其中包括多个方面，如安全绩效和环境绩效的评估、事故的深入分析与措施改进、引入新技术的应用、员工建议的采纳，以及对管理体系的优化和安全环保的投资。通过这些系统的措施，企业不仅能识别并解决现存的安全环保问题，还能预防潜在的风险，从而提高整体的安全管理水平和环保效益，促进企业的可持续发展。这种综合性的改进策略有助于企业在保障员工安全和环境保护的同时，增强自身市场竞争力和社会责任感。

① **安全绩效评估**。定期评估安全绩效是提升企业安全管理水平的关键措施。由安全管理人员、生产管理人员和各部门主管共同负责，评估贯穿于企业的日常管理与定期检查中。通过系统的安全绩效评估，企业能够全面了解现有安全管理的成效，发现问题并制定改进方案，从而不断提升安全管理水平。首先，企业需要确定评估的目标和指标，如事故发生率、安全检查合格率和员工安全培训覆盖率等，以全面反映企业的安全管理状况。评估过程中，评估团队需要收集和分析各项安全数据，通过系统分析识别薄弱环节，并根据评估结果提出相应的改进建议和措施，确保安全管理持续优化。

② **环境绩效评估**。对环境管理绩效进行评估是企业提升环境管理水平的重要手段。环境绩效评估由环境管理人员、生产管理人员及各部门主管负责，贯穿于企业的日常管理与定期检查中。通过系统的环境绩效评估，企业能够全面了解当前环境管理的现状和成效，发现和解决环境管理中的问题。评估前，首先应确定环境管理目标和指标，如废气排放量、废水处理达标率、能源消耗等，以反映企业的环保绩效。评估过程中，应通过环境监测记录和资源消耗数据进行系统分析，识别环境管理中的不足，并提出改进建议，确保企业的环保措施持续优化。

③ **事故分析与改进**。对发生的事故进行分析和改进，是企业防止类似事故再次发生的关键措施。事故分析与改进由安全管理人员、事故调查小组及相关部门共同负责，贯穿于事故发生后和定期回顾中。在事故分析中应对事故进行详细调查，记录事故发生的时间、地点、过程等信息，并通过分析工具，如5Why分

析法、鱼骨图等，找出事故的根本原因。在此基础上，制定并实施相应的改进措施，如加强设备维护、优化操作规程等，以确保问题得到有效解决。企业还应对改进措施进行跟踪评估，确保其有效性并持续改进，以提升安全管理水平。

④ **新技术应用**。引入和应用新技术是企业提升安全和环保水平的重要途径。新技术应用由技术研发团队、安全工程师和生产管理人员共同负责，贯穿于技术研发和实际应用阶段。首先，企业须识别并评估自身的技术需求，寻找适合企业发展的新技术，如自动化控制系统、智能监控系统等，以提高生产过程的安全性和环保效果。在技术引入过程中，须进行详细评估和试验，确保技术的可行性与安全性，并制定详细的技术应用方案。在实际应用中，须按照方案操作，确保新技术的有效管理和实施，并定期对应用效果进行评估和优化。

⑤ **员工建议采纳**。收集和采纳员工关于安全和环保的建议，是持续改进管理措施的重要方式。员工建议采纳由安全管理人员、环境管理人员和全体员工共同负责，贯穿于企业的日常管理中。企业须建立完善的员工建议收集和评估机制，通过建议箱、在线平台或建议征集活动等多种途径广泛收集员工建议。管理人员须对建议进行评估，并选择可行的建议付诸实施。对于优秀建议，企业应及时反馈和表彰，并确保建议的有效实施和持续改进，以充分发挥员工的智慧，提升企业的安全和环保水平。

⑥ **管理体系优化**。优化安全和环境管理体系，是确保管理体系有效性、提升管理水平的重要措施。管理体系优化由安全管理人员、环境管理人员及各部门主管共同负责，贯穿于企业的日常管理与定期检查中。企业须对现有管理体系进行评估，识别薄弱环节，制定详细的优化方案，并确保优化措施的有效实施。优化过程中，还应确保管理体系的持续改进，通过定期审核和评估，识别并解决体系中的不足，确保管理体系的适应性与全面性，提升企业的管理水平和效果。

⑦ **安全环保投资**。加大安全和环保设施的投资，是提升企业安全和环保水平、确保可持续发展的重要举措。安全环保投资由企业管理层、财务部门及安全环保管理人员共同负责，贯穿于企业的日常管理和发展战略中。企业须制订详细的投资计划和预算，明确投资目标和项目，如设备更新、安全监控系统建设等。在实施过程中，须确保投资项目的顺利开展和有效管理，并通过定期评估投资效果，确保投资的持续改进和优化，以提升企业的安全环保水平和可持续发展能力。

6.13 案例：产品包装创新环保改进

在应对全球包装废弃物减量化目标的挑战中，万华化学采取了多项创新措施，推动了化工产品包装行业的绿色转型。这些措施包括：

① **互联网＋绿色包装方案**。万华化学通过与合作方合作，开发了基于互联网的共享托盘，这些托盘采用回收的废旧塑料制成，不仅降低了成本，同时也减少了环境污染。这是国内首个具互联网功能、性能优越、低碳环保的再生塑料托盘设计。

② **循环利用和减少资源消耗**。万华化学还致力于传统运输包装物（如托盘和集装袋）的循环再利用，推广使用再生材料制造的产品，并通过网络和运营系统实现区域性的循环共用，显著提升了化学品运输的效率。

③ **包装物减负与节能减排**。为降低生产过程中的能耗和废弃物，万华化学实施了钢桶减薄、颜色合并减少、使用水性漆代替传统油性漆等措施，这些都有效减少了 VOC 排放和资源消耗。

④ **创新包装解决方案**。万华化学还推出了全球首创的 MDI 胶模压托盘，这种托盘利用废弃木材和农作物秸秆等材料制成，不添加甲醛，确保了环保性和操作工人的健康。

⑤ **废弃物处理优化**。面对废钢桶处理的问题，万华化学创新引入了"钢桶＋内衬袋"的方案，引入该方案后，企业只需处理轻量的内衬袋，从而显著降低了废弃物处理量和成本。

通过这些措施，万华化学不仅提升了自身产品的环保标准，还为整个化工行业提供了可持续发展的新模式。这些创新举措帮助企业在降低运营成本的同时，减少了对环境的影响，推动了全行业向绿色、低碳方向的转型。

第 7 章

质量管理能力
——极度忠诚

7.1 质量管理概述

质量管理的目的是确保化工产品和生产过程符合预定的质量标准和客户要求，通过系统的质量策划、控制和改进来持续提升产品质量。其管理范围包括原材料检验、生产过程控制、产品检测、质量审核、质量改进、客户反馈管理和质量认证等。

在化工行业中，将客户满意度转化为客户忠诚度是一个涉及多个层面的复杂过程。首先，产品的质量构成了这一过程的基石。在这个高度专业化的行业中，产品的一致性、可靠性及其符合行业标准和客户具体需求的能力是非常关键的。只有当产品质量能够满足甚至超过客户的期望时，客户才能建立起对企业的信任，为长期合作奠定基础。

其次，企业还需要提供卓越的技术支持和客户服务来提升客户满意度，这是实现客户忠诚的另一个关键措施。其中包括快速而有效地响应客户的查询和问题，提供专业的技术咨询、应用支持以及故障排除。优质的服务不仅能解决客户的即时问题，更能在客户心中建立起企业的正面形象，增强客户对企业服务质量的信赖。

同时，化工企业还必须提供定制化解决方案，并不断进行产品和工艺创新，以适应市场的变化和客户的独特需求。通过不断创新和满足客户的特定需求，企业能够在激烈的市场竞争中保持领先，深化客户的依赖度，从而使其转化为深层次的忠诚关系。

此外，企业的品牌形象，尤其是在环境保护和社会责任方面的表现，对于提升客户的忠诚度同样具有重要影响。一个积极投身于环保和可持续发展的企业形象，不仅能够吸引那些重视环境保护的客户，也能在更广泛的客户群体中建立起正面的品牌认知。

最后，持续的客户关系管理是确保客户忠诚的重要策略。通过采用定期的业务回顾会议、客户满意度调查以及客户忠诚度计划等措施，企业可以不断评估和优化其服务，认识并奖励长期合作的客户，从而维护并加强与客户的关系。这样的策略不仅提高客户的满意度，更能使其转化为坚实的客户忠诚度，帮助企业在竞争激烈的市场中稳定发展。

7.2　质量管理面临的挑战

化工企业的质量管理是一个复杂而多面的领域，涉及许多挑战。原材料的质量波动会直接影响最终产品的质量，而化工产品生产流程的复杂性使得管理和控制变得更加困难。此外，保持生产过程中的精确度和重复性也是常见挑战之一。为了有效应对这些问题，企业需要制定并执行适合本企业的质量控制标准，同时确保跨部门（如生产、采购、销售等）的协调与合作，以及加强供应链各环节的质量管理。

技术和设备的更新是跟随技术进步必须考虑的方面，同时也需要企业对员工进行持续的质量意识和技能培训。在产品的设计与开发阶段也必须严格控制质量。此外，收集、管理和分析质量相关的数据，理解并满足客户需求和期望，以及遵守相关法规并获取必要的质量管理体系认证都是质量管理中的重要组成部分。

企业还应进行定期的内部审计和自我评估，以发现问题和改进不足，制订和执行质量改进计划，以及识别、评估和管理质量相关的风险，确保从原料到最终产品的全过程具有可追溯性，处理客户投诉和反馈，并据此改进，应对市场需求和偏好的变化，这些都是至关重要的。同时，在控制成本的同时不牺牲质量，管理外包服务和供应商的质量，确保产品检验和测试的准确性和一致性，考虑生产活动对环境的影响，建立和维护持续改进的组织文化，有效利用信息技术支持质量管理，适应国际市场的质量标准和要求，提高生产效率，管理生产过程和产品的变更，以及在发生质量危机时快速有效地响应等，都是化工企业质量管理的关键措施。

7.3　质量理念

（1）卓越质量管理的核心理念

① **全员参与**。这是质量管理的基础，意味着每一位员工都参与到质量保证的活动中，从一线操作员到高级管理层，每个人都需要理解自己的行为如何影响最终产品的质量和公司的整体业绩。这种全面的参与能确保质量管理的深度和广度，让质量意识深入人心。例如在卓越企业，全员参与体现在全公司范围内的质量意识培训和责任制度中。从操作工到高层管理者，每个人都要接受质量管理和安全操作的定期培训。比如通过开展"质量月"活动，增强员工的质量意识，鼓励每位员工对质量问题保持警觉，并提出改进措施。

② **过程控制**。这一理念强调在生产和服务的每个环节实现控制，以预防质量问题的发生。全员参与为过程控制提供了人力资源基础，员工的积极参与使得每个过程的控制更为精准和及时。通过监控和控制关键过程，可以有效预防缺陷，保证产品和服务的一致性。例如卓越企业通过实施严格的生产过程监控和控制策略来预防质量问题，采用先进的过程自动化系统来监控化学反应的关键参数，确保每一步生产过程都在控制之下，从而减少偏差和提高产品一致性。

③ **持续改进**。持续改进是推动企业不断进步的动力。全员参与和过程控制为持续改进提供了实践的基础和发现问题的机会，而持续改进又促使企业不断寻找新的方法来提高效率和质量，减少浪费。这种改进是循环往复、永无止境的，旨在逐步提升企业的整体质量管理水平。卓越企业强调持续改进的重要性，通过实施精益六西格玛来持续提升其生产过程和产品质量。例如，定期评审生产流程，识别非增值步骤，通过改进措施消除浪费、提升效率。

④ **客户满意**。质量管理的最终目的是提升客户满意度，这一目标贯穿于全员参与、过程控制以及持续改进的每一个环节。应了解客户的需求和期望，确保每个过程的输出都能满足这些标准，通过持续改进来响应客户反馈和市场变化，从

而达到超越客户期望的目标。例如卓越企业通过客户服务团队收集反馈，并基于这些信息调整产品规格和服务，以确保超越客户期望。

⑤ **事实决策**。这一原则是质量管理决策的基石。决策过程中集成了数据分析，确保决策的科学性和有效性。全员参与产生了数据来源，过程控制和持续改进提供了数据的实际应用场景，而对这些数据的深入分析帮助企业在保持和提升客户满意度的同时，优化和调整其质量管理策略。例如卓越企业在决策过程中依赖于精确的数据分析和实时的生产监控信息，利用 ERP 系统和 MES 系统，收集和分析生产数据，以科学决策支持质量改进和风险管理。

（2）核心理念的作用

在卓越的质量管理中，5 条核心理念共同作用，形成一个互补和相互增强的系统，推动企业质量的持续提升和优化。

首先，"**全员参与**"是质量管理的基础，确保从一线操作员到高级管理层的每一位员工都积极参与质量保证活动。这种全面的参与确保了质量意识的普及和深化，使每个人都理解自己的行为如何直接影响最终产品的质量和公司的整体业绩。在化工企业中，全员参与体现在全公司范围内的质量意识培训和责任制度中，通过开展全员质量活动，增强员工的质量意识，鼓励每位员工对质量问题保持警觉，并提出改进措施。

其次，"**过程控制**"通过"全员参与"得到加强，员工的积极参与使得每个过程的控制更为精准和及时。在化工企业中，可通过实施严格的生产过程监控和控制策略，利用过程自动化系统，确保关键参数处于控制之下，从而预防质量问题，减少偏差。这种从源头控制质量的方法，能确保产品和服务的一致性，是实现高质量输出的关键。

再次，"**持续改进**"则是由"全员参与"和"过程控制"共同驱动的。"全员参与"提供了改进的动力，鼓励员工在其日常工作中发现问题并提出改进建议。"过程控制"则提供了改进的具体方向和重点，有助于确定哪些改进措施能有效提高效率和质量。在化工企业中，可通过定期评审生产流程和实施精益六西格玛方法，不断寻找新的方法来提高效率和质量，减少浪费。

而后，"**客户满意**"与其他 4 条理念紧密相连，是质量管理活动的最终目的。"全员参与"确保了员工在满足客户需求方面的积极性，"过程控制"和"持续改进"则确保了产品和服务能够满足或超越客户期望。通过对客户反馈的持续响应，化工企业基于客户服务团队收集的反馈调整产品规格和服务，能够不断优化其产品和服务，从而提升客户满意度。

最后，**"事实决策"**是确保所有质量管理决策都基于数据和事实的基石。这一理念是指通过全员参与产生的数据、过程控制中收集的信息和持续改进的结果输入，形成决策的依据。化工企业通过采用 ERP 和 MES 系统，收集和分析生产数据，确保每项决策都有确凿的数据支持，提高决策的科学性和有效性。

这 5 条理念相互作用，不仅优化了化工企业的质量管理体系，也提升了企业的竞争力和市场地位，最终实现了质量管理的核心目标。

7.4 质量目标

化工企业的质量目标管理是一个系统的过程，旨在确保产品和服务的质量满足或超越法规、行业标准和客户期望。这些目标包括提升产品质量、降低不合格率、优化生产流程和增强客户满意度，从而提高企业的市场竞争力和客户信任度。

质量管理目标的设定涉及企业的多个层级和部门。高层管理团队负责制定质量管理的总体战略和政策，质量控制部门则专注于目标的具体实施和监控。此外，研发、生产、销售及服务部门都需要根据这些质量目标调整自身的工作流程和策略。质量目标的制定和调整通常在企业的年度计划中进行，同时也会根据市场动态和客户反馈进行周期性的评审和更新。

这些质量目标的实施贯穿于企业的所有操作环节，从研发到生产，再到仓储物流和市场销售。为了实现这些目标，企业会建立和维护质量管理体系，如采用 ISO 等国际标准，实行严格的质量控制措施和持续改进程序。这些措施包括产品质量检测、过程控制、员工培训，以及客户反馈的有效收集和处理。

通过这样的质量管理体系和目标管理，化工企业不仅能确保产品和服务的高标准质量，还能有效减少资源浪费，提高生产效率，从而支持企业的可持续发展和长期成功。

卓越的化工质量管理以"零投诉，零事故"为总体目标，旨在通过确保产品和服务达到高质量标准来满足顾客需求，并避免发生任何质量相关的事故。这些目标不仅有助于提升企业的市场竞争力，还有助于建立品牌的信誉和顾客的信任。以下是实现这些目标的关键方面。

① **零投诉**。零投诉的目标追求最高水平的顾客满意度，意味着企业需要不断优化产品和服务质量。其中包括：**顾客需求的准确把握**，通过市场调研和顾客反馈，深入理解顾客的需求和期望；**持续的质量改进**，利用质量管理工具，如六西格玛和持续改进方法，以降低缺陷率和提升产品一致性；**有效的沟通渠道**，建立有效的顾客服务和支持系统，确保顾客的问题和疑虑能够得到快速和满意的解决。

② **零事故**。在质量管理中，零事故的目标旨在消除因产品质量缺陷而可能导致的事故，确保产品的安全性和可靠性。其中包括：**严格的质量控制**，在生产过程中实施严格的质量控制措施，例如入料检验、过程控制和成品检验，确保每一步骤均符合质量标准；**产品测试和认证**，进行全面的产品测试，包括化学稳定性测试和安全测试，确保产品在各种条件下的性能和安全性。

常见的质量管理具体目标如表 7-1 所示。

表 7-1　质量管理目标示例

序号	目标	对应指标名称
1	产品合格率达到 100%，确保产品质量符合标准	产品合格率
2	产品返退率低于 1%，通过分析和改进生产流程减少返退	产品返退率
3	质量成本占总销售收入的比例不超过 5%，在控制成本的同时保持高质量	质量成本
4	供应商质量评级平均得分达到 95 分，确保供应链质量	供应商质量评级
5	产品审查合格率达到 98% 以上，确保产品合规性	产品审查合格率
6	内部质量审核周期不超过 90 天，定期进行审核以改进质量体系	内部质量审核周期
7	质量改进计划实施率达到 95% 以上，及时实施和跟踪改进效果	质量改进计划实施率
8	获得并维护 ISO 9001:2015 等重要质量管理体系认证	质量管理体系认证
9	检验和测试精度达到行业标准要求，确保设备的准确性和可靠性	检验和测试精度

在化工企业的质量管理中，总体目标"零投诉，零事故"是企业追求卓越质量的标准，而具体目标则是实现总体目标的分步骤措施和阶段性成果。总体目标为具体目标提供了方向引领，具体目标通过实际的执行和指标衡量来推动总体目

标的实现。两者相辅相成，共同保障质量管理的卓越性，确保产品符合客户需求和安全标准，从而提升企业的市场竞争力和品牌信誉。

7.5　质量组织

化工企业的质量管理组织设置是一种精心设计的结构，旨在确保公司的产品和服务持续满足行业标准和客户需求。这种组织架构通常由质量总监领导，并分为质量保证和质量控制两大核心部门。

质量保证部门负责建立、维护和审核企业的质量管理体系，确保所有流程和策略都符合国家和国际标准。与此同时，质量控制部门专注于产品的日常质量检测和问题解决，通过使用先进的检测设备和技术，实时监控生产过程中的质量变化，及时纠正偏差和缺陷。

这个组织架构不仅存在于公司的生产线上，还覆盖了实验室、仓库和分销中心等多个关键区域，以确保从原材料入库到成品出库的每一步都受到严格的质量控制。组织内部的人员包括实验室技术员、质量检测工程师和系统维护人员等，他们都接受专业的培训，以维持高标准的质量监控能力。

质量管理组织的策略和操作会根据市场变化、技术进步和客户反馈进行调整。通过定期的质量培训和审计，以及持续收集和分析质量相关数据，这个组织能够不断优化其工作流程和方法，从而推动企业的持续改进和发展。

总之，化工企业的质量管理组织是其运营中不可或缺的一部分，它通过系统的方法和专业的团队确保企业能够在激烈的市场竞争中保持优势，同时增强客户的信任和满意度。

质量管理的部分关键角色以及角色的职责和能力要求如表 7-2 所示。

表 7-2　质量管理关键角色的职责和能力要求

角色名称	关键职责	能力要求
质量经理	制定质量管理策略和程序；监督产品质量和过程改进；负责质量体系的审核和认证	强大的领导和组织能力；深入理解质量管理标准；良好的沟通和解决问题的能力

续表

角色名称	关键职责	能力要求
质量工程师	设计和实施质量保证测试方法；分析质量数据，发现问题并实施纠正措施；参与产品设计和开发，确保产品符合质量要求	技术和工程知识；精通统计分析工具；创新和批判性思维
过程控制工程师	监控和优化生产过程，确保过程稳定性；实施过程改进项目，提高效率和质量	熟悉化工生产工艺和控制系统；分析和问题解决的能力；良好的项目管理技能
质检工程师	负责特定产品或过程的质量检查和测试；制定和优化检验流程；报告检验结果并推荐改进措施	精通质量检测技术和标准；数据分析和报告技能；注重细节和质量改进
质量检验员	进行原料、过程和最终产品的检验；编制和维护检验记录；确保产品符合规格要求	精确的操作和记录技能；熟悉测量工具和技术；细致，质量意识强
质量保证专员	审核和评估供应商的质量控制系统；协调客户投诉和处理质量事故；维护质量管理文档	良好的沟通和协调能力；熟悉质量管理和供应链流程；能够处理压力和紧急情况

7.6 质量知能

化工企业的质量管理中的知识技能管理是一个系统的过程，旨在确保所有员工都具备完成其工作所需的适当知识和技能，尤其是在质量控制和改进方面。这种管理活动包括员工的技能评估、定制的专业培训、技能提升和知识共享等方面，以提高产品质量、减少生产缺陷，并促进员工职业成长，最终提升企业的整体竞争力。

知识技能管理涉及的主体包括质量管理部门和人力资源部门，这两个部门负责规划和实施培训计划。同时，高层管理人员提供必要的支持和资源，确保培训项目的有效实施。此外，直接参与生产和质量控制的员工也是这一过程的关键参与者。

常用的质量知识技能如下：

① ISO 9001:2015。国际标准化组织制定的质量管理体系标准，提供一套系统的要求，帮助企业确保其产品和服务的质量。

② **质量控制工具（统计过程控制，简称SPC）**。利用统计方法监控和控制生

产过程，确保产品质量符合标准。

③ **六西格玛**。通过 DMAIC（定义、测量、分析、改进、控制）方法提高过程能力，减少缺陷和变异，提高质量。

④ **TQM（全面质量管理）**。通过全员参与和系统方法，持续改进产品、服务和流程，以提高客户满意度。

⑤ **质量成本分析**。分析和控制预防成本、鉴定成本、内部和外部故障成本，以提高质量和降低成本。

⑥ **FMEA（失效模式与影响分析）**。系统分析潜在失效模式及其影响，并采取预防措施减少风险。

⑦ **质量功能展开（QFD）**。通过识别客户需求，并将其转化为设计和制造要求，提高产品质量和客户满意度。

⑧ **实验设计（DOE）**。通过系统的实验设计方法，优化过程参数，提高产品质量和生产效率。

⑨ **供应商质量管理**。通过评估和监控供应商的质量表现，确保供应链的产品质量。

⑩ **质量审核**。定期检查和评估质量管理体系的施行情况，确保其有效性和持续改进。

7.7　质量绩效

化工企业的质量绩效管理是一种关键的系统性方法，旨在评估和监控质量控制流程的效果，确保产品和服务达到既定的质量标准。该过程涉及设定具体的绩效指标，如产品合格率和客户投诉率，通过这些指标监控整个质量管理系统的表现，并进行定期的绩效评估。

绩效管理的主要目的是保障质量控制系统的有效性，持续提升产品质量和客户满意度。它还有助于企业识别并优化低效的区域，通过更好的资源分配和成本控制，增强企业的市场竞争力。此外，绩效管理结果可用于指导高层管理和前线生产员工的决策和操作，以达到持续改进的目的。

绩效管理是一个持续的过程，通常按季度或年度进行绩效评估和审查。这不仅可以帮助企业及时了解绩效趋势，还可以使其根据反馈进行必要的策略调整。

这些活动在企业的多个层面和部门进行，包括生产线、管理团队等，每个部门根据其功能和职责设定和评估绩效指标。

在实施过程中，化工企业利用先进的数据收集与分析技术来跟踪绩效，绩效结果通过定期的报告形式呈现，并在会议及内部沟通中进行讨论和评审。为了推动绩效改进，企业可能采用如精益生产、六西格玛等工具和技术，这些方法有助于企业实施有效的改进措施，确保质量管理系统持续优化和进步。通过这种全面而系统的绩效管理，化工企业能够确保其产品和服务质量的持续提升，同时优化操作效率和成本控制。

常用的质量管理绩效指标如表 7-3 所示。

表 7-3　常用质量管理绩效指标

序号	指标名称	指标计算方式	注意事项	指标考核部门	频次	数据采集方式
1	产品合格率	（合格产品数量 / 总生产数量）×100%	确保产品检测准确无误	质量管理部门、生产部门	每批产品	质量检测报告
2	客户投诉次数	一定时期内接收到的客户投诉总数	快速响应客户投诉，记录详细信息	客户服务部门、生产部门	每月	客户服务记录
3	质量成本	（直接质量成本＋间接质量成本）/ 总销售收入	控制质量成本，同时维护产品质量	生产部门	每季度	成本核算系统
4	供应商质量评级	基于供应商性能评估的平均得分	定期评估供应商性能，确保供应链质量	采购部门	每季度	供应商评估记录
5	内部质量审核周期	每次内部质量审核之间的平均天数	定期进行内部质量审核，持续改进质量体系	质量管理部门	根据计划安排	审核计划与报告
6	质量改进计划实施率	（实施的质量改进计划数 / 计划的质量改进计划总数）×100%	及时实施和跟踪质量改进计划的效果	质量管理部门、生产部门	每季度	改进计划跟踪记录

7.8　质量沟通

化工企业的质量沟通管理是确保所有相关方对质量标准和问题有透彻了解的

关键组成部分。这种沟通包括在企业内部及其与外部相关方之间就质量政策、程序、问题及改进措施进行的持续信息交流。主要通过日常沟通、会议、报告和反馈机制实现，以增强质量管理的透明度和执行效率。

沟通管理的核心目的是确保每位员工和外部利益相关者都能及时准确地接收到关于质量的关键信息，这对于提升团队协作、减少误解、防止错误并最终增强客户满意度至关重要。这一过程的主要参与者包括质量管理部门、生产人员、高层管理者、供应商和客户等。

质量相关的沟通是一个持续的活动，需要在产品的开发、生产、分销及售后服务的各个阶段不断进行。特别是当发生质量问题或需要传达重要的质量改进措施时，及时的沟通显得尤为重要。

这些沟通活动可以通过多种方式进行，如在企业内部的会议室举行面对面会议，或通过电子邮件和企业内网进行日常更新。与外部利益相关者如供应商和客户的沟通，则可能通过电话、视频会议或在必要时进行现场会议。

为了满足这些复杂的沟通需求，化工企业通常会建立标准化的沟通流程和工具。其中包括定期举行的质量审查会议、发布内部通信、组织质量培训课程及建立反馈和建议系统。此外，企业也利用现代信息技术工具，如 ERP 系统和质量管理体系（QMS），来支持和优化这些沟通流程。

通过这种系统性和层次化的沟通管理，化工企业能够确保其质量控制措施得到有效执行，并通过持续改进来满足客户需求和市场标准。

常用的质量管理沟通方式如表 7-4 所示。

表 7–4　常用质量管理沟通方式

沟通方式名称	描述
质量控制会议	讨论产品质量问题和持续改进措施的月度会议
客户反馈收集	通过在线平台收集和处理客户的质量反馈
质量改进研讨会	定期举办研讨会，分享质量改进技术和经验
内部质量审计分享	执行内部质量审计，以检查和验证质量管理系统的有效性并进行内部分享
质量稽核	定期开展质量方面的现场稽核
质量事故调查分享	如果发生质量事故，按照标准流程进行调查，形成调查报告并在公司内相关部门进行分享学习

7.9 质量策划

质量策划在化工企业质量管理中扮演着关键的角色，确保从产品开发到生产各阶段的质量控制体系得以建立和实施。它涉及明确质量目标、制定相应的质量控制流程，并通过有效的风险评估预防潜在的质量问题。此外，更新质量手册和维护质量认证资质也是质量策划中不可或缺的部分，其有助于确保企业的质量管理系统与行业标准同步，强化质量意识和持续改进文化的建立。

① **实施质量控制流程**。在化工企业中，严格的质量控制流程是确保产品质量的关键。生产管理人员、质量控制人员和操作工人必须协同工作，严格执行质量控制的每个环节。首先，企业需要制定详细的质量控制流程，从原材料检查到生产过程控制，再到成品检测。在原材料检查阶段，确保所有原材料的质量符合标准，通过严格的供应商审核和检测保障原材料的一致性。在生产过程控制中则通过实时监控温度、压力、混合比例等关键参数，确保这些参数在合理范围内波动。在成品检测阶段进行全面的物理、化学和机械性能检测，确保产品达到质量标准。

② **实施质量风险评估**。质量风险评估是预防质量问题、降低质量风险的重要手段。质量管理团队、生产管理人员和风险评估专家需要共同识别和评估每个生产环节的潜在质量风险。企业通过 FMEA 等工具，系统地分析可能出现的问题及其影响，评估风险的严重性和发生概率，并制定相应的预防和应对措施。在原材料采购阶段，评估供应商的质量控制能力和原材料的稳定性。在生产阶段，通过设备维护和工艺流程优化，减少因设备故障或操作偏差导致的质量问题。最终，企业制定详细的预防措施，确保生产过程的稳定和产品质量的一致性。

③ **更新质量手册**。更新质量手册是确保企业质量管理体系符合最新标准的重要环节。质量管理部门、标准专家和文档管理人员共同负责这一任务。企业须定期审查现有质量手册，结合最新行业标准和最佳实践进行更新。通过培训和宣贯活动，确保所有员工理解并遵循新的质量手册内容。企业还应建立反馈机制，定期评估手册的执行效果，识别不足并加以改进。通过持续更新和完善质量手册，企业能够保持质量管理体系的时效性和有效性，提升自身市场竞争力。

④ **维护质量认证资质**。维护质量认证资质对于提升企业信誉和竞争力至关重要。质量管理部门与认证机构保持紧密联系，确保管理体系符合认证标准。企业

须定期进行内部审核，识别并解决体系中的问题。认证准备工作包括整理认证所需的文件，确保文件的完整性和准确性。各相关部门也须配合进行现场检查和准备，确保符合认证标准。通过系统的认证维护工作，企业能够持续提升质量管理水平，确保通过各项认证，增强市场竞争力。

7.10　质量控制

质量控制是化工企业确保产品质量和符合规定标准的直接手段。该过程涵盖从原材料检验到成品检测的全过程，严格监控生产的每一个环节。通过实时监测生产参数，进行产品抽样检测，以及检查原材料的质量，企业可以有效地控制生产过程中的质量波动，及时发现并纠正偏差，从而提高产品的整体质量和可靠性。

① **产品抽样检测**。产品抽样检测是确保产品质量符合标准、及时发现并纠正生产中质量问题的关键措施。质量控制人员、生产管理人员和实验室技术人员协同合作，按照详细的抽样检测计划进行操作。该计划应明确抽样比例、频率和检测项目，确保检测的全面性和代表性。在生产过程中，质量控制人员定期抽取产品样品，覆盖不同生产阶段和批次，确保检测结果准确反映产品质量。例如，针对不同生产环节，可分别抽取半成品和成品进行物理、化学、机械等方面的检测。实验室技术人员对样品进行详细分析，并记录各项检测结果，包括产品的重量、成分和性能指标。检测完成后，质量控制人员对检测结果进行分析，一旦发现质量偏差，立即采取纠正措施。对于存在质量问题的批次，质量控制人员将暂停生产，调查原因并制定纠正方案，以防止类似问题再次发生。此外，企业还应建立质量反馈和改进机制，通过系统化分析持续提升产品质量和生产效率。通过全面的产品抽样检测，企业可以有效预防和发现生产中的质量问题，确保产品符合标准，提高客户满意度和市场竞争力。

② **原材料质量检查**。原材料质量的检查是保障生产稳定性和产品质量的重要前提。质量控制人员、采购部门和供应商管理人员共同负责这一环节。企业应制定详细的原材料质量检验标准和流程，确保原材料在外观、成分、性能等方面符合生产要求。质量控制人员在原材料到货时，按照标准对其进行检测，如检测化学材料的纯度和杂质含量，对金属材料进行成分分析和性能测试等。通过这些检

测，企业能够及时发现不合格的原材料，避免在生产中出现问题。采购部门需要与供应商保持密切沟通，确保所提供的原材料符合质量标准和合同要求。通过签订质量协议，明确质量标准和检测要求，采购部门可以有效管理供应链，保证原材料质量的稳定性。供应商管理人员则通过定期的供应商审核和评估，监控供应商的质量表现，确保他们能持续提供高质量的原材料。通过科学的原材料质量检查和管理，企业可以减少生产中的风险，提升产品质量和生产效率，从而在市场竞争中占据有利位置。

③ **生产过程参数监控**。生产过程参数的监控是确保生产稳定性和产品质量的一项重要措施。生产操作人员、质量控制人员和生产管理人员协同负责，确保对生产中关键参数（如温度、压力、流量、浓度等）的实时监控和控制。这些参数对产品质量有直接影响，因此必须对其进行精确管理。企业需要配备先进的监控设备和系统，实时采集和分析生产过程中的各项数据，确保生产条件在合理范围内运行。生产操作人员依据监控设备提供的数据，随时调整生产参数，确保生产过程稳定。如遇到温度或压力超标情况，操作人员须立即调整设备，以保障生产的正常运行和产品质量的稳定。质量控制人员定期检查监控数据，发现异常情况及时采取纠正措施，确保生产的顺利进行。生产管理人员则负责制订和实施生产过程监控计划，确保各项参数得到有效控制。通过严格的生产过程参数监控，企业可以有效减少生产中的波动，确保产品质量的一致性和可靠性。

④ **实验室操作监控**。监控实验室操作是保证质量检测数据准确性和可靠性的关键措施。实验室技术人员、质量控制人员和实验室管理人员共同负责这一任务。企业须制定详细的实验室操作规范，确保每项检测操作的规范性和一致性。在进行检测时，实验室技术人员应严格按照操作规范执行，以确保测试结果的准确性。例如，物理检测须确保样品准备和设备设置的准确性，化学检测须保证试剂配制和样品处理的规范性，机械检测则须关注设备校准和样品固定的准确性。质量控制人员定期检查实验室操作情况，确保所有检测步骤符合规定，并发现操作中的偏差。通过定期开展内部审核和外部质量评估，企业可以发现并改进实验室操作中的问题，确保检测结果的准确性。实验室管理人员则负责制订和执行实验室操作监控计划，定期培训实验室技术人员，提高其操作水平。通过全面的实验室操作监控，企业可以确保质量检测的可靠性，从而支持生产和质量控制，提升整体产品质量。

⑤ **生产设备精度检查**。检查生产设备的精度是保证生产过程稳定和产品质量的重要环节。设备管理人员、生产操作人员和质量控制人员协同合作，确保设备精度符合生产要求。企业须制定详细的设备精度检查和维护计划，包括设备的定期检查、校准和维护。设备管理人员在设备投入使用前须进行全面检查和校准，确保其性能稳定。例如，对机械设备进行尺寸和精度校准，对电子设备进行电气性能校准等。在设备使用过程中，生产操作人员应定期监控设备运行状态，发现问题及时处理。若设备性能下降或出现故障，须立即通知设备管理人员进行维修。质量控制人员则负责监督设备精度的检查，确保设备各项性能指标符合生产要求。通过系统的设备精度检查和维护，企业可以确保生产设备的高效运行，减少因设备问题导致的质量问题和生产风险，从而提高生产效率和市场竞争力。

⑥ **编制质量控制报告**。质量控制报告是记录和分析质量控制数据、支持质量管理决策的重要工具。质量控制人员、数据分析师和质量管理人员共同负责这一任务。企业须制定质量控制报告的编制标准，确保报告内容的全面性和规范性。在质量控制过程中，质量控制人员应收集各项质量数据，包括检测结果、设备参数和操作记录等，确保数据的准确性和完整性。数据分析师则负责对这些数据进行详细分析，识别质量问题和改进点。例如，通过统计分析工具，分析质量数据的趋势，找出问题的根源，为质量管理决策提供依据。质量管理人员编制并审核质量控制报告，确保报告的准确性和可操作性。企业还应建立质量控制报告的评估机制，定期审查报告内容，确保其持续改进。通过科学的质量控制报告编制和管理，企业可以有效监控和改进质量管理体系，提升产品质量和市场竞争力。

⑦ **实施质量审核**。质量审核是确保质量管理体系有效性的重要措施。内部审核员、外部审核机构和质量管理人员协同负责，定期进行内部和外部审核。企业须制订详细的质量审核计划，明确审核内容和标准，确保审核的全面性。内部审核员负责对企业各项质量管理活动进行检查，发现管理中的问题和不足，提出改进建议。外部审核机构则根据认证标准，对企业的质量管理体系进行评估。企业须配合外部审核，确保其质量管理体系符合标准要求。质量管理人员负责组织审核活动，确保审核顺利进行。通过定期质量审核，企业可以及时发现和纠正管理中的问题，确保质量管理体系的持续改进和优化，提高产品质量和生产效率。

⑧ **成品仓储条件检查**。检查成品仓储条件是保障成品质量的重要环节。仓储管理人员、质量控制人员和物流管理人员共同负责，确保仓储环境符合质量要

求。企业应制定成品仓储管理标准，明确温度、湿度和卫生条件的要求，确保成品在仓储期间保持良好状态。例如，确保恒温仓库温度稳定，防止低湿度仓库受湿气损害，避免洁净仓库受污染。仓储期间，质量控制人员须定期检查仓储条件，发现问题及时处理。物流管理人员应在成品出库前对产品质量进行检查，确保其在运输过程中不受损害。通过定期检查和管理，企业可以确保成品在仓储期间的质量，防止因存储不当导致的问题，进一步提高客户满意度和市场竞争力。

7.11　质量改进

质量改进是化工企业持续提升产品和服务质量的核心环节。它要求企业不仅要分析和处理不合格品，还需要基于数据驱动的洞察来优化生产工艺和产品设计。实施质量改进计划涉及各个部门的协作，主要措施包括技术改进、工艺优化及员工质量意识的培训。通过这些措施，企业能够减少缺陷，优化资源使用，提高客户满意度和市场竞争力。

① **分析不合格品原因**。分析不合格品原因是提升产品质量、减少不合格品、提高生产效率和客户满意度的关键步骤。质量控制、生产管理和工艺工程师应共同承担这一责任。首先，企业应制定详细的不合格品分析标准和流程，确保分析的内容全面且系统。在分析过程中，质量控制人员应收集不合格品的数量、种类、发生时间和位置等数据，这些数据通过质量检测记录、生产记录和操作日志获取。例如，质量控制人员应记录每个批次的不合格品数量和种类，包括物理性能、化学成分等方面的问题，同时监控生产参数的变化并记录不合格品发生的原因和位置。工艺工程师则负责深入分析产生不合格品的根本原因并提出改进建议。通过鱼骨图和 5why 等质量分析工具，工艺工程师可以系统地识别问题的根本原因，并针对原材料或操作问题提出改进措施，如加强供应商管理或优化工艺流程。生产管理人员负责制定并实施改进措施，确保不合格品原因得到有效解决。企业应制订详细的改进计划，明确目标、措施、责任人和时间表，并通过培训提升员工的质量意识，确保每个环节符合质量要求。此外，企业应建立评估和反馈机制，以确保改进措施的持续优化和完善。

② **分析质量数据**。分析质量数据是通过数据找出质量问题的趋势和原因、制定改进措施、持续改进质量管理体系的重要步骤。质量控制人员、数据分析师和

质量管理人员共同负责这一任务。首先，企业应制定详细的质量数据分析标准和流程，明确分析的内容和方法，确保分析的全面性和系统性。在数据分析过程中，质量控制人员负责收集并整理检测结果、设备参数和操作记录等数据，确保信息的准确性和全面性。数据分析师则负责对收集的数据进行统计分析，识别质量问题的趋势和原因，并提供数据分析报告，为管理决策提供依据。质量管理人员应根据分析报告制定改进措施，并定期评估和反馈，确保改进的持续优化。通过系统的质量数据分析和管理，企业可以有效发现并解决质量问题，提高产品质量和生产效率，增强市场竞争力。

③ **实施质量改进计划**。实施质量改进计划是企业持续提升质量管理水平的重要措施。质量管理人员、生产管理人员和各相关部门共同负责这一任务。首先，企业需要根据质量分析结果，制订详细的质量改进计划，明确改进的目标、措施、责任人、时间表和资源需求，确保计划的全面性和系统性。在制订质量改进计划时，质量管理人员应根据分析结果识别出质量问题和改进点，提出相应的改进措施并进行可行性评估，以确保措施的有效性和可行性。生产管理人员在实施过程中，负责协调各部门落实改进措施，并通过培训和宣导提升员工的质量意识，确保每个环节都符合质量要求。各相关部门则负责根据改进计划优化生产工艺、检测和设备管理，确保改进措施的有效实施。此外，企业应建立评估和反馈机制，定期评估改进计划的效果，发现问题并及时调整，确保改进的持续性和有效性。

④ **培训员工质量意识**。培训员工质量意识是增强全员质量管理意识、提高产品质量和生产效率的重要措施。人力资源部门、培训师和各部门主管共同负责这一任务。首先，企业应制订系统的质量管理培训计划，涵盖质量控制知识、质量标准、操作规范和改进措施等内容，确保培训的全面性和系统性。在培训过程中，培训师应通过课堂讲解、案例分析和实际操作等多种形式，提高员工的质量意识和管理能力。各部门主管则负责组织和协调员工的培训工作，确保每个员工都能掌握相关知识和技能，并在日常工作中积极参与质量管理。培训结束后，企业应对培训效果进行评估和反馈，发现不足并及时改进，以提高培训的实际效果。通过系统和全面的培训，企业可以有效提高员工的质量意识和管理能力，降低成本，提高运营效率，为企业的长期发展提供有力支持。

7.12　客户成功

客户成功是化工企业在质量管理体系中的外延，强调通过高标准的客户服务来实现长期的业务成功。进行客户满意度调查、客户培训与教育，提供个性化服务，以及有效处理客户投诉，都是确保客户需求得到满足的重要措施。通过这些活动，企业不仅能改进产品和服务，还能建立起与客户之间的信任，最终推动企业的持续成长和利益最大化。

① **进行客户满意度调查**。客户满意度调查是提升产品和服务质量、增强客户忠诚度的关键手段。客户服务团队、市场调研人员和质量管理人员共同负责这一任务。企业应制订全面的客户满意度调查计划，涵盖产品质量、服务质量、交货时间和售后服务等方面。调查通过在线问卷、电话访谈和客户座谈等多种形式进行，确保数据的代表性和准确性。市场调研人员负责对收集的数据进行统计分析，识别影响客户满意度的关键因素，并编制详细的分析报告，为产品和服务的改进提供依据。质量管理人员则负责编制和审核客户满意度调查报告，确保其内容的全面性和规范性。通过系统的客户满意度调查，企业能够及时了解客户需求，优化产品和服务，提高客户满意度和忠诚度。

② **客户培训与教育**。客户培训与教育是帮助客户充分了解产品功能、提高使用满意度的重要措施。客户成功团队、产品专家和培训师共同负责这一任务。首先，企业需要制订详细的客户培训计划，涵盖产品使用、常见问题解决、最佳实践等方面。培训可以通过线上课程、实地培训、网络研讨会等多种形式进行，以满足不同客户的需求。客户成功团队负责识别客户的培训需求，制定个性化的培训方案，确保培训内容的针对性和实用性。产品专家则负责设计和开发培训材料，确保内容的准确性和易懂性。培训师通过互动式教学和实际操作演练，帮助客户掌握产品的使用技巧，充分发挥产品的价值。通过有效的客户培训与教育，企业能够增强客户的信心和满意度，提高客户留存率。

③ **提供个性化服务**。提供个性化服务是满足客户独特需求、增强客户黏性的重要措施。客户成功团队、销售团队和技术支持团队共同负责这一任务。首先，企业需要深入了解客户的业务背景和个性化需求，通过调研和沟通确定客户的具体要求。客户成功团队负责根据客户需求制定个性化服务方案，确保服务的针对性和有效性。销售团队则与客户紧密合作，提供定制化产品和解决方案，确

保产品能够满足客户的特殊要求。技术支持团队则负责根据客户的技术需求，提供量身定制的技术支持和解决方案，确保客户能够顺利使用产品并实现最佳效果。通过提供个性化服务，企业能够建立更紧密的客户关系，提升客户满意度和忠诚度。

④ **处理客户投诉**。处理客户投诉是提高客户满意度、减少客户流失的重要措施。客户服务团队、质量管理人员和相关部门共同负责这一任务。企业应建立客户投诉处理流程和机制，确保投诉能够及时得到处理和解决。客户服务团队负责接收和记录客户投诉，进行初步分析并提供解决方案。质量管理人员负责深入分析客户投诉，找出问题根源并制定改进措施。相关部门则负责实施改进措施，确保客户投诉的问题得到有效解决。企业还需建立客户投诉处理的评估和反馈机制，定期分析投诉数据，持续改进产品和服务质量。通过有效的客户投诉处理，企业能够提高客户满意度，减少客户流失，提升市场竞争力。

7.13　案例：铁三角走访客户

在化工企业中，确保客户满意度的提升不仅是业务成功的关键，也是企业竞争力增强的重要因素。针对这一目标，万华化学实施了"铁三角走访"策略，这是一种创新的客户服务方法，涉及研发、生产、质量管理部门的紧密合作。每个部门选派精通自己领域的资深成员组成访问团队，他们不仅在技术和产品知识方面有深入了解，而且具备出色的问题解决能力和沟通技巧，他们共同走近客户，取得客户的直接应用信息，与客户及时沟通，迅速解决问题，让服务走上快车道，提供魅力服务。

走访活动的时间通常根据客户的需求和反馈安排。这些访问可以是响应客户提出的具体问题，或作为定期检查和服务的一部分，如每季度或每半年安排一次。地点则通常选在客户的生产现场，例如工厂或实验室，这样可以使团队成员直接观察到产品在实际操作环境中的表现，从而提供最符合实际需要的解决方案。

走访的主要目的是强化与客户的直接联系，提高服务质量，同时收集客户在产品使用过程中的反馈。这种面对面的交流非常有效，不仅可以即时解决客户的疑问，还能加深客户对企业产品和服务的信任。此外，通过直接从客户处获得反馈，企业能够迅速调整生产策略，优化产品设计，提高产品的市场适应性和技术水平。

在实施铁三角走访时，团队成员会进行充分的准备工作。其中包括回顾客户的历史购买记录、之前的服务案例和客户以往的反馈信息。在访问过程中，团队不仅要提供技术支持和解答，还要积极探询客户对产品的进一步需求和改进建议。访问结束后，团队将汇总所得信息，编制详细报告，并基于客户的具体反馈调整企业的研发及生产计划。

这种跨部门的合作模式极大地促进了企业内部的资源共享和信息流通，有助于形成一个响应迅速、高效能解决问题的团队。通过铁三角走访，企业不仅能提升产品质量和服务水平，还能加强客户关系，增强市场竞争力，为企业带来长远的发展和稳固的客户基础。

第 8 章

成本管理能力

——极限最低

8.1　成本管理概述

成本管理是指通过系统化的管理方法和策略，优化资源配置，控制和降低生产和运营成本，以提高企业的经济效益。其管理范围包括预算编制与执行、成本核算、成本控制、成本分析、节约成本措施、采购成本管理和生产效率提升等。

（1）成本管理、能源管理、碳排放管理——目标同向、措施同步、测量同法

在化工企业中，成本管理、能源管理和碳排放管理是三个紧密相连但各具特色的领域。它们之间的联系体现在共同的目标上，即通过资源优化来提升企业的经济与环境绩效。然而，它们的区别则在于管理焦点和实施策略的不同。

成本管理、能源管理和碳排放管理三者之间的主要联系在于它们相互依赖且互相影响。例如，有效的能源管理不仅可以降低能源成本，也直接影响到碳排放量的控制。在化工企业的实际操作中，采用高效的能源使用技术，如改进燃料的燃烧效率或利用余热回收系统，可以同时达到降低能源成本和减少碳排放的双重效果。此外，这些管理领域常利用相同的数据监控系统来追踪能源消耗、成本支出和碳排放量，这种数据的整合使得管理决策更加全面和精准。

这些管理领域在目标上存在交集，而它们的主要区别在于各自的管理焦点和所采取的策略。**成本管理**专注于控制和减少企业在生产和运营中的各项成本，包括原材料、劳动力、设备折旧等。成本管理的策略可能包括优化供应链、采购成本的谈判、生产过程的标准化以及采用成本效益更高的技术。**能源管理**关注提高能源利用效率和减少能源消耗。这通常涉及能源审计、改进能源使用设备、实施能源回收技术以及采用可再生能源。进行能源管理不仅是为了降低能源成本，也是为了减少因能源消耗导致的环境影响。**碳排放管理**致力于减少企业活动中的温室气体排放。主要措施包括监测和报告碳排放量、参与碳排放权交易市场以及开展碳中和项目。碳排放管理的策略和实践通常受国家和国际环保法规的影响，旨在帮助企业达到政策要求和改善其环保形象。

举例来说，卓越企业某装置通过引入新型的催化剂和改进生产工艺，不仅降低了生产成本，同时也提高了能源使用效率，并显著减少了碳排放。通过技术创新和流程优化，三个领域可以实现协同效应。

总之，虽然成本管理、能源管理和碳排放管理在化工企业中各有侧重，但它们之间的相互作用和共同目标使得综合管理策略不仅可行而且必要。这种整合方法不仅能帮助企业实现经济效益，也能显著提升其在环境保护方面的贡献和社会责任。

（2）成本3极限——运行极限、行业极限、理论极限

在化工企业的成本管理中，追求3个极限是一种逐步推进和持续优化的策略。每个极限代表了不同层次的成本控制目标和技术实现水平（图8-1）。

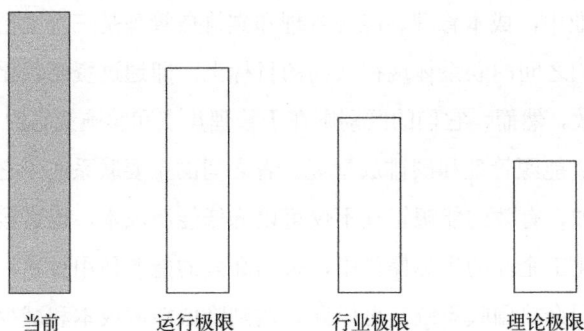

图8-1 成本管理3个极限

运行极限是指本企业装置运行的极限，即在现有的技术、设备和管理条件下，企业能够达到的最低成本运行状态。达到运行极限意味着企业已经充分利用

了现有资源，消除了无效和低效的操作，优化了生产过程。这是成本管理的第一步，因为它立足于当前企业的实际条件，通过内部管理和技术改进来降低成本。

行业极限是指行业同类装置的极限水平，也就是同行业中最优秀企业的成本管理水平。为达到行业极限，需要企业进行行业内的比较和学习，借鉴行业内的最佳实践和技术创新。这一步骤要求企业不仅要优化内部操作，还需要外部学习和技术引进，以与行业领先企业的成本水平相匹敌。

理论极限是基于化学工程理论所能达到的最低成本状态，它代表了在理论上完美的操作和过程控制。达到理论极限往往需要前沿的科技研发和创新技术的应用。这是最难实现的一步，因为它不仅要求企业拥有高水平的技术创新能力，还可能使企业面临巨大的研发投入和技术风险。

在成本管理的实际操作中，企业应当逐步推进，首先确保在运行极限上的优化，随后逐步接近行业极限，并最终朝向理论极限发展。这种分阶段的策略可以帮助企业持续改进其成本效率，同时降低过程中的风险。此外，企业还应该在这一过程中不断地进行成本与效益的评估，确保每一步的投入都能带来相应的经济回报。总体来说，追求这 3 个极限的成本管理策略不仅能提升企业的竞争力，也能推动技术进步和创新，是化工企业实现可持续发展的关键。

8.2　成本管理面临的挑战

化工企业在管理其成本方面面临众多复杂和多样的挑战，这些挑战影响着企业的整体竞争力和可持续发展。首先，原材料成本的波动是一个主要问题，因为全球市场供需的变化常常导致原材料价格的不稳定。此外，能源成本，特别是对于能源依赖度高的化工企业而言，也是一大关注点，能源价格的波动直接影响到生产成本。

环保法规的日益严格化也对化工企业构成了挑战，新的环保标准要求企业采用更加严格的排放和废物处理措施，这无疑增加了运营成本。随着全球对环保问题的关注加剧，安全处理化学废物的费用也在持续上升。

人力资源成本也是化工企业的一大支出，其中包括工资、福利和员工培训费用。随着市场对高技能劳动力的需求增加，吸引和保留合格员工的成本也随之上升。技术创新和升级是另一大投资领域，化工企业须不断投资于新技术以维持其市场竞争力，其中包括研发新产品和改进生产工艺的费用。

在质量控制方面，企业需要投资于高标准的生产流程和监控系统以确保产品质量，同时还要尽量控制这一过程中的成本。生产安全也是化工企业不可忽视的一个方面，必须投入资金以确保生产过程的安全，避免事故的发生，这关系到企业的声誉和经济损失。

物流成本（包括运输和仓储费用）也在逐年增加。全球化的供应链带来了更高的管理成本，同时，汇率波动和市场需求的不确定性也使得生产计划和库存管理变得更加复杂。此外，产品生命周期的缩短要求企业更快速地进行产品创新，以应对市场竞争和客户需求的多样化。

国际贸易壁垒（如关税和配额限制）进一步增加了成本和价格的压力，同时，保护研发投入的知识产权费用也在增加。为了提高生产效率和降低成本，企业还须不断改进生产流程，同时在定价策略上找到成本与市场接受度之间的平衡点。

化工企业还必须管理与政策和法规变动相关的不确定性因素，以及投资于高质量客户服务和市场扩展的成本。此外，有效的供应商管理、减少生产损耗和浪费、控制大型项目的风险、维护信息系统以及员工的发展和培训都是化工企业在成本管理上必须面对的问题。

综上所述，化工企业面临的成本管理挑战错综复杂，要求企业采用精细化管理和创新策略，以确保其在不断变化的市场环境中保持竞争力和实现可持续发展。

8.3 成本理念

（1）卓越成本管理的核心理念

① 全面控制。企业对所有成本元素进行全面的监视和管理，不仅包括生产直接成本（如原料成本、劳动力成本等），还包括间接成本（如管理费用、销售费用、研发费用等）。这种全面性管理有助于企业从宏观和微观层面理解成本结构，从而有效地控制和降低总成本。例如卓越企业不仅关注原材料的采购成本，还对办公设备的使用和维护费用进行严格监控，以实现全方位的成本控制。为了全面控制成本，企业还对能耗、废弃物处理费用进行详细记录和分析，以便发现并消

除浪费。

② **价值评估**。企业应对每一项成本进行全面的价值评估，确保每一笔开支都能带来相应的效益。其中不仅包括对直接生产成本的评估，还包括对间接成本的评估，确保每一项费用的支出都能为企业创造价值。例如，卓越企业在引进新设备前，会对其使用寿命和预期产出进行详细评估，确保投资回报率符合预期。在选择供应商时，企业不仅会比较报价，还会考虑供应商的服务质量和交货准时性，以确保每一笔支出都物有所值。

③ **精细分析**。这一原则强调对成本数据进行细致的分析，理解每一项成本的构成和变动原因。通过对不同生产批次、不同工序或不同产品线进行成本分析，企业可以识别成本控制的薄弱环节，找出提高成本效率的具体措施。例如某生产装置对不同生产批次的成本进行详细分析，发现某些批次的能耗较高，经过调查发现是由设备故障导致的。通过维修更换设备，企业成功降低了能耗成本。此外，通过对各产品线的成本进行对比分析，企业发现某条产品线的原材料浪费较多，进而优化了采购和生产流程。

④ **持续改进**。鼓励企业持续寻找改进生产流程和管理流程的方法，以降低成本和提高生产效率。方法可能包括引入新技术、改进工艺流程、优化供应链管理等。通过不断改进，企业可以适应市场变化，持续优化成本结构。例如某装置通过改进结晶操作流程，显著提高了生产效率，降低了人工成本。同时，通过优化供应链管理，减少了库存积压，提升了资金周转效率。为了持续改进，企业还定期组织员工培训，提升其操作技能和管理水平。

⑤ **效益优先**。在追求成本节约的同时，必须确保不以牺牲产品质量或影响长期发展为代价。这意味着成本管理应与企业的整体战略目标相一致，确保短期的成本控制措施不会损害企业的品牌信誉或市场地位。这一理念要求企业在成本管理中找到平衡点，实现成本效益和产品质量的双重优化。例如，卓越企业在降低生产成本时，始终保持对产品质量的严格把控，确保最终产品符合客户要求和行业标准。在研发新产品时，卓越企业投入大量资源进行市场调研和技术开发，以确保新产品在保持高质量的同时具有极富竞争力的成本结构。

（2）核心理念的作用

"全面控制""价值评估""精细分析""持续改进"和"效益优先"5 条成本管理理念之间存在着深刻的相互关联和支持作用，形成了一个互相促进的管理体系。

"全面控制"不仅关注成本的监控和管理，也为"价值评估"提供了必要的数据和信息基础。通过全面控制，企业能够收集到关于各项成本的详细数据，这些数据又是进行价值评估的关键。例如，通过监控和管理各种直接和间接成本，企业可以更准确地评估每一项支出的价值，确保每一笔开支都能带来相应的效益。

"精细分析"则深入挖掘"全面控制"所获得的成本数据，帮助企业理解成本构成和变动的具体原因。通过这种分析能够识别出成本控制的薄弱环节，从而指导"持续改进"的实施。"持续改进"依靠"精细分析"提供的洞察，推动企业不断寻找提高生产效率和成本效率的新方法，如改进工艺流程、优化供应链管理等。这不仅有助于降低成本，还能使企业适应市场变化，持续优化成本结构。

"效益优先"则确保成本控制和管理活动与企业的长期战略目标保持一致，强调在追求成本节约的同时，不牺牲产品质量或影响企业的长期发展。这一理念要求企业在进行成本管理时，找到成本效益和产品质量之间的平衡点。例如，在降低生产成本的同时，保持对产品质量的严格把控，确保产品符合市场和客户的高标准要求。通过这样的管理实践，企业不仅能有效控制成本，还能维护品牌信誉和市场地位。

8.4　成本目标

在化工企业中，成本管理的目标管理是由高层管理者、财务部门、生产部门及其他相关部门的专业人员共同负责的。这些团队成员致力于制定成本目标，以及监控和分析成本表现，进而优化企业运营。成本目标主要关注直接成本，如原材料和人工，以及间接成本，包括管理费用和设备折旧。目标管理的实施贯穿于企业的各个部门，尤其是那些成本敏感的部门（如生产、采购和供应链管理部门）。

成本管理是一个持续的过程，通常与企业的财务年度同步，周期性地进行成本目标的设定、评估和调整。目标管理的重要性在于，它有助于企业优化资源配置，减少浪费，提升经济效益，从而在竞争激烈的市场中保持竞争力和盈利能力。具体实施步骤包括成本分析、目标设定、实施监控、定期评审和持续改进。

通过这些步骤，企业可以根据市场变化和内部管理需要，持续调整和优化成本控制策略。

卓越的化工成本管理追求"零损失"的总体目标，这意味着最大化资源效率，消除一切形式的浪费，从而实现成本的最优化。达到零损失的目标需要企业在多个层面上进行创新和改进，包括过程优化、能源和材料利用效率提升、设备管理和维护、废物管理和减少缺陷、员工培训和参与、供应链管理。

常见的成本管理具体目标如表 8-1 所示。

表 8-1　成本管理目标示例

序号	目标	对应指标名称
1	将生产成本控制在预算范围内，提高成本效益	生产成本
2	每月能源消耗量减少 ×%，推动节能减排	能源消耗
3	将原材料成本降低 ×%，优化采购策略	原材料成本
4	每月人工成本降低 ×%，提高劳动生产率	人工成本
5	每月维护成本减少 ××%，通过定期维护降低紧急维修成本	维护成本
6	将废料率控制在 ×% 以内，提高原材料利用率	废料率
7	提高库存周转率至 ×× 次 / 年，减少库存积压	库存周转率
8	每季度通过成本节约项目实现 ×××× 万元的成本节省	成本节约项目实施效果
9	将成本预算控制差异控制在 ×% 以内，确保不超出预算	成本预算控制差异

在化工企业的成本管理中，总体目标"零损失"代表了企业对资源利用和成本控制的最高追求，而具体目标则是实现总体目标的分步骤措施和阶段性成果。总体目标为具体目标提供了明确的方向引领，而具体目标通过实际执行和量化指标推动总体目标的实现。两者相互作用，共同保障企业成本管理的卓越性，确保资源的最大化利用，减少浪费，从而提升企业的经济效益和市场竞争力。

8.5　成本组织

在化工企业中，成本管理组织设置是关键的，涉及多个部门和角色，通常由成本控制部门牵头，包括成本会计师、成本分析师以及管理层。此外，生产、采购和物流等相关部门的成员也参与其中，确保从各个角度监控和控制成本。这种组织的活动主要在企业总部及各生产基地展开，总部负责大策略和整体监控，而各生产基地则聚焦于具体的成本控制措施和效率提升。

设立专门的成本管理组织是为了更加专业和系统地进行成本控制，以便更好地理解成本结构，优化资源配置，并提高整体财务性能，从而使企业在市场上保持竞争力。

实施成本管理通常涉及建立具体的部门，制定明确的职责和工作流程。企业还应通过培训提升相关人员的成本意识和专业技能，并利用先进的管理软件和工具来提高成本管理的效率。通过这些措施，化工企业能够实现成本的有效控制和降低，支持企业的持续发展。

成本管理的部分关键角色以及角色的职责和能力要求如表 8-2 所示。

表 8-2　成本管理关键角色的职责和能力要求

角色名称	关键职责	关键能力要求
成本经理	制定成本控制策略和流程；监控成本绩效，与预算比较分析差异；提供成本数据，支持决策制定	强大的财务和成本分析能力；熟练掌握预算管理和成本控制技巧；良好的领导能力和团队协作能力
预算分析师	准备和审查预算报告；进行财务预测和风险分析；与各部门协作，确保预算符合战略目标	出色的分析和解决问题的能力；熟练使用财务软件和 Excel 等工具；良好的沟通和协调能力
财务控制师	监督财务报表的编制和准确性；确保相关人员遵守会计准则和法规要求；进行成本效益分析，优化资金使用	深入理解会计和财务报告标准；高度的精确性和注意细节；强大的道德观和职业操守
成本会计	跟踪和分析生产成本和运营成本；审核成本记录，确保成本分配正确；提供成本节约和成本控制的建议	熟练的会计技能和丰富的成本核算经验；能够处理大量数据并进行复杂计算；细致、系统的工作态度
成本工程师	负责项目成本预算编制和控制；分析项目实际支出与预算的偏差，并提出改进措施；参与成本降低和价值工程项目	熟练的项目管理和成本控制技能；强大的分析和问题解决能力；良好的技术和工程知识基础
班组成本管理员	监控和记录班组的日常运营成本；协助班组长制定成本节约措施；定期报告班组成本情况，并提供改善建议	良好的数据收集和分析能力；熟悉基本的财务和成本会计原理；强大的组织和沟通能力

8.6　成本知能

在化工企业中，成本管理的知识技能管理是一个关键的组成部分，涵盖了财务部门、生产部门、采购部门以及其他涉及成本控制的部门。这些部门的员工需要通过系统的培训提高自身在成本分析、成本控制、预算编制及成本优化方面的专业能力。

常用的成本知识技能如下：

① **ABC（作业成本法）**。通过分析企业的作业和成本动因，精确分配间接费用，提高成本管理的精度。

② **标准成本法**。制定标准成本，监控实际成本与标准成本的差异，进行成本控制和绩效评估。

③ **成本效益分析**。评估项目或决策的成本和效益，确保资源的有效利用。

④ **目标成本管理**。在产品设计阶段设定目标成本，通过持续改进和成本控制，实现目标成本。

⑤ **预算管理**。制定和执行企业的财务预算，监控实际支出与预算的差异。

⑥ **盈亏平衡分析**。分析企业在不同产量水平下的盈亏情况，确定盈亏平衡点。

⑦ **成本中心管理**。将企业划分为多个成本中心，分别核算和控制各中心的成本。

⑧ **生命周期成本分析**。评估产品在整个生命周期内的成本，包括研发、生产、使用和废弃等阶段。

⑨ **价值工程**。通过分析产品功能和成本，寻找降低成本和提高价值的方法。

8.7　成本绩效

在化工企业中，成本管理的绩效管理是由财务部门和管理层主要负责的，涉及各个与成本相关的部门，包括生产、采购和物流等。绩效管理通过设定具体的绩效指标，如成本节约率、成本控制效率以及预算与实际成本的偏差，来监控并评估成本管理的有效性。这些活动遍及整个企业，尤其是直接涉及成本控制的关键区域，如生产线、仓库和办公室。

绩效管理是一个持续的过程，通常与财务报告周期同步，进行月度、季度和年度的评估。这样做可以确保对成本管理效果的持续跟踪和及时调整。绩效管理的目的是帮助企业识别成本控制中的问题和机会，提高资源利用效率，并减少不必要的开支，从而增强企业的财务健康和市场竞争力。

为了实现这些目标，企业可建立绩效评估系统，定期收集和分析成本数据，并比较预算与实际支出。通过这些数据分析，管理层能够评估绩效指标的达成情况，并制定相应的改进措施。此外，企业可通过培训和采取激励措施，提高员工的成本意识和绩效表现。这种综合的绩效管理策略使化工企业能够有效地监控和优化其成本结构，确保自身在竞争激烈的市场环境中保持优势。

常用的成本管理绩效指标如表 8-3 所示。

表 8-3　常用成本管理绩效指标

序号	指标名称	指标计算方式	注意事项	指标考核部门	频次	数据采集方式
1	生产成本	（直接材料成本＋直接人工成本＋间接制造费用）/生产总量	区分固定成本和变动成本	财务部门、生产部门	每月	成本核算系统
2	能源消耗	总能源消耗量/生产单位量	监控能源使用，寻找节能减排机会	生产部门	每月	能源管理系统
3	原材料成本	总购买原材料的成本/生产总量	优化采购策略，减少原材料成本	采购部门	每月	采购记录
4	人工成本	总人工成本/生产总量	优化人力资源，提高劳动生产率	人力资源部门	每月	人力成本记录
5	维护成本	总维护费用/生产总量	定期维护，减少紧急维修导致的高昂成本	设备部门	每月	维护记录
6	废料率	（生产过程中产生的废料量/生产总量）×100%	减少生产浪费，提高原材料利用率	生产部门	每月	生产记录
7	库存周转率	销售成本/平均库存成本	提高库存管理效率，减少库存积压	物流部门	每月	库存记录
8	成本节约项目实施效果	实施成本节约措施后的节省金额	鼓励创新和改进，实施有效的成本控制措施	财务部门、生产部门	每季度	项目报告
9	成本预算控制差异	（实际成本－预算成本）/预算成本×100%	严格控制成本，确保不超出预算	财务部门	每月	预算报告

8.8　成本沟通

在化工企业中，成本管理中的沟通至关重要，需要通过精确的策略和方法来实现。首先，明确沟通的内容是至关重要的步骤，其中包括传递关于成本数据、成本削减目标、预算编制过程、具体的成本控制措施，以及成本分析结果等方面的信息。这些信息的沟通能确保所有相关部门都对成本控制的目标和方法有一个清晰的理解。

其次，沟通的目的需要被清晰地传达给所有相关人员。这种沟通的主要目的是确保每位员工都了解其在成本控制中的角色和责任，并知晓如何通过日常操作有效地管理和降低成本。这种理解将促进跨部门的协作，使成本管理更为有效。

沟通的参与者通常包括财务部门、采购部门、生产部门、仓储管理部以及公司的高层管理者。每个部门的参与不仅是提供信息，更是参与到成本控制策略的制定与执行中，确保从多角度共同推进成本管理目标的实现。

再次，关于沟通的时间安排，规律性是关键。企业应该设立固定的沟通时间，如每月或每个财务周期的会议，以讨论和更新成本管理的相关事宜。在遇到紧急情况，如成本严重超预算时，应立即召开会议来寻求解决方案。

沟通的地点选择也是一个考虑因素。在公司内部，通常会选择一个中心会议室进行面对面的沟通，或者利用现代的技术手段（如视频会议系统）确保即便是远程工作的员工也能参与到会议中来。

最后，如何沟通同样重要。企业应采用多种沟通方式，包括定期的会议、电子邮件通信、内部报告以及实时的面对面讨论。确保信息的传递既准确又及时，同时，使用恰当的图表和数据分析工具可以更直观地展示信息，帮助参与者更好地理解和决策。

通过上述方法，化工企业可以更有效地进行成本管理中的沟通，确保成本控制措施的有效实施，进而达到优化资源和提高经济效益的目标。

常用的成本管理沟通方式如表 8-4 所示。

表 8-4　常用成本管理沟通方式

沟通方式名称	描述
成本控制会议	定期讨论和审查成本控制措施，寻找降低成本的机会

续表

沟通方式名称	描述
预算审订会议	对预算进行定期审查和调整，以应对变化的市场和运营条件
成本分析报告	提供详细的成本分析报告，帮助管理层理解成本结构
节约成本研讨会	分享和讨论降低成本的创新方法和成功案例
成本改进协调会议	定期协调不同部门以确保成本改进项目或工作的推进

8.9 成本策划

成本策划在化工企业的成本管理过程中扮演着至关重要的角色。通过对预期成本的精准预测和系统规划，企业能够有效地控制成本并优化资源配置。成本策划的主要任务包括制定详尽的成本目标、确定成本控制的策略，并预设各种可能的成本风险，以保障项目的成本效益最大化。

① **控制原材料采购成本**。控制原材料采购成本是化工企业降低生产成本、提升利润率的关键环节。采购部门、供应链管理团队和财务部门应通过市场调研和优化采购策略来降低原材料成本。首先，采购部门应进行详细的市场调研，了解原材料的供需情况、价格趋势以及供应商的信誉度。基于这些信息，采购团队可以制定合适的采购策略，如批量采购、集中采购和签订长期合同。批量采购有助于获得价格折扣，集中采购能够增强谈判优势，而长期合同可以锁定价格，减少市场波动带来的风险。采购团队在与供应商的谈判中应充分利用企业的采购规模和长期合作意愿，争取更优惠的价格和灵活的合同条款。通过了解供应商的成本构成和市场价格，采购团队可以提出合理的价格要求，并确保合同中包含价格锁定、质量保证和付款条件等有利于成本控制的条款。建立长期稳定的供应商关系，可以进一步巩固双方合作，提高原材料质量的稳定性，并有效控制成本。

② **监控运输成本**。监控运输成本是企业物流管理中的重要环节。物流部门、运输管理人员和财务部门需要协同合作，通过优化运输方式、选择最佳运输路线和提高运输效率来降低运输成本。首先，物流部门应详细记录每次运输的成本数据，包括运输方式、运输距离和运输费用等。通过数据分析，可以识别出运输过程中存在的成本问题，并提出优化措施，如选择更经济的运输方式或缩短运输路线。为进一步降低运输成本，企业可以采用运输管理系统（TMS）实现对运输全

过程的实时监控和管理。TMS 系统能够优化运输计划、提高运输效率，并减少运输过程中的浪费。此外，企业可以通过与运输服务商签订长期合同，获得更优惠的运输价格。合同中应明确规定运输费用、服务质量和违约责任等，确保运输成本的可控性和透明度。定期评估运输服务商的表现，有助于维持高质量的运输服务，并及时解决运输过程中出现的问题。

③ **进行供应链优化**。进行供应链优化是企业降低供应链成本、提高供应链效率的关键措施。供应链管理团队、物流部门和采购部门需要共同协作，全面分析和评估现有的供应链，找出瓶颈和低效环节。通过数据分析，企业可以发现供应链中的库存积压、运输延误和供应商交货不及时等问题，并制定针对性的优化方案。在供应链优化过程中，企业可以采用供应链管理（SCM）系统实现供应链各环节的实时监控和管理。SCM 系统能够帮助企业优化供应链流程，减少浪费，提高效率。此外，企业可以通过与供应商和合作伙伴的协同合作，共同制定供应链优化方案，实现信息共享和无缝衔接。例如，与供应商实施供应商管理库存（VMI）模式，可以减少库存积压，提高供应链的响应速度和灵活性。通过优化供应链结构和布局，企业可以进一步降低供应链成本，提高整体效率。

④ **分析市场竞争价格**。分析市场竞争价格是企业制定和调整定价策略、保持市场竞争力的重要步骤。市场调研团队、销售部门和财务部门应密切合作，收集和分析市场上的竞争价格信息。市场调研团队通过行业报告、市场调查和竞争对手信息收集，获取全面的市场价格数据，并结合企业自身的成本结构和市场定位，进行综合分析。销售部门根据市场调研的结果，调整定价策略和销售方案，确保企业在市场竞争中保持优势。销售团队还应及时反馈客户和市场对价格调整的反应，为进一步优化定价策略提供依据。财务部门则负责评估定价策略的经济性，确保价格调整后企业的盈利能力不受影响。通过综合分析市场竞争价格，企业能够制定科学的定价策略，提升市场份额和盈利能力。

⑤ **检查采购合同条款**。检查采购合同条款是企业成本控制中的重要环节，能够确保合同内容有利于成本管理。采购部门、法律顾问和财务部门应共同负责合同的审查和优化。在签订合同前，采购部门应仔细审查合同条款，确保包括价格锁定、质量保证和付款条件在内的关键条款符合企业的成本控制目标。价格锁定条款可以确保采购价格在合同期间内稳定，减少市场波动对成本的影响。法律顾问应参与合同的审查过程，提供专业法律意见，确保合同条款的合法性和有效

性。财务部门则应审核合同中的成本条款，确保价格、付款条件和违约责任等内容符合企业的财务管理要求。通过与供应商的有效谈判，采购部门可以争取到最有利的合同条款，确保企业在成本控制方面处于有利地位。同时，定期检查和优化采购合同条款，有助于降低采购成本，提高合同执行的透明度和效率。

8.10 成本设计

成本设计是产品开发中的关键环节，旨在通过技术创新和工艺优化达到成本最优化。此过程中，设计团队依据成本效益原则选用材料、设计节能生产流程，并考虑环保与安全标准，保证设计方案的经济性和可持续性。有效的成本设计有助于在产品生命周期中实现成本节约，提升企业竞争力。

① **优化生产工艺**。优化生产工艺是化工企业降低成本、提升效率的核心措施。工艺工程师和生产管理团队首先对现有工艺进行全面评估，找出生产中的瓶颈和低效环节。通过分析生产数据，工程师可以发现问题，如高能耗、低产量或质量不稳定。基于此，他们提出工艺改进方案，可能涉及优化工艺参数、引入新技术或材料、改进设备和工具等。生产管理团队配合进行现场试验，逐步验证并推广优化措施，确保在实际生产中能够有效应用。优化后，生产速度提升、原材料利用率提高、产品质量更稳定，从而降低整体生产成本。

② **评估与减少生产损耗**。评估生产损耗并采取减少损耗的措施，是化工企业提升资源利用率、降低成本的重要手段。生产管理人员负责收集有关原材料、能源和时间的损耗数据，工艺工程师据此分析出主要的损耗来源。通过数据分析，企业能够识别哪些环节存在浪费，并制定相应的改进策略。改进措施包括优化工艺流程、调整操作规范、提高设备效率等，质量控制团队则负责确保这些改进措施能够有效实施并减少损耗。利用该措施，企业不仅能节省资源，还能提升整体生产效率和产品质量。

③ **提高生产效率**。通过数据分析找出影响生产效率的因素并制定相应的改进措施，是提升化工企业竞争力的关键。数据分析师汇总生产速度、设备利用率、生产时间等数据，帮助生产管理团队识别效率问题。发现问题后，工艺工程师提出改进建议，如优化工艺流程、提高设备利用率、减少等待时间等。这些措施通过逐步实施和优化，能够显著提升生产效率。此外，企业还可以引入精益生产和

六西格玛等现代管理工具，进一步优化生产流程，减少浪费，从而提高产能和盈利能力。

④ **优化库存管理**。化工企业的库存管理设计是整个库存规划的基础，直接影响后续的运营效率和成本控制。在设计阶段，首先需要根据企业的生产需求和供应链特点，规划合理的库区布局和库存类型。设计时应考虑物料的特性、存储要求以及周转频率，确保仓储空间的有效利用。此外，库存系统的功能设计也应纳入考量，如 ERP 系统的数据集成能力、实时跟踪功能等，确保库存信息的准确性和可视化。在此阶段，财务和供应链团队应共同参与，以优化成本设计，减少未来的库存损失和费用，实现高效、经济的库存管理。

8.11　成本控制

成本控制是企业运营中的核心，涉及对成本的持续监控、预算对比和策略调整。这要求企业建立严格的成本监控系统和审计程序，通过定期进行成本分析，及时调整超支部分和效率低下的操作，确保各部门和项目组在预算内高效运作。

① **更新成本控制政策**。更新成本控制政策是确保企业成本控制措施与实际情况和市场变化相适应的关键。财务部门首先对现行政策进行全面审查，找出不足之处。例如，通过分析当前的成本控制效果，可以发现政策在目标设定、执行标准以及管理流程中的问题。管理层随后制定和发布新政策，确保政策的时效性与市场变化相符。新政策需要具有科学合理的成本控制目标，并明确实施步骤和要求。各业务部门则负责具体执行这些新政策，如采购部门优化采购流程，生产部门改进生产工艺，以减少成本。此外，企业应建立完善的评估和反馈机制，通过定期审查和优化政策内容，确保成本控制措施的有效性和持续改进。

② **实施成本控制措施**。实施成本控制措施是化工企业降低生产和运营成本的重要手段。财务部门首先对企业的成本结构进行分析，找出主要的成本来源和优化空间。根据这些分析，生产管理团队可以通过优化工艺流程、提高设备维护效率等措施，减少生产过程中的浪费和损耗。运营管理人员则专注于优化运营流程和管理模式，利用信息化手段降低人工成本并提高效率。此外，企业需要定期检查和评估这些措施的效果，及时调整和优化成本控制策略。通过系统和全面的成本控制，企业可以有效减少各项开支，提高盈利能力和市场竞争力。

③ **监控能源消耗**。监控能源消耗是企业节能减排和降低能源成本的关键措施。首先，企业需要安装能源监控系统，以实时监控生产过程中的能源消耗。能源管理团队利用这些数据，制定节能措施，如优化设备参数、改进工艺流程，或采用节能技术，以减少浪费。设备管理人员负责确保设备的高效运行，定期维护和升级设备，以减少能源消耗。财务部门则负责评估和控制能源成本，确保节能措施的经济效益。此外，企业应通过培训和激励措施，鼓励全员参与节能减排，建立完善的能源管理体系。通过这些努力，企业能够实现节能减排、降低成本、可持续发展的目的。

④ **监控维护费用**。监控维护费用是企业控制设备维护成本、提高设备运行效率的关键。设备管理人员首先建立维护记录和费用分析系统，全面记录和分析设备的维护情况。维修工程师则通过这些数据，识别出主要的费用来源和优化点，制定具体的改进措施，例如通过预防性维护减少突发故障的成本。财务部门负责评估维护费用的经济性，确保维护措施的可行性。企业还应采用现代化的管理工具，如智能维护系统，以提高设备维护的效率和效果。通过定期审计和优化维护策略，企业能够有效降低维护成本，延长设备使用寿命。

⑤ **控制管理费用**。控制管理费用是企业降低运营成本、提高管理效率的重要措施。管理层需要全面分析企业的管理费用，识别高成本项目和低效环节。各部门主管负责优化部门内部的管理流程，例如通过精简流程或引入信息化工具，减少不必要的开支。财务部门则负责监督管理费用的控制情况，确保费用合理性和经济性。企业可以采用精益管理等方法来优化管理费用，并通过定期评估和反馈机制，不断优化管理成本控制措施。通过这些措施，企业能够有效降低管理费用，提高运营效率，增强市场竞争力。

8.12　成本改进

成本改进是企业不断适应市场变动和提升内部效率的持续过程，通过技术更新、工艺改进及管理流程优化来减少成本和提升效率。企业应定期评估成本结构，实施精益生产，采用自动化技术，优化供应链管理，提高资源利用率。此外，通过员工培训提升成本管理意识和操作技能，也是成本改进的重要组成部分。

① **分析成本偏差**。分析成本偏差是企业发现和纠正成本管理问题、提高成本管理精确性和有效性的关键步骤。财务分析师、成本控制人员和各业务部门共同负责这一任务。首先，财务分析师应全面对比和分析企业的实际成本与预算成本，识别产生成本偏差的主要原因和影响。例如，通过对比实际成本和预算成本，企业可以识别出哪些成本项目存在较大偏差，从而找出成本控制中的薄弱环节，并制定相应的改进措施。成本控制人员在成本偏差分析过程中，负责实施改进措施，确保成本管理的精确性和有效性。例如，通过优化预算编制和执行流程，可以提高预算的精确性和可行性；通过提高成本控制水平，可以减少成本偏差和浪费。各业务部门则应根据成本偏差分析的结果，改进生产工艺、优化运营流程，从而提高效率，减少成本支出。此外，企业应建立完善的成本偏差评估和反馈机制，以确保持续改进。例如，通过定期的成本偏差分析和评估，企业可以发现成本管理中的薄弱环节，并提出改进建议。通过设立成本偏差目标和激励措施，鼓励员工积极参与成本管理，提出改进措施，从而提高企业的成本管理水平和经济效益。

② **进行成本效益分析**。进行成本效益分析是企业优化资源配置、确保成本支出经济性和效益性的重要措施。财务分析师、各业务部门和管理层共同负责这一任务。首先，财务分析师需要对企业的各项成本支出与收益进行全面分析和评估，识别高效益和低效益的成本支出项目。例如，通过分析成本效益数据，可以发现哪些支出项目带来的收益较高，从而优化资源配置，提升投资回报率。各业务部门根据成本效益分析结果，优化资源配置和成本支出，确保资源利用的经济性和效益性。例如，采购部门可以通过优化采购策略和供应商选择来降低原材料采购成本，提高采购效益。生产部门则可以通过改进生产工艺和操作规范，提高生产效率，减少资源浪费。管理层在成本效益分析过程中应制定和实施资源配置优化策略，确保资源利用的最大化。例如，通过调整成本支出结构，优化资源分配，企业可以提高高效益项目的资源投入，减少低效益项目的资源浪费，从而提高企业整体的经济效益。

③ **分析人力资源成本**。分析人力资源成本是企业评估和优化人力资源配置、降低人力资源成本的重要措施。人力资源部门、财务部门和各业务部门共同负责这一任务。首先，人力资源部门需要收集和分析企业的人力资源成本数据，包括工资、福利、培训费用等，从而全面了解人力资源成本的构成和变化。财务部门

在分析人力资源成本过程中，负责评估和控制人力资源支出，确保管理的经济性和可行性。例如，通过分析人力资源成本数据，财务团队可以识别出成本过高的环节，并提出优化建议。各业务部门则应根据分析结果，优化人员配置、提高工作效率，从而降低人力资源成本。在分析人力资源成本过程中，企业还可以通过实施绩效管理、优化薪酬体系等方式，提高员工的工作效率和满意度，从而减少成本支出。通过系统的人力资源成本分析和优化，企业可以有效降低人力成本，提升人力资源利用效率。

④ **评估项目投资回报**。评估项目投资回报是企业确保投资决策科学性、提高投资效益的重要步骤。财务分析师、项目管理团队和管理层共同负责这一任务。财务分析师需要对项目投资进行成本效益分析，评估预期收益与成本支出，从而全面了解项目的经济效益和可行性。项目管理团队根据评估结果，制定和实施投资决策，确保项目投资的经济性和效益性。例如，通过对市场需求、技术可行性等进行详细分析，项目管理团队可以评估项目的市场前景，确定投资的回报率。管理层则根据评估结果，选择高效益项目，减少低效益投资，从而提高企业的投资回报率。此外，企业应建立完善的项目投资评估和反馈机制，确保投资的持续改进。例如，通过定期的项目投资回报评估，可以发现投资中的薄弱环节，制定改进措施，提高投资管理水平。

⑤ **实施成本审计**。实施成本审计是确保成本管理合法性、规范性和有效性的关键步骤。内部审计部门、财务部门和各业务部门共同负责这一任务。首先，内部审计部门应制订详细的成本审计计划，明确审计内容和标准，确保审计的全面性和准确性。在审计过程中，财务部门应配合内部审计部门，提供全面准确的成本数据支持。各业务部门则应根据审计结果，落实改进措施，确保成本管理的合法性和有效性。企业还应建立完善的成本审计评估机制，确保审计工作的持续改进。例如，通过定期审计，企业可以发现管理中的问题，优化成本控制策略，提高管理的透明度和规范性。

⑥ **培训员工成本意识**。培训员工成本意识是企业降低整体成本、提高运营效率的重要措施。人力资源部门、培训师和各部门主管共同负责这一任务。首先，人力资源部门应制订系统的成本管理培训计划，涵盖成本控制知识、节约措施等内容，确保员工全面掌握相关知识和技能。培训师负责设计并实施具体的培训课程，通过课堂讲解、实际操作等形式，提高员工的成本意识和管理能力。各部门

主管负责组织员工参加培训，并在日常工作中落实培训内容，确保成本意识的贯彻执行。企业还应建立培训评估和反馈机制，持续优化培训效果，确保员工能够在实际工作中有效控制成本，提高企业的运营效率和竞争力。

8.13　案例：即时利润考核

传统的成本管理有时可能过于关注具体的若干单耗指标，而忽视了总体的利润目标；统计粒度过大，如以月、周进行统计而难以捕捉过程中的高低波动，发现最佳表现和异常问题。即时利润是一种统一以货币形式报告绩效的方法，旨在通过精确计算较小粒度（如每小时）的总利润来评估企业的绩效。这种方法综合了所有产品的收入、原材料成本及废料成本等因素，以衡量短周期（如每小时）的利润。通过这种方式，不仅能简化管理流程，每天一张表格就能展示盈亏状况，还能驱动减少过程波动。通过比较周与周、天与天、不同班次之间的表现，可以减少波动，提高稳定性。此外，即时利润贯彻了从以生产为中心转向以客户和利润为中心的经营思维，有助于提高企业的经营效率。

即时利润系统的应用涉及多个部门的合作，包括生产管理部、财务部、各装置，以及健康、安全和环境管理部（HSE 部）。这些部门共同合作，确保系统顺利实施并发挥作用。为了确保即时利润系统的质量，应制定严格的标准，包括准确性、合理性、分辨度、一致性和便利性。准确性要求系统与财务报表逻辑保持一致，合理性则确保系统与现场流程一致。分辨度和一致性要求系统能够不断提高对关键成本动因的识别能力，并提供准确的趋势分析。同时，为了不增加人员负担，系统实现了无人化报表。

即时利润的方法采用了现时发生和分层处理的原则。通过以物料流动和状态变化作为核算节点，确保核算的精确性。对影响即时利润较大的因素进行精确计量，而对影响较小的因素则通过平均值和模型等方法处理。在技术处理上，系统包括数据统计周期处理、MES 系统和人工采集。实际测量统计周期小于 1 小时的数据，并折算大于 1 小时的数据。MES 系统管理物料及公用工程消耗量、副产品产量及罐存量，而通过 ERP 系统统计每日产品包装量和估算公用工程用量。

各部门在数据提供方面也有明确的分工。采购部提供原料采购数据，财务部提供产品销售数据及外单位结算单价，销售部提供副产品销售数据，各装置提供物料库存及其他相关数据。这些数据为即时利润的精确计算提供了基础。

通过即时利润系统的应用，不仅实现了不同班组间的成本控制比较，而且达成了更有效的成本控制。同时，通过成本预测，即时利润系统为各层面的决策提供了有力支持，帮助企业更好地预测未来成本。即时利润系统通过简化管理流程、减少过程波动、贯彻经营思维、采用严格的质量标准和全面的数据支持，实现了企业绩效的精确评估和有效管理，为企业的长远发展提供了坚实的基础。

综上所述，即时利润系统通过精确的核算和管理，提升了企业的经营效率和成本控制能力，为企业实现更高的利润和持续发展提供了重要支持。

8.14 案例：动态分层考核

在化工企业中，能源类单耗（如蒸汽和电力）以及物料类单耗的考核是企业生产和运营管理中的重要环节。然而，实际操作中经常出现这样的情况：由于负荷波动、季节变化、催化剂的不同阶段等不可控因素，考核指标与生产装置工作人员的实际努力程度之间产生了不匹配的情况。即使生产装置的工作人员尽了最大的努力，但由于这些非主体原因，绩效结果可能依然不理想。这就像出租车司机有时无法自己控制是否跑高速公路从而影响了车辆油耗一样，生产装置的操作人员也无法完全控制负荷变化，而这些负荷变化往往受到市场需求、季节性变化以及生产计划等外部因素的影响。因此，仅依赖单一标准进行考核，容易导致考核结果不公平、不准确。可以通过采用动态分层考核的方法，确保考核标准与实际生产条件相匹配。

（1）动态分层考核法步骤

① **数据收集和分析**。首先，企业需要收集全面的生产数据，包括负荷、季节、催化剂阶段等影响生产效率的主要因素。通过数据分析，识别出不同情况下的能源和物料消耗规律。

② **基准数据分层**。使用聚类分析等统计方法，将考核基准数据进行分层。具体来说，可以根据负荷的高低、季节变化以及催化剂的不同阶段，将生产情况分成多个层次。每个层次对应不同的生产条件和考核标准。

③ **动态调用考核标准**。在实际考核过程中，根据当前的生产条件（如当前负荷水平、季节、催化剂阶段等），动态调用对应层次的考核标准进行评估。例如：

在高负荷运行时，使用一套高负荷情况下的考核标准；在低负荷运行时，使用另一套低负荷情况下的考核标准。

④ **持续改进和优化**。根据考核结果和实际生产情况，持续改进和优化考核标准，确保其科学性和公平性。

（2）动态分层考核法的应用

① **低负荷运行阶段**。在市场需求较低的季节，生产装置处于低负荷运行状态，此时能源等单耗相对较高。利用动态分层考核方法，将低负荷状态下的数据单独分层，使用低负荷考核标准进行评估，使得低负荷状态下的绩效考核更加合理。

② **催化剂转换阶段**。在催化剂的不同使用阶段，生产效率和资源消耗会有明显变化。动态分层考核方法能够针对这一特殊阶段，设置独立的考核标准，从而准确评估这一阶段的绩效表现。

③ **季节变化影响**。化工生产过程中，季节变化可能对能源消耗和生产效率产生显著影响。例如，冬季可能需要更多的蒸汽加热，而夏季可能需要更多的电力进行冷却。通过动态分层考核，企业可以分别针对不同季节的考核基准进行分层和调整，确保在不同季节下的绩效评估更加合理和准确。

（3）动态分层考核法的作用

通过实施动态分层考核，能够显著提升绩效评估的公平性和准确性。考核标准与实际生产条件相匹配，减少了由外部不可控因素导致的绩效偏差，提升了考核结果的公平性。同时，不同条件下的生产数据得到分层处理，考核标准更加精准，能够更真实地反映生产装置的实际绩效和操作人员的主观努力程度。

公平、准确的考核结果能够更有效地激励生产装置的管理者和操作人员，使他们专注于改进和优化可控因素，从而提升整体绩效水平。动态分层考核方法使得生产装置能够明确哪些因素是自身可以控制和改进的，从而在这些方面投入更多的努力。这样不仅提高了生产效率，还促进了技术和管理上的持续改进。

通过全面的数据收集和分析，企业能够更好地了解生产过程中的各种影响因素，并基于数据作出科学决策，这有助于优化生产计划，提高资源利用效率，降低能源和物料消耗。动态分层考核方法使得绩效评估过程更加透明，考核标准和评估结果都可以被清晰地展示和解释，增强了员工对考核制度的信任和认可。

8.15 案例：成本损失考核

企业曾经对成本损失的重视度不够，导致这些损失可能每时每刻都在发生并被忽视。这种损失包括蒸汽浪费、物料浪费以及能源使用不当等，往往由设备老化、操作不当或系统效率低下等多种因素造成。如果这些损失不能被及时发现和整改，会对企业的经济效益和可持续发展带来不利影响。

在企业的生产管理中，采用成本损失方法对于统计、考核以及整改生产过程中的各种损失至关重要。这一策略的实施是一个持续的过程，通常在每个月或每个季度结束时，由相关部门对损失数据进行详细总结和深入分析。这种监控和分析覆盖了化工生产的所有关键环节，包括从原料的初步处理到最终产品的合成、分离和包装等多个阶段。

具体来说，这项任务由几个关键部门联合执行。生产部门的管理团队负责实时监控和记录各种损失，确保数据的准确性和时效性。随后，成本管理团队对这些数据进行详尽的审核，以验证其准确性和完整性。在此基础上，成本损失的责任部门根据统计结果和分析报告决定必要的整改措施。

为识别产生损失的具体原因，企业利用先进的数据分析技术和统计方法来精确地追踪损失源头，并通过模式识别预测和预防未来的潜在损失。整改措施可能包括更新或维护关键设备、优化操作程序、提高员工的操作技能和环境意识等。通过这些措施，企业可以减少物质和能源的损失，提升生产效率和资源利用率。

通过实施上述措施，企业提高了成本意识，及时解决了问题，减少了成本损失。这种全面而系统的管理方法使企业不仅能有效控制成本，还能显著提升生产效率和资源利用率，最终实现生产过程的经济性和可持续性，为企业带来了持续的生产和环境效益。

第 9 章

交期管理能力

——极大柔性

9.1 交期管理概述

交期管理的目的是确保化工产品按时交付给客户，满足客户需求，并提高客户满意度，通过有效的计划和控制，保证生产和交付过程的顺利进行。其管理范围包括生产计划制订、物料供应管理、生产进度控制、库存管理、物流协调、订单跟踪和客户沟通等。

化工企业的交期管理对柔性有着极高的要求，这主要是因为化工产品的市场需求可能会因季节性变化、市场趋势变化或突发事件而迅速变动。因此，企业必须具备快速调整生产计划和交货安排的能力，以适应这些变化。这要求生产系统具有高度的适应性和灵活性，能够在不牺牲产品质量的前提下迅速响应市场的变化。此外，化工产品的生产依赖于多种原材料，而这些原材料的供应可能因价格波动、供应链中断或质量问题而受到影响。化工企业需要通过建立多元化的供应链、增加库存缓冲或与供应商建立紧密合作关系来应对这种不确定性，以确保生产计划的稳定执行和交期的准确性。

化工生产还涉及复杂的化学反应和精细的过程控制，企业需要在生产过程管理上采取灵活策略，如模块化生产和生产线的快速切换，以保持交期的灵活性。同时，化工企业在生产过程中需要遵守严格的环保和安全法规，这些法规可能因政策变动而发生变化，对生产流程和交期产生影响。企业需要及时调整生产策略，以确保所有操作都符合最新的法规要求。此外，应急事件如设备故障、安全事故或突发环境污染事件都可能影响交期。因此，建立有效的应急响应机制和灾难恢复计划至关重要，能够最小化这些事件对交期的影响。通过采用先进的生产技术、灵活的供应链管理策略和高效的客户沟通机制，化工企业可以有效应对各种挑战，确保交期的准确性和客户满意度，这种柔性不仅有助于企业更好地适应市场的变动，还能提高企业的竞争力和市场地位。

9.2　交期管理面临的挑战

在化工企业的交期管理中，企业面临一系列复杂且多样的挑战，这些挑战主要来源于生产调度、物料管理、质量控制、设备管理、人力资源、订单管理、信息系统等关键业务领域。每一个领域的问题都可能直接或间接影响到产品的及时交付，从而影响企业的市场表现和客户关系。

生产调度问题主要包括生产计划制订不当，这可能导致交货延误或过量生产，从而影响库存管理和资金流。生产计划的准确性直接关联到生产效率和成本控制，任何失误都可能导致极大的经济损失。

在**物料管理**方面，原料短缺是常见问题。原料短缺通常由供应链中断或管理不善引起。这些问题不仅会导致生产停滞，还可能迫使企业采取昂贵的急救措施，如紧急采购，从而增加成本。

质量控制的挑战在于如何确保每一批产品都符合质量标准。产品质量问题可能导致重工或退货，这不仅耗费资源，还可能损害企业的品牌信誉。质量问题的根源往往在于生产过程中的监控不足或检验标准执行不严。

在**设备管理**方面，设备故障是一个重大风险点，特别是在高度依赖自动化生产线的化工企业。设备的意外故障可能导致整条生产线的停工，从而严重影响生产进度和交期。

在**人力资源**管理中，适当的技术和操作人员配置对于保持生产效率至关重要。人员配置不当，尤其是关键岗位的技能匹配不足，可能导致生产效率低下，影响产品的生产和交付。

在**订单管理**方面，系统输入错误或人为操作失误常常导致订单处理错误，这可能引起客户订单的混乱，导致错误交付或交期延误。

信息系统的更新不及时会导致信息延迟，影响企业对市场变化的快速响应能力以及对内部生产调度的准确调整。信息系统的效率直接影响决策的速度和准确性，从而影响整个企业的运营效率。

这些挑战共同构成了化工企业交期管理的复杂性，要求企业在内部流程优化、技术更新、员工培训以及供应链管理等方面不断进行改进和创新，以保持竞争力和提高客户满意度。

9.3　交期理念

（1）卓越交期管理的核心理念

① **准时交付**。确保所有产品按照约定的时间准确无误地交付给客户，这需要企业严格遵守生产计划，并高效协调原料采购、生产加工、质量控制与物流配送等各环节。例如在卓越企业，为了提高准时交付的能力，公司采用了整体生产调度系统，该系统能够动态跟踪生产流程中的每一个环节，确保生产活动能够准确按计划进行。同时，通过与主要物料供应商建立稳固的合作关系，保障原料的及时供应，从而有效缩短生产周期，确保产品能够按计划交付。

② **灵活调整**。面对市场需求变化或生产过程中出现的突发事件，企业应具备快速调整生产和物流安排的能力。卓越企业不仅在生产计划制订时留有一定的灵活空间，而且建立了快速响应机制，如遇生产设备故障或原材料供应中断时，能够迅速调整相关生产线的任务或者启用备用生产线。此外，通过预置多种物流方案和合作的物流公司，可以在不同情况下选择最优的配送路线，以保证产品能够在变化的市场需求中快速且准确地到达客户手中。

③ **预防为主**。通过精确的市场分析和订单预测，提前安排生产和物流资源，以避免因紧急订单导致的资源重新配置和生产排程混乱。卓越企业利用高级数据分析和人工智能技术对市场趋势进行预测，使得订单处理更加精准，减少了因市场波动带来的生产调整。同时，公司还加强了生产部门与销售部门的协作，确保销售团队的市场动向和订单信息能够实时传达给生产部门，从而实现生产计划与市场需求的同步优化。

④ **信息透明**。建立一个开放和透明的信息系统，让客户可以实时跟踪订单状态和进度。卓越企业开发的客户服务平台不仅提供订单追踪，还能让客户查看生

产进度和预计发货时间。这种信息的透明化不仅增强了客户信任，也提高了内部各部门之间的协作效率。通过这个平台，销售、生产、物流及质量控制等部门可以实时共享信息，有效避免信息孤岛，确保各环节协同工作，提高处理速度和准确性。

⑤ **风险管控**。识别可能影响交期的风险因素，如供应商延期、设备故障或员工短缺等，并制定相应的应对策略。卓越企业建立了一个综合风险评估框架，定期对关键供应链节点进行风险评估。此外，卓越企业通过建立跨部门危机应对小组，从而能够在检测到潜在风险时快速启动应急预案，如调配备用资源、启用替代供应商等，保证在面对不确定因素时，生产和交付进程不受影响。这种前瞻性的风险管理策略，不仅保护了企业，使其免受突发事件的影响，也保障了客户利益，提高了市场信誉。

（2）核心理念的作用

在卓越的交期管理中，5条核心理念相互关联，共同构建了一个高效、响应迅速且以客户为中心的交付系统。

"准时交付"理念要求产品按预定时间和规格准确无误地交付给客户，是整个交期管理的核心。为了实现这一目标，需要其他理念的支持。例如，"灵活调整"便于企业快速响应生产过程中的变化或市场需求的波动，这直接影响到企业能否按时完成订单。在发生突发事件如原料短缺或设备故障时，灵活调整生产线或使用备用生产线是确保准时交付的关键策略。

"预防为主"的策略是指通过精准市场分析和订单预测，提前安排生产和物流资源，避免因紧急订单导致的资源重新配置和生产排程混乱。这种预防措施能确保生产计划的稳定性，从而支持准时交付承诺的履行。

"信息透明"则是指通过建立开放透明的信息系统，使客户能够实时跟踪订单状态和进展，这种透明度不仅能增强客户信任，也能提升企业内部各部门之间的协作效率。有效的信息共享是确保生产计划与市场需求同步、及时调整生产策略的基础。

"风险管控"的含义是企业识别可能影响交期的风险因素，并制定相应的应对策略。这种前瞻性的管理不仅能使企业免受突发事件的影响，也能确保其即使在不确定性条件下也能保持交货时间的稳定。

通过这些理念的相互作用和支持，企业能够构建一个既灵活又稳定的交期管理系统，确保在满足客户需求的同时，也能应对市场和生产过程中的各种挑战。

9.4　交期目标

化工企业的交期目标管理是一个关键的过程，目的是确保从原材料采购到产品生产再到最终交付给客户的每一个环节都严格按照预定的时间表进行。这一过程涉及制定、执行和监控生产与供应链中各个阶段的时间目标，以提升生产效率，减少延误，并提高客户满意度。

目标管理的重要性在于它直接关联到企业的市场信誉和经济效益。准时完成生产任务和交付产品可以帮助企业避免违约的风险、保持订单流的稳定，并在竞争中保持优势。涉及这一过程的关键部门包括采购、生产、物流和销售团队，这些团队必须密切合作，确保各自负责的环节能够准时完成。

交期管理是一个持续的活动，伴随项目开始到最终产品交付给客户的整个周期。企业需要定期评估和调整时间目标，以适应市场变化和实际生产情况。这一过程不仅覆盖企业内部的各个生产单位，还涉及整个供应链，从原材料的采购地点到生产工厂，再到产品最终到达客户的地点。

为了有效管理交期目标，企业利用基于历史数据和市场预测的详尽生产和物流计划。通过运用项目管理工具和软件来跟踪各阶段的进度，并进行定期的检查，确保在必要时可以及时调整策略，满足交期要求。这样的系统化管理不仅能提升整体的运营效率，还能增强企业在市场上的竞争力。

卓越的化工交期管理追求"零延误"的总体目标，确保产品按计划准时交付，这对于提升顾客满意度、增强市场竞争力及维护企业声誉至关重要。

交期管理具体目标如表 9-1 所示。

表 9-1　交期管理目标示例

序号	目标	对应指标名称
1	订单交付准时率达到 99% 以上，确保准时交付，提升客户满意度	订单交付准时率
2	生产计划完成率达到 99% 以上，确保生产计划的执行和完成	生产计划完成率
3	客户需求响应时间缩短至 24 小时以内，提高客户响应速度	客户需求响应时间
4	供应链效率提升至 80% 以上，提高供应链各环节的运作效率	供应链效率

续表

序号	目标	对应指标名称
5	库存水平保持在合理范围内（周转天数不超过 30 天），避免库存过高或短缺	库存水平
6	物料供应可靠性达到 98% 以上，确保物料及时到货，支持生产	物料供应可靠性
7	交付周期时间缩短至 × 天以内，提升订单处理和交付效率	交付周期时间
8	物流成本控制在总销售额的 ×% 以内，优化物流成本	物流成本
9	交付质量达到 99% 以上，确保产品无缺陷交付	交付质量
10	客户满意度评分达到 95 分以上，持续改进客户服务和产品质量	客户满意度

在交期管理中，总体目标"零延误"是化工企业交付管理的最终要求，而具体目标则是实现总体目标的分步骤措施和阶段性成果。总体目标为具体目标提供了方向引领，具体目标通过实际的执行和量化指标来推动总体目标的实现。两者相辅相成，共同保障了交期管理的卓越性，确保产品准时交付，提高客户满意度和企业的市场竞争力。

9.5 交期组织

化工企业的交期组织设置是一种精心设计的结构，能够确保从原材料采购到最终产品交付的每个环节都按时完成，从而满足客户需求并保持企业的市场竞争力。这种组织结构涵盖了专门的计划和物流团队，这些团队负责监控整个供应链和生产流程，确保每一步都符合预定的时间表。

交期管理的主要目的是提高生产效率，减少延误，并确保产品能够准时交付给客户。这不仅有助于提升客户满意度，还能避免由于交付延迟而可能产生的违约风险，从而增强企业的整体竞争力。交期管理的活动涉及多个部门，包括供应链管理、生产、物流和销售部门。这些部门必须协同工作，相互配合，以推动整个生产和交付过程的顺利进行。

这一组织结构在企业的每一个关键位置都发挥作用，包括企业总部、生产工厂、仓库和分销中心，每个地点都须在预定时间框架内完成其责任和任务。为了确保交期管理的有效执行，企业应采用标准操作规程和高效的项目管理工具。例如，通过 ERP 系统来跟踪订单的进度，并定期召开跨部门协调会议，确保所有部门的活动都能按计划进行。此外，通过设定明确的里程碑和关键绩效指标，企业能够准确衡量进度和效率，及时调整策略以应对任何可能的挑战。

通过这样的组织设置和管理策略，化工企业能够确保其生产和供应链活动高效、有序，及时满足客户需求，从而在激烈的市场竞争中保持优势。

交期管理的部分关键角色以及角色的职责和能力要求如表 9-2 所示。

表 9-2　交期管理关键角色的职责和能力要求

角色名称	关键职责	能力要求
计划经理	制订生产计划以满足销售需求；优化生产流程以缩短交货时间	强大的分析和决策能力；熟悉生产计划和库存管理；能够处理多任务和具备抗压能力
物流经理	管理供应链操作，确保原料和产品的及时交付；协调与供应商和运输公司的关系	高效的组织和协调能力；熟悉物流和供应链管理；良好的沟通技巧
仓库经理	管理仓库操作，确保库存准确性和安全；优化仓储布局和库存流程	精细的管理技能；对仓库管理系统有深入了解；优秀的团队领导能力
运输协调员	确保运输资源的有效配置；监控运输过程，解决运输过程中的问题	出色的协调和问题解决能力；熟悉运输法规和安全标准；能够迅速应对变化
客户服务经理	处理客户订单和交付查询；维护客户满意度，处理客户投诉	高度的客户服务意识；良好的沟通和谈判技巧；能够有效管理客户关系

9.6　交期知能

化工企业的交期管理中的知识技能管理是确保在生产和供应链活动中，所有相关人员都具备必要的知识和技能，以有效地管理和执行交期管理的关键过程。这一过程旨在通过培训、知识共享和技能提升等活动，确保员工具备执行交期管理所需的专业知识和技能。其中包括对生产计划、供应链管理、项目管理等方面知识的传授和学习。

知能管理的目的在于提高员工的绩效水平，降低生产延误的风险，确保生产和供应链活动能够按时完成。通过有效的知能管理，企业可以提高员工的专业素质，增强其应对复杂生产环境和市场需求变化的能力。在这个过程中，涉及所有与交期管理相关的人员，包括生产计划员、供应链经理、物流专员、销售团队等。企业的培训部门、人力资源部门和生产部门都承担着知能管理的重要责任。

常用的交期知识技能如下：

① CPIM（**计划与库存管理认证**）。CPIM 涵盖生产计划、库存管理、供应链设计等内容。管理者考取这个证书对于建立交期管理相关的知识结构非常有益。

② MRP（**物料需求计划**）。根据生产计划和库存情况，计算物料需求并安排采购计划。

③ ERP（**企业资源规划**）。集成管理企业各项资源，包括生产、库存、采购、销售等，提高运营效率。

④ SCM（**供应链管理**）。管理供应链各环节，提高整体供应链的效率和响应速度。

⑤ JIT（**准时生产**）。通过优化生产和供应链流程，减少库存和浪费，实现准时交付。

⑥ **库存管理**。通过优化库存结构和水平，提高库存周转率，减少库存成本。

⑦ **生产计划与排程**。制订合理的生产计划和排程，确保生产资源的高效利用和准时交付。

⑧ **供应商管理**。评估和选择供应商，建立稳定的供应链关系，提高供应链的响应能力。

⑨ **物流管理**。优化物流网络和流程，提高物流效率和交付速度。

9.7　交期绩效

化工企业的交期管理绩效管理是确保生产和供应链活动按时完成的关键过程。这一过程涉及对生产效率、供应链延误等关键指标进行跟踪和分析，以评估绩效表现。绩效管理的目的在于确保企业能够满足客户需求并维护自身良好的声誉。该过程涉及生产、采购、物流和销售等多个部门的相关人员，包括生产经理、供应链经理、销售团队和质量管理人员，他们共同负责监督和评估交期管理的绩效。

这一绩效管理是持续进行的，覆盖整个生产和供应链周期。在每个阶段，都需要定期对关键绩效指标进行评估，以及时发现并解决问题。这些绩效管理活动发生在企业内部的各个关键位置，包括生产现场、仓库和办公室等地点。这些地方都是交期管理的关键节点，需要密切关注和管理。

　　为了实施绩效管理，企业建立了绩效评估体系，制定了明确的绩效指标，并使用数据分析工具来跟踪和分析绩效数据。同时，定期组织绩效评估会议，讨论评估结果，并制订改进计划，以确保交期管理绩效持续改进。通过这一系统化的绩效管理，化工企业能够更好地评估和管理交期管理的绩效，从而提高生产效率、降低成本，增强企业在市场中的竞争力。

　　常用的交期管理绩效指标如表 9-3 所示。

表 9-3　常用交期管理绩效指标

序号	指标名称	指标计算方式	注意事项	指标考核部门	频次	数据采集方式
1	订单交付准时率	（准时交付的订单数量／总订单数量）×100%	分析延迟原因，改进交付流程	物流部门	每周	订单管理系统
2	生产计划完成率	（实际完成生产量／计划生产量）×100%	确保生产计划的合理性和可行性	生产部门	每日	生产管理系统
3	客户需求响应时间	从接收客户需求到响应该需求的平均时间	提高响应速度，提升客户满意度	销售部门	每单	客户服务记录
4	供应链效率	生产周期时间／总供应链周期时间	提高供应链各环节的效率	物流部门	每季度	供应链记录
5	库存水平	当前库存量／平均销售量	控制库存水平，避免库存过多或库存短缺	物流部门	每月	库存记录
6	物料供应可靠性	（准时到货的物料批次／总订购物料批次）×100%	确保供应商的可靠性和物料的及时供应	采购部门	每月	采购记录
7	交付周期时间	从订单开始到交付完成的平均时间	减少生产和交付的时间，提高效率	物流部门	每单	订单记录
8	物流成本	物流成本／总销售额×100%	降低物流成本，同时保持服务质量	物流部门	每月	财务记录
9	交付质量	无缺陷交付产品的数量／总交付产品数量×100%	确保交付的产品质量，减少返工和退货	质量管理部门	每批产品	质量记录
10	客户满意度	通过调查得到的客户满意度平均得分	定期收集客户反馈，持续改进服务和产品	销售部门	每季度	客户调查记录

9.8 交期沟通

化工企业的交期沟通管理是确保项目按时完成并满足客户需求的核心环节。其中，从供应链伙伴到生产团队，再到销售团队和客户，每个相关方都应对生产进度、交货时间及任何可能影响交期的变更保持清晰且及时的信息交流。有效的沟通管理不仅有助于避免误解和错误，减少因沟通不畅导致的生产延误，还能确保所有部门和利益相关者对项目进度和预期交期有明确的了解，这对于提升客户满意度和维护企业信誉至关重要。

在化工企业中，交期管理中的沟通是一个持续的过程，涵盖了产品交付的整个周期。这个过程中，沟通的主体包括内部的采购部门、生产部门、物流部门和销售部门，以及外部的供应商和客户。当遇到可能影响交期的重大变更时，必须及时地通知所有相关方。

沟通可以通过会议、电子邮件、电话和即时消息工具等多种方式进行，确保信息可以快速且准确地传递。此外，很多企业还利用现代信息技术工具（如ERP 系统和项目管理软件）来优化沟通效率。这些工具能提供实时的更新和进度跟踪，帮助管理团队和客户保持同步。定期的项目更新会议和进度报告也是常用的沟通手段，它们能帮助企业及时调整计划和资源配置，以应对生产和市场中的变化。

通过这种系统化和标准化的沟通流程，化工企业能够有效管理其交期，确保整个供应链的流畅运作，从而在竞争激烈的市场中维持运营效率和市场竞争力。

常用的交期管理沟通方式如表 9-4 所示。

表 9-4　常用交期管理沟通方式

沟通方式名称	描述
交期协调会议	定期协调不同部门，以确保项目按时交付
供应链优化讨论会议	讨论如何优化供应链操作，以减少延误并提高响应速度
客户沟通会议	定期与客户沟通，更新交付时间表和处理任何可能的延误
交期风险评估会议	评估项目交期的潜在风险并制定相应的缓解措施
生产调度会议	定期审查生产计划，确保生产活动与交付目标一致
物流优化研讨会	探讨如何优化物流和运输策略，以减少交付时间

9.9 需求预测

需求预测在化工企业中扮演着至关重要的角色，它通过对市场数据的精确分析帮助企业预测未来的市场需求。企业可通过分析历史销售数据、市场趋势、季节性波动以及经济指标，使用统计模型和机器学习技术来预测产品需求。这种预测使企业能够提前调整生产计划，优化库存管理，有效地平衡供需关系，降低产品过剩或缺货的风险，从而减少成本并提高市场响应速度和客户满意度。

① **分析客户需求变化**。在化工企业的交期管理中，准确分析客户需求变化是首要任务。这一环节对调整生产和交期计划至关重要。销售代表和客户关系经理负责监控订单中的变化，如数量、规格或交付时间的调整，并确保这些变化被准确记录。通过定期沟通会议和客户关系管理系统（CRM），销售团队能够及时捕捉并了解客户需求的细微变化。此外，系统数据的支持使需求分析更加精确和高效，确保企业能迅速响应客户的最新需求。销售团队还需关注市场动态，以便在客户需求波动时，及时调整生产计划，避免资源浪费和生产过剩。

② **评估订单交付能力**。在确认客户需求后，生产计划部门负责评估订单交付能力。生产计划员和运营经理不仅要考虑当前生产线的状态，还要预测可能遇到的瓶颈或资源限制。通过使用先进的生产调度软件，团队可以模拟不同的生产方案，提前识别和应对潜在问题，例如机器故障或原材料短缺。此外，生产计划员会根据需求调整其他产品线的生产计划或重新分配资源，以确保关键产品能按时生产和交付。目标是制订一个既能满足客户需求又能优化生产效率和成本的实际生产计划。

③ **调整物料供应计划**。为了保障生产线的连续运转，化工企业在确认需求和评估生产能力后，必须调整物料供应计划。采购经理和物料规划师负责确保所需原材料和辅助物料按时到达，且符合生产质量要求。他们通过与供应商紧密合作，实施及时库存管理，以及采用先进的库存跟踪系统，确保物料供应的连续性和及时性。此外，物料规划师还应评估供应链的潜在风险，制定应急方案，如选择备选供应商或增加关键物料的安全库存，以应对供应中断的风险，确保生产不受影响，满足客户的交期要求。

9.10 产量计划

产量计划对于化工企业来说是确保生产活动与市场需求和资源供应同步的关键环节。通过综合考虑需求预测结果、生产能力、原材料供应情况以及人力资源配置，企业可以制定出具体的生产目标和时间表。这个过程涉及跨部门的紧密合作，需要生产、采购、仓储和销售部门共同努力，确保生产计划的科学性和可执行性。产量计划的优化不仅能提高生产效率，还有助于降低运营成本，确保按时交付高质量的产品给客户。

① **计划生产进度**。在化工企业中，确保按时完成生产任务是满足客户交期的关键。每当接到订单，生产管理部门会迅速制订详细的生产计划，确保生产任务高效有序地进行。生产计划员和生产经理利用先进的生产调度软件，评估设备、原料和人力资源的可用性，以设计出最优的生产流程。生产计划涵盖了各生产阶段的时间安排、所需资源的配置以及预期的产出，并考虑到设备维护和突发情况的应对措施。为了确保计划的顺利执行，生产管理部门与物流、质量控制等部门紧密协作，定期召开会议调整计划，确保生产过程符合时间表并灵活应对市场变化。

② **调整生产排程**。在化工生产过程中，生产排程常常需要根据实际情况进行调整。设备故障、原材料供应延迟或需求变化等不可预测的因素可能导致生产计划发生变动。运营经理和生产调度员应通过实时监控生产进度，在必要时迅速调整生产顺序和资源分配，以减少对交期的影响。可利用 ERP 系统跟踪各条生产线的状态，并根据需要调整生产任务。与此同时，调度员还应与人力资源部门合作，确保人员配置满足调整后的排程需求，尽量减少对生产效率的影响。

③ **更新生产计划**。化工企业的生产计划需要根据市场和生产条件的变化进行及时更新。市场分析师与生产计划员密切合作，通过评估市场需求、客户反馈和供应链状况来调整生产计划。更新的生产计划不仅能确保资源的有效利用，还能减少因生产过剩或原材料短缺带来的风险。生产计划员必须保持与供应商的紧密联系，确保原材料供应能够支持调整后的生产需求。同时，与销售和客户服务部门的协作也至关重要，以便生产计划能够准确反映市场动态和客户需求的变化。

④ **检查库存状况**。定期检查库存状况是确保化工企业生产连续性和效率的重要环节。库存管理员和物料规划师负责监控原材料和成品的库存水平，利用库存

管理系统进行实时跟踪和调整，以避免产生库存过多或不足的问题。通过定期的库存盘点和预测，管理员可以准确制订订购计划，确保生产所需的原材料和成品库存始终充足。此外，还应与供应商及时沟通协调，以应对供应不稳定的情况，并确保成品能够及时发货，满足客户订单需求。有效的库存管理不仅能保障生产的顺畅进行，还能提高企业的资源利用效率。

9.11　计划执行

计划执行是将理论上的产量计划转化为具体生产活动的实施阶段。在这一过程中，精确的调度和资源管理至关重要。生产管理团队需要监控生产过程中的关键性能指标，如生产速度、产品质量和装置运行状态，确保所有生产活动能够按照预定计划无缝进行。同时，应对生产中出现的任何偏差或突发事件，如设备故障或原材料供应中断，需要迅速采取行动调整生产策略，以避免对整体生产计划和产品交付造成影响。

① **监控生产计划执行**。在化工企业的生产活动中，持续监控生产计划的执行情况是确保生产效率和产品质量的关键。生产控制中心的运营经理和生产调度员负责这一任务。他们使用高级的生产监控系统，这些系统能够从生产开始到结束实时捕捉各生产批次的进度，包括生产速度、产量和任何停机时间。这种监控活动的主要场所是生产控制中心——一个配备最先进监控设备和软件的地方。这里的工作人员可以实时查看所有生产线的运行状况，及时发现生产偏差或任何可能导致生产延误的因素。监控的目的是确保生产活动能够按照既定计划进行，若发现生产进度或质量不符合预定的标准，立即采取措施进行调整。措施可能包括重新分配资源、调整生产速度或安排紧急维护。通过这种灵活的响应机制，企业能够减少生产延误和成本，同时保持生产线的高效运转和产品质量的一致性。

② **监控供应商交货期**。确保供应商按时交货对于化工企业来说极为重要，因为任何供应延迟都可能直接影响到生产进度和最终的交货时间。供应链经理和物流协调员负责这一关键环节，他们利用供应链管理系统来跟踪所有关键原材料的订单状态和交货期。供应链管理的操作主要在采购部门和物流管理中心进行。通过这些系统，可以持续监控供应商的交货情况，确保所有订单都能按时到达。这些信息不仅有助于管理层制订更准确的生产计划，还可以在出现潜在延迟时及时

进行应对。此外，与供应商保持良好的沟通对于确保物料按时到达同样重要。供应链经理需要定期与供应商进行会议交流，讨论交货情况和可能的改进措施，确保供应链的稳定性和可靠性。在必要时，他们也会与供应商协商，以寻求最佳的交货方案，或在出现供应问题时迅速找到替代解决方案。

③ **监控生产线效率**。持续监控生产线的效率是化工企业维持竞争力的关键。生产经理和质量控制工程师负责实时监控生产线的运行状态，及时发现并解决任何可能影响生产效率的问题。这种监控活动在生产现场进行，通过安装在生产线上的各种传感器和监控设备，工程师可以获得关于机器运行速度、停机时间和废品率的实时数据。这些数据对于评估生产线的效率至关重要，可以帮助管理团队识别效率低下的原因，并采取相应的改进措施。监控的主要目的是确保生产线能够持续以最高效率运转，任何效率低下的情况都需要立即处理。这可能涉及机器的维修或更换、生产工艺的优化，或是员工操作技能的进一步培训。通过这些措施，企业能够确保生产线的稳定运行，最大限度地提高产量和降低成本。

④ **培训员工生产计划**。提升员工的生产计划执行能力是化工企业实现生产目标的一个重要方面。企业通常在培训中心或生产现场对员工进行生产计划的培训，这些培训由专业的讲师负责，内容涵盖从基本的生产知识到高级的故障排除技能。培训的主要目的是确保每一位员工都能理解他们在生产过程中的角色和责任，并能够有效地使用各种生产设备和监控系统。通过实际操作培训和模拟演练，员工可以在非高压环境中学习和练习，这有助于他们在实际工作中更快速、更准确地完成生产任务。此外，培训还包括安全操作和质量控制的重要课程，确保员工在追求生产效率的同时，不会忽视安全和质量标准。通过这种综合培训，员工不仅能提高自身的生产技能，还能增强对生产全过程的理解，这对于整个企业的生产管理和效率改进都是非常有益的。

9.12　交期优化

交期优化是确保产品能够在客户要求的时间内准确交付的关键过程。这不仅要求企业内部生产流程的高效运作，还涉及与外部供应商和物流服务提供者的紧密合作。优化交期的策略包括加强生产调度的灵活性、改进物流配送效率，以及采用先进的信息技术来实时跟踪生产和配送状态。此外，企业还需要进行交期风险评估，制订应急计划，以应对突发事件对生产和交付造成的影响，确保能够满足客户需求并保持竞争力。

① **分析生产数据**。在化工企业中，对生产数据的深入分析是优化生产过程不可或缺的一环。数据分析部门由一群经验丰富的分析师组成，负责监控所有通过生产线生成的数据。这些数据通常包括生产速度、产量、设备效率、废品率以及能耗等。通过先进的数据收集技术，如传感器和实时数据跟踪软件，这些数据被自动收集并传输到中央数据库进行进一步分析。分析团队利用各种统计和数据挖掘工具来处理这些信息，识别出生产中的趋势和异常。例如，如果某台机器的停机时间增加，可能表明需要维修或更换。同样，如果某个生产批次的废品率突然上升，这可能指向原材料质量的问题或是操作失误。一旦问题被识别，数据分析师会与生产经理、设备工程师和质量控制部门紧密合作，深入探究产生问题的根本原因。这种跨部门的合作是至关重要的，因为它允许从多个视角来解决问题，确保找到最有效的解决方案。这些解决方案不仅可以纠正即时的问题，还可以作为预防措施，防止在未来的生产中出现相同的问题。

② **分析生产瓶颈**。识别并解决生产瓶颈是提高生产效率和缩短生产周期的关键步骤。生产经理和工程师团队负责持续监视生产过程，特别关注可能导致延迟的瓶颈环节。这些瓶颈可能由多种因素引起，包括设备故障、原材料短缺、人力资源不足或生产流程设计不合理。瓶颈分析开始于对生产流程的全面审查，通常涉及流程映射和时间运动研究。通过这种方法，工程师可以跟踪产品从原材料到成品的每一个步骤，识别出生产中的任何效率低下的环节。一旦这些关键环节被明确，团队就会探索潜在的解决方案，如增加关键操作点的机器数量、引入更高效的技术或重新设计工作流程以减少不必要的步骤。实施解决方案通常需要资本投入和时间，但长远来看，这些投资可以显著提高生产效率，减少生产成本，最终增强企业的市场竞争力。此外，优化生产流程还可以提高员工的工作满意度，因为它有助于减轻工作中的压力并提供更顺畅的工作环境。

③ **优化生产流程**。生产流程的优化是提升化工企业生产效率的核心活动。流程工程师和质量改进团队共同努力，通过分析当前的生产操作，识别改进机会。他们可能会发现某些步骤可以自动化以减少手动操作的错误，或者某些过程可以简化以加快生产速度。这一优化过程涉及对现有生产流程的每个步骤进行细致的审查。工程师们会查找任何可能导致时间或资源浪费的环节，并探讨如何通过技

术升级或工艺改进来优化这些步骤。例如，引入先进的自动化设备不仅可以提高生产速度，还可以提高产品的一致性和质量。一旦确定了可行的改进措施，团队会进行成本效益分析，评估每项改进的潜在回报，包括考虑实施成本、预期节省的资源以及可能带来的生产增加。成功的生产流程优化不仅能显著提高操作效率，还能确保产品质量，减少废品和返工，从而在竞争激烈的市场中为企业带来更大的利润空间。

④ **协调供应链**。供应链的有效协调对于化工企业的生产和交期优化至关重要。供应链经理和采购经理需要确保从原材料采购到成品交付的整个链条流畅无阻。他们通过建立紧密的合作关系和沟通机制来管理和优化供应链的每一个环节。供应链协调的工作主要在采购部门和物流中心进行。供应链经理使用先进的供应链管理软件，可以实时跟踪订单状态、库存水平和供应商的交付性能。这种实时监控使得企业能够迅速应对供应链中出现的任何问题，如原材料延迟或质量问题，从而避免这些问题对生产计划造成影响。此外，供应链协调还包括与供应商进行定期的评估和沟通，确保他们能够满足企业的质量标准和交付要求。在必要时，供应链经理会与供应商协商改进措施或寻找替代供应商以确保材料供应的连续性和可靠性。通过这些努力，企业能够减少生产中断的风险，确保生产活动能够顺利进行，满足市场需求。

⑤ **进行交期风险评估**。交期风险评估是化工企业管理交期优化的关键步骤。风险管理专家和项目经理负责识别和评估可能影响交期的各种风险，包括供应链风险、技术风险、市场风险以及操作风险。风险评估的过程通常在项目启动之初进行，涉及详细分析项目的所有方面，从原材料供应到生产工艺，再到产品交付。团队会使用风险管理工具和技术，进行系统的风险识别和评估，然后对每一种潜在风险制定缓解措施。这些措施可能包括建立更加多样化的供应链、引入先进的生产技术、增强市场调研或改善内部控制和监控系统。通过这些策略，企业不仅能降低交期延误的风险，还能增强对市场变化的适应能力，从而在激烈的市场竞争中保持优势。

⑥ **协调物流安排**。在化工企业中，确保产品的及时交付是交期管理的最后但同样关键的环节。物流经理和运输协调员负责确保从生产线到客户手中的整个物流过程流畅无阻。他们监控产品的打包、装运、运输和最终交付，确保所有环节按计划执行，避免任何可能的延误。物流安排的优化包括选择合适的运输方式

和路线，以及与可靠的物流服务提供商建立合作关系。此外，通过采用先进的物流管理系统，可以实时跟踪货物的运输状态，及时应对可能产生的运输问题。此外，协调物流还涉及与销售和客户服务部门的密切合作，应确保客户需求得到及时满足，并在必要时调整交付计划。通过这些综合性的努力，化工企业能够确保产品按时到达客户手中，增强客户信任和满意度，支持企业的长期成功。

9.13　案例：服务客户的"4 个 24 小时"承诺

万华化学作为一家全球领先的化工企业，长期以来深刻认识到优质的客户服务是企业成功的关键。在这一理念的指导下，万华化学致力于实施"客户导向"的服务策略，旨在通过提供即时、高效、周到的服务来增强客户满意度和忠诚度。为了实现这一目标，万华化学于 2015 年推出了"4 个 24 小时"的服务承诺，具体包括：24 小时客服热线、24 小时反馈客户问题、24 小时订单到货以及 24 小时现场处理售后。

首先，24 小时客服热线是万华化学承诺向客户提供全天候无间断服务的重要一环。无论何时，客户都可以通过这一热线与万华化学的专业客服团队取得联系，获取产品信息、解答疑问或提交需求。这项服务保证了客户在任何时间点都能感受到万华化学的支持与关怀，极大地增强了客户的信任感和满意度。

其次，24 小时内反馈客户问题的承诺体现了万华化学对客户反馈的重视和快速响应的能力。公司设有专门的客户服务团队，负责及时记录并处理客户反馈的问题，确保在 24 小时内给出反馈或解决方案，大大缩短了问题处理的时间，提升了服务效率。

再次，24 小时订单到货服务承诺保证了万华化学能够在极短的时间内完成订单处理和物流配送，使客户能够在 24 小时内收到所需的化学产品。这一服务不仅提升了供应链的效率，而且在紧急情况下极大地支持了客户的生产和经营活动，增强了客户对万华化学的依赖和信赖。

最后，24 小时现场处理售后的服务承诺则是万华化学在客户服务中的又一杰出表现。一旦接到客户的投诉，公司将迅速派出技术支持团队到现场，确保在 24 小时内解决问题。这种高效的问题处理能力不仅能迅速消除客户的顾虑，还能通过实际行动展示万华化学对产品质量和客户满意度的承诺。

通过这 4 项"24 小时"服务的实施，万华化学显著提升了其客户服务能力，建立了更加紧密和持久的客户关系。这种以客户为中心的服务模式，使得万华化学在激烈的市场竞争中保持了优势，客户满意度连年保持在行业最高水平。此外，这种服务模式的成功实施也为化工行业树立了高标准的客户服务典范，推动整个行业在服务质量上的不断提升。

总之，万华化学的"4 个 24 小时"服务承诺不仅提升了公司的竞争力，也极大地增强了客户的满意度和忠诚度。这一战略的成功实施证明，以客户为中心的服务理念是企业在现代市场环境中取得成功的关键。

第 10 章

人力管理能力

——极具活力

10.1 人力管理概述

人力（人力资源）管理的目的是通过系统的人力资源策略和实践，吸引、培养、激励和保留优秀人才，以满足化工企业的战略和运营需求。其管理范围包括招聘与选拔、培训与发展、绩效管理、薪酬福利、员工关系、人才梯队建设和职业发展规划等。

在化工企业中，人力资源管理是至关重要的环节，需要采用极具活力的策略来充分激发员工的潜能，从而推动个人和企业共同成功。这种管理策略体现在几个关键方面。

首先，**员工的招聘和选拔**过程在化工企业中尤为关键。由于化工行业的特殊性，招聘不仅需要考虑应聘者的专业技能和经验，还要重视其安全意识和对高风险环境的适应能力。同时，化工企业应通过有效的招聘策略吸引具有创新能力和团队协作精神的人才，以促进企业的持续发展和创新。

其次，**员工培训和发展**在化工企业中同样重要。企业应定期对员工进行安全培训和技能升级，确保员工能够应对生产过程中可能遇到的各种挑战。此外，通过领导力培训、职业生涯规划和知识管理等措施，可以帮助员工实现个人职业目标，同时提高其对企业的贡献。

再次，**激励和绩效管理**也是化工企业人力资源管理的重要组成部分。通过设立明确的绩效评估标准和公平的奖励体系，可以激励员工提高工作效率和质量。绩效管理不仅应关注短期目标的完成，还应鼓励员工参与长期项目和创新活动，这有助于员工的职业成长和企业战略目标的达成。

最后，**文化建设和员工关怀**是化工企业人力资源管理中不可忽视的方面。化工企业应建立一个支持和尊重的企业文化，鼓励开放交流和员工参与。同时，关注员工的健康和工作生活平衡，为其提供必要的支持和福利，可以提升员工的满意度和忠诚度，从而降低员工流失率。

总体来说，化工企业的人力资源管理应当是一个充满活力的、全面的策略，通过有效的招聘、培训、激励和文化建设，充分发挥人的潜能，促进员工和企业的共同成长和成功。这种管理不仅能提升员工的能力和满意度，还能提升企业的竞争力和市场地位。

10.2　人力管理面临的挑战

化工企业在人力资源管理方面会遇到广泛而复杂的挑战，这些挑战涵盖了招聘、培训、绩效管理、员工关系、安全管理、工资福利、法律遵守、多样性管理、员工发展、组织文化、信息系统、社会责任、员工参与、跨文化管理以及远程管理等多个关键领域。

在**招聘**方面，化工企业面临的主要问题包括招聘效率低和人才不匹配。这些问题主要由复杂的招聘流程、不充分的职位宣传以及职位需求分析不准确引起。在**培训**方面，高昂的培训成本和培训效果差是企业常见的问题，这通常由培训方式不当和培训内容与工作需求脱节导致。

在**绩效管理**和**员工关系**方面，不公正的绩效考核和员工激励不足，以及高员工流失率和低员工满意度都是显著的挑战。这些问题源自评价标准不明确、激励措施单一、福利待遇不佳和晋升机会少等因素。在**安全管理**和**工资福利**方面出现的问题则源于安全培训不足、职业健康问题、不合理的工资结构和不吸引人的福利计划。

此外，**法律遵守**中的法律诉讼风险和劳动纠纷，以及**多样性管理**中的工作场所歧视和性别不平等，这些问题通常与企业文化、政策和实际操作有关。**员工发展**和**组织文化**方面的挑战，如职业发展机会少、技能发展不足、组织承诺低和内部沟通不畅，都影响到员工的长期留存和发展。

在更现代化的管理挑战中，**信息系统**的不足、**社会责任**的忽视以及**员工参与**的低下都是化工企业需要关注的重点。对于全球化运作的企业，**跨文化管理**和**远程管理**的问题尤为突出，涉及文化冲突、语言障碍以及远程工作管理不善等方面。

综上所述，化工企业在人力资源管理中面对的挑战是多方面的，需要综合考虑内部管理策略和外部环境因素，采取有效的管理措施以优化人力资源管理，确保企业的稳定运行和长期发展。

10.3 人力理念

卓越的人力管理基于以下 5 条核心理念。

① **员工发展**。强调为员工持续提供职业发展机会和教育培训，通过多样化的培训和晋升途径，帮助员工提升技能，适应行业变化。例如，卓越企业定期举办内部培训和外部学习交流活动，并设立了企业大学，为员工提供系统的职业技能培训和管理课程，帮助员工在职业发展中不断成长。

② **安全健康**。保障工作所的安全和员工的健康是首要任务，通过有效的安全措施和健康政策，减少职业病和工伤，创造安全的工作环境。例如，卓越企业在其生产基地实行严格的安全管理制度，定期进行安全培训和应急演练，并为员工提供定期健康检查和职业健康咨询服务，有效降低了工伤和职业病发生风险。

③ **公平多元**。在人力资源管理中实现公平与包容，确保所有员工不论性别或背景都能获得平等的机会和公正的对待，促进工作场所多样性。例如，卓越企业在招聘和晋升过程中严格遵循公平原则，实施多样性和包容性政策，积极营造尊重和包容的企业文化，确保所有员工都能在平等的环境中发展和成长。

④ **绩效导向**。建立明确和透明的绩效评估体系，通过设定与企业战略相符的绩效目标，并通过合理的评价和激励机制提高员工的工作动力和效率。例如，卓越企业推行了全面的绩效管理系统，通过年度目标设定、季度绩效评估和绩效反馈会议，确保每位员工都能明确自己的目标和工作方向，并通过绩效奖励机制激发员工的工作积极性和创新能力。

⑤ **员工参与**。激励员工参与决策过程，通过建立开放的沟通渠道和有效的反

馈机制，增强员工的归属感和参与感，促进企业与员工的共同成长。例如，卓越企业鼓励员工参与公司各级决策，设立了员工意见箱和定期的员工座谈会，收集员工的建议和反馈，并在公司战略制定和实施中积极采纳员工的合理化建议，增强了员工的参与感和责任感。

在卓越的人力资源管理中，5 条核心理念之间相互联系，形成了一个强大的支持网络，确保组织的整体效能和员工满意度。这些理念不仅单独作用于特定领域，而且相互促进，共同推动企业目标的实现。

"员工发展"理念确保员工通过不断地学习和技能提升，能够适应行业变化和公司发展需求。这种持续发展不仅能提高员工的个人职业能力，也能直接增强企业的核心竞争力。当员工技能与公司需求对接时，自然能提高生产效率和创新能力。

"安全健康"理念是指为员工提供一个安全的工作环境，这是员工能够全身心投入工作的基础。只有在一个无须担忧安全隐患的环境中，员工才能最大限度地发挥其工作潜力，这也直接支持了绩效导向的实施，因为员工能在安全的环境中更好地达成绩效目标。

"公平多元"的贯彻有助于建立一个包容和尊重的工作氛围，使所有员工无论性别、种族或背景都能受到平等对待，这种文化的建立是企业吸引和保留顶尖人才的关键。一个多元化的工作环境能促进创新思维的涌现，这些新思维有助于企业解决复杂问题，并推动业务持续进步。

"绩效导向"是指通过明确的目标设定和合理的激励机制，促进员工的工作动力和效率。这种方法不仅帮助员工清晰了解自己的职责和期望，也通过公平透明的评估体系与"公平多元"理念相辅相成，确保每位员工都在平等的基础上被评估和奖励。

"员工参与"理念是指鼓励员工参与决策过程，这不仅能增强员工的归属感和参与感，还能激发员工的创新和责任心。员工的直接参与可以带来更实用的改进意见和解决方案，这不仅能提高工作效率，还能增强员工对公司策略的认同感。

综上所述，这 5 条理念相互支持，不仅能促进员工的个人发展，也能增强组织的整体效能，共同推动企业目标的实现和员工满意度的提升。

10.4　人力目标

化工企业人力管理的目标管理是确保企业拥有合适数量和素质的员工，并有效地管理和发展他们的关键环节。这一过程涉及在人力管理方面设定和管理具体的目标和指标，包括员工数量、招聘与留用、员工培训和发展、绩效评估等方面。目标管理的目的在于为企业提供明确的方向和指导，确保人力资源的合理配置和高效利用。通过设定明确的目标和指标，企业可以提高员工的工作效率和满意度，降低员工流失率，增强企业的竞争力和长期发展能力。

在实施目标管理过程中，企业的人力资源部门、管理层、部门主管等相关人员应共同参与制订和执行人力管理的目标和计划，确保目标的达成。这是一个持续进行的过程，在企业的整个运营周期都需要进行目标设定和管理。从招聘和员工培训到绩效评估和职业发展，都需要不断地评估和调整目标，以适应企业的发展需求和市场变化。

企业通过设定明确的目标和指标来建立有效的目标管理体系。其中包括设定 SMART 目标、制订相应的计划和策略、分配资源、跟踪进度，并定期进行评估和调整。通过这样的系统化管理，企业可以更好地实现人力管理的目标，提高员工的工作效率和满意度，增强企业的竞争力和长期发展能力。

在化工行业，实现关键员工"零流失"是卓越人力资源管理的总体目标。这个目标的核心在于最大程度地减少关键员工的流失，从而保持业务的连续性和知识的积累，以及降低招聘和培训新员工的成本。

常见的人力管理具体目标如表 10-1 所示。

表 10-1　人力管理目标示例

序号	目标	对应指标名称
1	员工满意度评分达到 95 分以上，确保员工满意并提升其工作积极性	员工满意度
2	培训投资回报率达到 200%，确保培训有效并带来显著收益	培训投资回报率
3	绩效管理效果提高，员工满意度达到 90% 以上，绩效提升率达到 90%	绩效管理效果
4	人力资源配置效率提升至 90%，优化人员配置，提高生产效率	人力资源配置效率
5	员工发展计划完成率达到 95%，确保员工获得必要的发展机会	员工发展计划完成率

序号	目标	对应指标名称
6	组织文化满意度评分达到 85 分以上，促进积极的组织文化	组织文化评估
7	领导力发展计划有效性达到 90%，提升领导力水平	领导力发展
8	员工参与度评分达到 90 分以上，提高员工参与和积极性	员工参与度
9	关键职位候选人数量达到关键职位总数的 100%，确保人才储备充足	人才储备强度

在人力管理中，总体目标"零流失"代表了企业在人力资源管理中的长远方向，而具体目标则是实现总体目标的分步骤措施和阶段性成果。总体目标为具体目标提供了方向引领，具体目标通过实际的执行和量化指标来推动总体目标的实现。两者相辅相成，共同保障了企业关键人才的稳定性和持续发展。

10.5　人力组织

在化工企业中，人力管理的组织设置是确保企业拥有合适数量和素质的员工，并能够有效地管理和发展他们的关键环节。这一过程涉及建立专门的部门或机构，进行招聘、培训、绩效评估、员工关系管理等人力资源管理活动。

人力管理的组织设置是为了确保企业拥有足够数量和素质的员工，并能够有效地管理和发展他们，以支持企业的业务运作和发展。通过建立专门的人力资源部门，可以提高人力管理的专业性和效率，确保员工的需求得到充分满足，从而提升企业的竞争力。在这一过程中，涉及企业的管理层、人力资源部门的负责人和员工，以及与人力资源相关的各个部门和岗位。这一组织设置是在企业建立阶段就开始进行的，并随着企业的发展不断调整和完善。通常，人力管理的部门或机构位于企业总部或分支机构，配备专业的人力资源管理团队和必要的资源和设施，以支持人力资源管理的各项活动。通过这样的系统化管理，企业能够更好地实现人力管理的目标，提高员工的工作效率和满意度，增强企业的竞争力和长期发展能力。

人力管理的部分关键角色以及角色的职责和能力要求如表 10-2 所示。

表 10-2　人力管理关键角色的职责和能力要求

角色名称	关键职责	能力要求
人力资源经理	制定和实施人力资源战略和政策；监督招聘、培训和绩效评估流程；管理员工关系和解决劳动纠纷	出色的领导和组织能力；深入理解劳动法规和人力资源管理实践；良好的沟通和谈判技巧
招聘专员	负责执行招聘流程，包括发布职位、筛选简历、面试和录用；与部门经理合作确定招聘需求	优秀的沟通和人际交往能力；熟练使用招聘软件和工具；敏锐的判断力和筛选能力
培训与发展专员	设计和实施员工培训计划；评估培训效果并持续改进；支持员工职业发展	强大的培训和演讲能力；熟悉培训方法和技术；关注员工发展和组织成长
薪酬与福利专员	管理薪酬结构和福利计划；确保薪酬和福利的市场竞争力；处理薪酬和福利相关问题	深入理解薪酬和福利管理规定；精通数据分析和报告；高度的保密性和责任感
劳动关系专员	处理员工关系问题和劳动争议；确保遵守劳动法和公司政策；促进员工和管理层之间的沟通	优秀的谈判和调解能力；熟悉劳动法和劳动关系；强大的沟通和解决问题能力
部门人力资源代表	代表部门处理日常人力资源事务；协助实施部门内的人力资源政策和程序；为部门员工提供人力资源支持	理解部门特定需求和目标；良好的组织和执行能力；能在部门内促进有效的沟通

10.6　人力知能

在化工企业中，知识技能管理是一项至关重要的任务。其中，参与者包括管理层、人力资源部门、直接主管以及员工。知识技能管理的核心在于有效地识别、评估、开发和利用员工的知识和技能，以满足企业的业务需求和发展目标。这是一个持续性的过程，从员工入职开始就持续进行，直至员工离职或升迁。

为什么知识技能管理如此重要呢？首先，它能确保企业员工拥有足够的专业知识和技能，以应对日益复杂的市场竞争和技术发展。其次，合理的知识技能管理可以提高员工的工作效率和质量，增强企业的竞争力。最后，它也为员工的职业发展提供支持和机会，使他们能够不断提升自我价值，实现个人和组织的共同发展。

常用的人力管理知识技能如下：

① **招聘与选拔**。制订招聘计划，进行岗位分析和人才评估，确保选拔出合适的人才。

② **培训与发展**。通过制订培训计划和实施培训项目，提高员工的知识和技能。

③ **绩效管理**。设定绩效目标，进行绩效评估和反馈，激励员工提高工作表现。

④ **薪酬管理**。制定合理的薪酬结构和激励机制，吸引和留住优秀人才。

⑤ **员工关系管理**。通过沟通、协商和解决冲突，维护良好的员工关系和工作环境。

⑥ **人才发展规划**。制定人才发展战略，识别和培养企业的关键人才。

⑦ **继任计划**。识别和培养未来的领导者，确保企业在领导层变动时的平稳过渡。

⑧ **劳动法律与合规**。了解和遵守相关劳动法律法规，确保企业的用工行为合法合规。

⑨ **企业文化建设**。通过塑造和传播企业文化，增强员工的归属感和认同感。

10.7　人力绩效

在化工企业中，绩效管理是一项至关重要的任务。其中，参与者包括管理层、人力资源部门、直接主管以及员工。绩效管理的核心在于通过设定明确的目标和标准，评估员工在工作中的表现，并为其提供反馈和奖惩措施，以促进员工的发展和组织目标的实现。这是一个持续性的过程，从员工入职开始就持续进行，直至员工离职或升迁。

为什么绩效管理如此重要呢？它的目的在于激励员工提高工作绩效，确保他们的工作与组织目标一致，从而提高其工作效率和质量。同时，绩效管理也为员工提供了成长和发展的机会，使其在工作中能够不断进步和提升自我价值。这不仅有助于员工个人的职业发展，也能够为企业保持竞争力和持续发展打下坚实基础。

在绩效管理过程中，应通过设定清晰的工作目标和绩效标准，定期进行评估和反馈，为员工提供培训和发展机会，以及奖励优秀员工或采取纠正措施来管理和提高员工的绩效。这需要管理层和人力资源部门的密切合作，以确保绩效管理流程的顺利执行和有效实施。

常用的人力管理绩效指标如表 10-3 所示。

表 10-3　常用人力管理绩效指标

序号	指标名称	指标计算方式	注意事项	指标考核部门	频次	数据采集方式
1	员工满意度	通过问卷调查得出平均满意度分数	确保调查覆盖所有员工，并保持匿名性	人力资源部门	每年	员工问卷调查
2	员工流失率	（一定时期内离职员工数／一定时期初始总员工数）×100%	分析离职原因，制定留才策略	人力资源部门	每季度	人事记录
3	培训投资回报率	（培训所致的收益增长／培训成本）×100%	评估培训效果，优化培训计划	培训部门	每年	培训和财务记录
4	绩效管理效果	通过绩效考核得到员工满意度与提升比例	定期进行绩效评估，提供反馈和发展建议	人力资源部门	每季度	绩效考核记录
5	人力资源配置效率	员工产出／总员工数	优化人员配置，提高效率	人力资源部门	每月	生产和人力数据
6	员工发展计划完成率	（完成个人发展计划的员工数／总员工数）×100%	提供必要的培训和发展机会	人力资源部门	每年	发展计划记录
7	组织文化评估	通过调查得到组织文化满意度分数	促进积极的组织文化，增强员工归属感	人力资源部门	每年	文化调查记录
8	领导力发展	评估领导发展计划的有效性和领导力提升程度	提供领导力培训和发展机会	人力资源部门	每年	领导力评估记录
9	员工参与度	通过调查得到员工参与度得分	提高员工参与和积极性	人力资源部门	每年	员工调查记录
10	人才储备强度	（关键职位候选人数量／关键职位总数）×100%	建立有效的人才梯队，减少关键职位空缺风险	人力资源部门	每年	人才管理记录

10.8　人力沟通

在化工企业中，沟通管理的重要性不言而喻。它涉及各个层面的参与者，从管理层到基层员工，以及人力资源部门和其他利益相关者。沟通管理的核心在于确保信息的传递是有效的、清晰的，并且及时地完成。这一过程贯穿了企业的方方面面，从员工的招聘、培训，到日常的运营和管理，甚至是变革过程中。有效的沟通管理能够让员工对企业的目标、政策以及其他重要信息有更好的理解，从而提升其参与度和归属感。此外，它还有助于减少误解和不确定性，从而提高员工工作效率和满意度，促进团队的协作，以及帮助企业更好地应对各种挑战和问题。

沟通管理不仅存在于各种日常工作场景中，还涉及各种形式的沟通渠道和工具，包括会议、培训、电子邮件、内部网站、员工手册等。在沟通的过程中，建立起一种开放、透明、信任和尊重的文化尤为关键。这种文化可以鼓励员工敞开心扉地提出意见和反馈，也能够帮助管理层更及时地解决问题和疑虑。因此，化工企业需要投入精力来培养这种沟通文化，因为它对于企业的长期发展和成功至关重要。

常用的人力管理沟通方式如表 10-4 所示。

表 10-4　常用人力管理沟通方式

沟通方式名称	描述
人力资源规划会议	确定组织的人力资源需求和战略
员工发展研讨会	为员工提供职业发展和技能提升的机会
绩效评估会议	定期进行员工绩效评估，讨论表现和改进空间
招聘策略会议	制定和优化招聘策略，以吸引和保留人才
文化活动	组织团队建设和文化活动，增强团队凝聚力和员工归属感
离职面谈	与离职员工进行面谈，了解离职原因和改进意见

10.9　人才选拔

在化工企业中，人才选拔过程的成功与否直接影响到组织的竞争力和创新能力。详细而系统的选拔流程开始于对职位需求的深入理解，包括技术技能、经验要求和个性特征的分析。企业通常利用多渠道招聘策略来广泛吸引候选人，如在线职业平台、行业会议和大学合作等。选拔过程包括严格的初筛、多轮面试、技能测试及团队互动评估，以确保候选人不仅专业能力强，而且能够融入企业文化，对企业长远发展作出积极贡献。

① 建立标准化的招聘流程。为了确保招聘过程的公平性和高效性，化工企业需要制定一个标准化的招聘流程。由人力资源部门负责制定该流程，涵盖从职位

发布到最终录用的各个环节。首先，企业根据岗位需求编写详细的职位描述，明确职责和所需技能。其次，通过招聘平台发布职位信息，吸引合适的应聘者。人力资源部门负责筛选简历，挑选符合基本条件的候选人进行下一步评估。最后，为保证公平，企业采用统一的评估标准和工具，如标准化的面试问题和评分表，以确保所有候选人都在同等条件下接受评估。这一流程不仅能提高招聘效率，还能确保选出的候选人具备岗位所需的技能和素质，符合企业的长远发展目标。

② **进行技能和能力测试**。在筛选出符合基本条件的候选人后，化工企业会对其进行技能和能力测试。这些测试由人力资源部门与专业评估机构合作设计，目的是通过标准化工具评估候选人的专业技能和问题解决能力。技能测试包括技术知识、操作技能以及工作情景模拟等方面的内容，以便深入了解候选人的实际工作能力，确保其能胜任岗位。此外，能力测试还会评估候选人的逻辑思维、应变能力和团队合作精神，这些都是履行岗位职责的重要素质。测试结果将被详细记录和分析，作为最终评估的重要依据。通过这些测试，企业不仅能选出最合适的候选人，还能为其后续培训提供参考，帮助新员工更好地融入团队。

③ **背景调查和参考检查**。为确保候选人的资格和诚信，化工企业在招聘过程中会进行严格的背景调查和参考检查。此步骤通常在候选人通过技能测试后进行，由人力资源部门专门负责。背景调查包括核实候选人的教育背景、工作经历以及可能存在的法律记录，而参考检查则是联系候选人的前任雇主或直接上司，以确认其工作表现和职业道德。这些措施旨在确保候选人信息的真实性，避免因信息不实而带来的招聘风险。通过严格的背景调查和参考检查，企业能够更好地评估候选人的适合性，确保新员工能够顺利融入工作环境，为企业带来积极的贡献。

④ **面试评估**。面试评估是化工企业招聘过程中的关键环节，通过结构化面试，企业能够全面评估候选人的行为、态度及其与企业文化的契合度。面试通常由部门经理、人力资源人员以及未来的同事共同参与，确保评估的全面性和客观性。结构化面试设计了一系列标准化问题，以确保所有候选人在相同条件下展示自己。采用这种方法不仅能评估候选人的技能和经验，还能考察他们的沟通能力、团队合作精神和解决问题的能力。面试结束后，评估小组会综合各自的意见，汇总评估结果，确保招聘决策的公平性和透明度。

⑤ **扩展招聘渠道**。为了吸引更多高质量的候选人，化工企业应不断扩展招

聘渠道。除了传统的招聘网站和人才市场外，企业还应积极利用社交媒体、专业网络平台、行业会议以及与高校展开合作。通过多样化的招聘策略，企业能够接触到不同背景和技能的潜在员工，增加招聘成功的概率。在社交媒体上发布招聘信息，可以吸引年轻且技术熟练的候选人；参加行业会议和展览，不仅有助于招聘，还能提升企业的品牌形象和行业知名度；通过校园招聘和实习项目，企业能够提前发现并培养未来的优秀人才。多渠道的招聘策略使企业在竞争激烈的人才市场中更具优势，能够满足不同岗位的需求，提升团队整体素质。

⑥ **关注多样性与包容性**。在招聘过程中，化工企业应高度重视多样性与包容性。人力资源部门、专门负责多样性与包容性的团队以及各部门经理须共同确保团队的多样性，营造一个包容性的工作环境。通过制定并实施多样性政策，企业能够吸引具有不同背景和文化的候选人，形成多元化的团队。企业在招聘广告中使用包容性语言，并采用无偏见的工具和方法进行招聘，便能够创造一个更公平的工作环境。多样化的团队不仅能带来更多创新和创意，还能提高整体绩效和员工满意度。关注多样性与包容性，不仅有助于企业承担社会责任，还能通过不同观点的融合，提高决策质量和创新能力。

⑦ **高层管理层的参与**。在关键岗位的招聘中，高层管理层的参与至关重要。管理层的参与不仅能提升招聘的权威性和吸引力，还能确保招聘决策与公司战略目标保持一致。高层管理人员通常参与候选人的最终面试，通过与候选人直接对话，了解其战略思维、领导能力及其与公司文化的契合度。通过这种方式，企业不仅能吸引和留住顶尖人才，还能增强候选人对企业的认同感和归属感，推动企业的长期发展。高层管理人员的参与有助于提升招聘过程的质量，确保新员工能够迅速适应并为企业的战略目标和发展作出贡献。

10.10 人才使用

化工企业的人才使用策略着眼于最大化每位员工的潜力和效率。通过职位分析和员工能力评估，HR 部门能够将人员优势与企业需求有效对接。其中包括提供跨部门工作机会、支持灵活工作安排和鼓励员工自主参与创新项目，从而激发员工的积极性并增强其工作满意度。企业还须定期评估岗位配置和工作流程，以适应市场变化和业务扩展的需要。

① **岗位与人才匹配**。在企业中，确保员工技能与岗位需求的匹配是提升工作效率和员工满意度的重要策略。这一过程从招聘开始，由人力资源部门、部门主管和招聘团队共同负责，贯穿入职和内部调动的各个环节。首先，企业应编写详尽的职位描述，包括岗位职责、所需技能、工作环境、团队结构及晋升机会等。这些信息应经人力资源部门审核后发布，确保应聘者对岗位要求有全面了解。招聘团队通过简历筛选和技能评估，确保候选人与岗位高度匹配。这些评估包括技术测试、情景模拟及实际操作演示，全面考察候选人的能力。此外，企业还应通过职业兴趣调查了解候选人的发展意向，以便在匹配岗位时考虑其个人需求和潜力。入职后，部门主管应持续观察和评估员工表现，确保其适应岗位需求。如发现不匹配情况，企业将通过培训或内部调动帮助员工找到更合适的岗位，以此最大化员工和企业的双重效益。

② **绩效管理系统**。企业的绩效管理系统是评估和提升员工表现的重要工具，由部门主管和人力资源部门联合实施，每季度或年度进行绩效评估。为保证评估的全面性和公正性，企业应制定明确的绩效指标和标准，涵盖工作成果和团队合作等方面。首先，主管应定期记录员工的工作表现，包括任务进展、质量及团队互动情况。这些数据可为后续的绩效评估提供可靠依据。在正式评估前，主管应与员工定期面谈，讨论工作表现和发展目标，提供双向沟通机会，并帮助员工明确需要改进的地方。评估会议由部门主管主持、人力资源部门支持，评估结果将用于制订个性化培训计划和发展策略。企业通过这种系统化的评估方法，能够精准识别员工优劣势，并提供有效的改进建议，进而提升员工整体工作效率和满意度。

③ **角色多样化**。企业通过提供跨部门或跨项目的工作机会，促进员工技能的多样化发展，提升员工的综合能力和组织的灵活性。角色多样化策略由人力资源部门和业务部门共同负责，通过制订详细的轮岗计划和项目分配策略实现。人力资源部门首先与员工沟通其职业发展规划，并根据其兴趣和目标设计个性化的发展路径。企业定期提供跨部门轮岗和项目机会，鼓励员工主动申请。这些机会包括参与不同生产线、开发新产品或在不同职能部门工作，帮助员工积累多样化经验。为保证员工顺利适应新角色，企业应提供必要的培训和支持，并安排经验丰富的指导人。通过角色多样化，企业不仅能提高员工的职业竞争力，也能增强组织应对市场变化的能力。

④ **明确职责和期望**。明确每个岗位的职责和期望是确保员工理解其目标的关键步骤。企业在招聘和入职阶段通过详细的岗位描述，使员工清楚地了解自己的职责和工作目标。入职后，部门主管应与新员工进行深入沟通，进一步解释岗位职责和工作期望。定期的会议和反馈可强化员工对工作的理解，帮助其快速适应。在岗位变动时，企业通过正式通知和会议，向员工清晰传达新的职责和期望，确保变动顺利进行。定期的绩效评估和反馈能使企业进一步跟踪和调整员工职责，确保其与企业发展需求一致。这种明确的职责分工不仅能提升员工的工作效率，还能促进团队合作，减少角色冲突。

⑤ **反馈和沟通**。建立开放的沟通渠道和提供及时的反馈是提高员工参与度的重要手段。企业通过定期的一对一面谈和团队会议，确保员工能够自由表达意见和建议。部门主管应认真倾听并根据实际情况进行调整，匿名意见箱则可以进一步确保每位员工的声音都能被听到。在绩效评估后，主管应提供详细的反馈，帮助员工了解其表现的优势和改进空间。企业还可通过沟通技巧培训，提升员工和主管的沟通能力，建立一个透明和支持性的工作环境，从而增强员工的归属感和满意度。

⑥ **团队建设活动**。企业通过团队建设活动来增强员工之间的合作精神和团队凝聚力。人力资源部门与各部门主管共同组织这些活动，定期进行，如每季度都进行或在重大项目完成后进行。活动形式多样，包括团队训练、户外拓展和公司聚会等，旨在让员工在轻松环境下增进了解和信任。团队建设活动设计许多需要团队合作的挑战项目，可帮助员工提升团队协作能力。企业还可邀请专业团队建设培训师指导，确保活动达到预期效果。活动结束后，企业根据员工反馈不断优化活动内容，以持续增强团队合作和企业文化。

⑦ **授权与责任**。在企业中，授权员工承担更多责任是提升他们主人翁意识的有效策略。部门主管在项目启动时，通过明确授权范围和职责，赋予员工自主权，并提供必要的培训和支持，帮助其胜任新的任务。通过定期的检查和反馈确保授权效果，使员工在承担更多责任的同时，获得职业发展的动力。通过授权，员工的自主性和责任感得以增强，企业也因此能够培养出具备领导潜质的员工队伍。这一过程的成功能为企业长期发展提供坚实的人才基础。企业应定期审查和优化授权机制，确保其与战略目标保持一致，从而实现企业与员工的共同成长。

10.11　人才培育

人才培育是化工企业维持核心竞争力的根本活动。企业应设定全面的员工发展计划，包括针对不同级别员工的定制化培训课程、职业生涯规划以及领导力发展项目。这些计划旨在系统提升员工的技术能力、管理技巧和战略思维。通过与外部专家合作，引入最新的行业知识和技术，以及举办内部导师制度和知识共享会，不断促进员工的个人成长和职业发展。

① **定制化培训计划**。在化工企业中，定制化培训计划是提升员工技能和能力的重要手段。人力资源部门、培训经理和各部门主管共同负责这一过程，从员工入职后即开始实施。通过一对一面谈和职业发展问卷调查，企业可准确了解每位员工的职业目标和当前技能水平，进而制定个性化的培训方案。培训内容涵盖技术培训、管理培训和个人发展课程，确保员工在各个方面都能获得全面发展。培训计划的实施通过公司内部培训中心或线上培训平台进行，并在结束后对培训效果进行评估。企业还应定期优化培训计划，确保其与员工的职业发展需求和企业战略目标保持一致。

② **职业发展路径**。化工企业通过提供清晰的职业晋升路径，帮助员工规划未来发展。人力资源部门与各业务部门合作，绘制职业发展路线图，明确晋升路径及所需的技能和经验。在员工入职或岗位变动时，职业发展规划便开始执行。通过定期的职业发展讨论，员工能够了解自己当前的位置及未来的晋升机会。企业应为员工提供职业发展指导、技能培训和内部轮岗机会，确保他们具备晋升所需的条件和经验。通过这些支持措施，员工能够更好地提升自身能力，确保顺利实现职业发展目标。内部轮岗则可为员工提供跨部门的工作经验，帮助他们在不同岗位上提升综合能力。通过清晰的职业路径和全面的支持，企业不仅能激励员工，还能降低流失率，培养具多方面能力的骨干力量，增强企业的竞争力。

③ **领导力发展**。领导力发展是化工企业培养未来领导者的重要举措。高潜力员工通过绩效评估和潜力评估被识别后，会进入由人力资源部门和高级管理层共同设计的领导力发展计划。这个计划不仅包括理论培训，如团队管理、战略规划等，还包括实际的项目领导机会，帮助员工在实践中提升决策能力和团队管理能力。此外，企业可安排高级管理人员作为导师，通过一对一指导分享经验和职业建议。这种系统化的培养方式，能确保企业在未来发展中拥有足够的领导储备，

同时也能增强员工的职业信心和归属感，进一步推动企业的持续成功。

④ **跨部门轮岗**。跨部门轮岗是化工企业提升员工能力和组织灵活性的关键手段。人力资源部门与各业务部门协作，制订并实施轮岗计划，帮助员工在不同岗位间积累经验，提升综合能力。每次轮岗持续几个月至一年，视岗位和项目需求而定。轮岗期间，员工须适应新环境，学习新技能，并与新团队合作。通过轮岗，员工不仅能拓宽视野，还能增强对企业整体运作的理解，提升组织的协作性和灵活性，为企业的可持续发展提供保障。

⑤ **技能提升研讨会**。技能提升研讨会是化工企业鼓励员工掌握新技能的重要手段。培训部门每季度或根据业务需求组织研讨会，邀请行业专家或内部资深员工作为讲师，设计实用课程。课程内容包括理论讲解、案例分析和实际操作等，确保员工在短时间内掌握新知识。研讨会结束后，企业通过技能测试、实际操作演示等方式评估员工的学习效果，并为后续学习提供支持。通过定期举办研讨会，企业能持续提升员工的专业能力，增强竞争力。

⑥ **外部培训和行业会议**。外部培训和行业会议可以帮助员工扩展视野、提升专业能力。人力资源部门根据员工需求和行业会议日程安排外部培训，选择合适的培训课程，支持员工参加专业技术培训、管理培训和行业认证课程等。通过参加行业会议，员工可以了解最新行业动态，分享最佳实践，并扩展专业网络。培训结束后，员工应向企业汇报学习成果，分享经验，推动知识传播，增强企业的创新能力和竞争力。

⑦ **导师制**。导师制通过经验传承和指导，帮助新员工或较少经验的员工快速成长。企业为每位新员工指定导师，导师与员工一对一沟通，帮助他们了解企业文化、工作流程和岗位要求。导师还应为较少经验的员工制订个性化的指导计划，涵盖技术培训、项目管理等。定期指导会议能使员工能够解决实际工作中的问题，提升职业信心。企业定期评估导师制度的效果，确保其有效性，并促进经验和知识的传承，提升整体素质和工作效率。

10.12　人才保留

保留关键人才对化工企业至关重要。企业应需通过竞争性的薪酬结构、绩效激励方案和全面的福利体系吸引和留住人才。此外，提供均衡的工作与生活环境、确保工作的安全性和健康性以及创建支持性和包容性的工作文化也是关键因素。定期的员工满意度调查和开放的沟通渠道可以帮助企业及时发现并解决员工的疑虑和不满，从而减少员工流失，建立忠诚和高效的团队。

① **竞争性薪酬福利**。企业为了吸引和保留优秀人才，可制订有竞争力的薪酬和福利计划。人力资源部门、财务部门和高级管理层共同负责这一策略的实施。企业首先通过详细的市场调研和内部数据分析，确保薪酬水平在行业内具有竞争力。市场调研涵盖同行业企业的薪酬水平和福利项目，确保企业的薪酬福利方案不仅符合行业标准，还具备足够的吸引力。企业定期审查和调整薪酬福利方案，通常每年进行一次，或根据市场变化进行调整，以确保薪酬福利与当前市场水平保持一致。薪酬福利方案不仅包括基本工资，还涵盖绩效奖金、健康保险、退休计划、带薪假期等多种福利形式。通过这些全面而富有竞争力的薪酬福利，企业能够有效提高员工满意度和忠诚度，吸引并留住顶尖人才。为确保员工对薪酬福利政策的了解，人力资源部门应定期与员工沟通，解释薪酬福利调整的原因和内容。企业通过员工手册、内部网站和定期会议等渠道发布相关信息，确保员工充分了解并认可公司的薪酬福利政策。这些措施不仅能增强员工对企业的信任和归属感，也能提升整体工作效率和企业竞争力。

② **工作生活平衡**。企业应高度重视员工的工作与生活平衡，通过灵活的工作时间安排和远程工作选项来实现这一目标。人力资源部门和各部门主管共同负责这些政策的实施。在新员工入职时，企业应向他们详细介绍这些政策，并根据员工的具体需求进行工作安排的灵活调整。例如，员工可以选择在特定时间段内完成工作任务，或在家庭紧急情况下申请远程工作。企业提供的灵活工作时间，包括弹性上下班时间、压缩工作周和兼职工作等选项，使员工在工作时间上拥有更多的自主权，从而更好地平衡工作和家庭生活。远程工作选项则允许员工在需要时在家办公，减少通勤时间，缓解压力，提高工作效率和满意度。为确保员工在工作与生活之间找到平衡，企业还应提供各种支持和资源，例如健康管理计划、家庭支持服务和心理咨询服务。人力资源部门定期与员工沟通，了解他们的需求并优化相关政策。通过这些努力，企业不仅能提高员工的工作满意度和忠诚度，也能增强其整体工作效率和幸福感。

③ **认可和奖励系统**。企业通过设立有效的员工认可和奖励机制，激励和表彰表现优秀的员工，提升员工士气和工作积极性。各部门主管和人力资源部门共

同负责这一系统的施行，通常在每季度或每年进行员工绩效评估，并在日常工作中即时表彰优秀员工。企业应制定明确的绩效指标和评估标准，确保员工的工作表现得到公平、公正的评估。这些指标涵盖工作成果、团队合作、创新能力和客户满意度等方面，评估结果将作为员工晋升、加薪和奖金分配的重要依据。为了鼓励和表彰优秀员工，企业应设立多种奖励形式，包括绩效奖金、年度优秀员工奖、特别贡献奖和团队奖等。此外，企业还可通过表彰活动、内部通信和公告栏等方式公开宣传优秀员工的事迹，增强员工的荣誉感和归属感。定期举办的表彰会议和庆祝活动不仅能提高员工的工作积极性和忠诚度，还能促进团队合作和企业文化建设。

④ **员工参与和赋权**。企业鼓励员工积极参与决策过程，以提高员工的满意度和归属感。此政策在项目启动和日常决策过程中持续进行，由公司管理层、部门主管和全体员工共同参与。为实现员工参与和赋权，企业应建立员工代表会议和意见征集活动等机制。在这些会议和活动中，员工可以自由表达他们的建议和意见，参与公司重大决策的讨论和制定。这种方式能让员工感受到自己在公司中的重要性和影响力，从而提高他们的工作积极性和责任感。企业还应鼓励员工在日常工作中主动提出改进建议，并通过合理化建议奖励制度，对提出优秀建议的员工进行表彰。管理层定期审查并采纳员工的建议，确保合理的建议能够得到落实。通过这些举措，企业能够充分发挥员工的智慧和创造力，提升工作效率和整体绩效，同时也能增强员工对企业的归属感和忠诚度。

⑤ **职业安全感**。企业致力于提供职业稳定性和安全感，以减少员工的职业不安全感，提高他们的工作稳定性和忠诚度。这一措施由人力资源部门和管理层共同负责，从员工入职起便着重强调。在员工入职时，向他们详细介绍企业的长期发展战略和员工职业发展规划，增强员工对企业前景的信心。人力资源部门通过与员工签订长期劳动合同、为其提供晋升机会和职业发展规划，确保员工感受到职业的稳定性和安全感。在企业产生重大决策和变化时，管理层通过透明的沟通渠道，及时向员工传达相关信息，解释决策的原因和影响，减轻员工的焦虑和不安。企业还应提供职业培训和再就业支持，帮助员工提升技能，适应变化的工作环境。这些措施不仅能提高员工的工作稳定性和忠诚度，还能增强员工的工作积极性和创造力，提升企业的整体竞争力。

⑥ **健康和福利项目**。应高度重视员工的整体福祉，通过健康保健计划和其

他福利项目关注员工的身体和心理健康。人力资源部门和健康福利专员负责这些项目的实施，定期提供年度健康检查和持续的健康项目。企业设定全面的健康计划，包括年度健康检查、健身活动和心理健康咨询等。这些计划不仅能帮助员工预防和发现健康问题，还鼓励他们保持健康的生活方式。企业与外部医疗机构合作，确保员工享受高质量的健康服务。此外，企业可提供带薪假期、灵活工作时间、家庭支持服务和退休计划等福利，全面关注员工的整体福祉。人力资源部门定期与员工沟通，了解需求并优化相关项目。通过这些措施，企业不仅能提高员工的工作满意度和效率，还能减少因健康问题导致的缺勤和离职，为企业的长期发展提供有力支持。

⑦ **企业文化建设**。企业通过建立和维护积极、支持性的企业文化，提升员工的归属感和工作积极性。企业文化建设由管理层、人力资源部门和全体员工共同参与，并在进行重要活动和庆典时特别强调。企业文化建设的核心在于传播和强化企业的核心价值观。通过组织文化建设活动、企业内部沟通平台和员工关怀计划，营造积极、支持性的工作环境。定期举办团队建设活动、企业庆典和员工关怀活动，可增强员工的归属感和凝聚力。管理层通过透明的沟通渠道，与员工保持良好的沟通，及时传达企业的战略目标和发展方向，增强员工对公司的信任和认同感。企业还应鼓励员工积极参与企业文化建设，提出改进建议，共同营造良好的工作氛围。这些措施不仅能提升员工的工作积极性和忠诚度，还能增强团队合作和企业整体竞争力，为企业的持续发展奠定坚实基础。

10.13　案例：3 个特别——特别能吃苦、特别能战斗、特别能奉献

在万华化学，员工体现出的 3 个特别——特别能吃苦、特别能战斗、特别能奉献，这是直接影响公司成功的关键因素。

① **特别能吃苦**。这一特质指的是员工面对工作中的困难和挑战，如长时间劳动、高强度工作环境、技术难题等，能够坚持不懈，保持耐心和毅力，不抱怨、不退缩。这种能力使员工能在压力和不利条件下继续推进工作，并达成目标。在万华化学创业初期，由于设备劣化和技术落后，因此生产装置频繁出现故障，如

物料堵塞和泄漏，导致生产经常中断。员工们需要经常进行抢修，每次故障至少需要数天来恢复，这种艰苦的工作条件和高压力环境体现了"万华人"特别能吃苦的精神。

② **特别能战斗**。这个精神反映了员工在面对竞争和压力时的积极态度和行动力。员工不仅要在常规工作中展现出优异的表现，而且在遭遇挑战和逆境时，能够迅速应对、解决问题，采取有效措施以克服困难，推动项目和任务的成功完成。这种战斗精神涉及创新、适应性和解决问题的能力。在万华化学的关键生产技术自主研发过程中，员工面对多次生产线的故障和技术挑战，展现出了极强的战斗精神。原引进的生产线技术老化、频繁故障，导致生产中断，每次故障修复成本高昂，严重影响了生产效率和企业经济效益。面对这一挑战，万华化学的技术团队没有放弃，而是坚持不懈地对技术进行改进和优化。通过与国内高校合作，建立了部分关键工艺过程模拟和核心化学反应的数学模型，并最终成功自主突破了关键生产技术，不仅解决了生产线的稳定性问题，还显著提升了产能。这种在逆境中不断战斗、攻克技术难关的精神，有效推动了企业技术的进步和生产能力的增强。

③ **特别能奉献**。奉献精神体现了员工对工作、对企业、对社会的全心投入和自我牺牲，这包括对企业目标的忠诚、对团队的支持以及对工作质量的坚持。在化工企业中，这种奉献常常体现在对提高企业整体表现的持续努力上。从 2003年 8 月 8 日开工到 2005 年 11 月 24 日，万华宁波基地项目部人员在宁波海边风餐露宿、加班加点，硬是比外资巨头的上海项目提前 9 个月建成，10 余套装置全部一次投料试产成功。万华化学抢占了市场先机，也具备了知识产权产业化的能力和参与全球竞争的能力。

3 个特别不仅是个人品质的体现，也是万华化学企业文化的重要组成部分，对于推动企业向更高目标前进具有不可替代的作用。

10.14 案例："赛马不相马，有为就有位"

万华化学一直坚持"赛马不相马，有为就有位"的人力管理理念，这一理念强调通过公开、公正、公平的竞争机制选拔和任用人才，而不是依靠主观的评判和关系来决定人才的去留。通过这一机制，万华化学致力于建立一个让每个员工都有机会展示自己才华的平台，只要员工在工作中表现出色、有所作为，就能够得到相应的岗位和发展机会。

为了贯彻这一理念，万华化学采取了一系列具体措施，确保人力管理的公平和透明。首先，万华化学建立了完善的绩效考核体系，明确了各岗位的职责和考核标准，确保每个员工的努力和成绩都能得到客观、公正的评价。考核内容不仅包括工作业绩，还涵盖了工作态度、创新能力和团队合作等多方面的表现。

在实际操作中，万华化学定期开展各种形式的评选和竞赛活动，如优秀员工评选、创新项目竞赛等，鼓励员工勇于挑战自我、不断进步。通过这些活动，员工可以在公开的竞争中展示自己的才华，赢得同事和上级的认可，并获得晋升和发展的机会。

万华化学还注重营造公开透明的工作环境，确保信息的畅通和沟通的顺畅。公司通过定期召开员工大会、部门例会等形式，及时传达公司的战略规划、政策制度和工作要求，让员工了解公司的发展方向和个人的发展前景。同时，万华化学鼓励员工积极参与公司管理，通过意见反馈、建议征集等渠道，倾听员工的心声，解决员工在工作中遇到的实际问题，增强员工的归属感和认同感。

在营造良好氛围方面，万华化学注重培养风清气正、干事创业的企业文化。公司坚决反对一切形式的腐败和不正之风，建立了严格的廉政制度和监督机制，确保公司内部的公平、公正。同时，万华化学鼓励员工积极进取，勇于创新，营造了一种积极向上、努力拼搏的工作氛围。

通过这一系列措施，万华化学不仅能够激发员工的工作热情和创造力，还能够吸引和留住更多优秀的人才。员工在这样的环境中，能够心无旁骛地投入工作中，充分发挥自己的才智和潜力，为公司创造更大的价值。

总之，"赛马不相马，有为就有位"的人力管理理念是万华化学长期坚持的重要方针。它不仅为公司带来了源源不断的发展动力，也为员工提供了广阔的发展空间和平台，使得公司和员工共同成长，共同进步。

10.15　案例："6 有干部"

在 2016 年底，万华化学提出需要培养"6 有干部"：有思想，不断学习、反思；有胸怀，能容人，站在公司、客户的立场来考虑问题；有激情，热爱事业，愿意全身心地奉献；有韧性，遇到困难勇于克服，咬住青山不放松；有担当，遇到困难敢于承担责任，不推脱、不躲避；有业绩，能创造业绩，为企业创造价值才有说服力。公司领导强调，企业文化的提升要求万华化学的干部成为践行公司核心价值观的先锋与模范。

① **干事创业，有激情**。在化工生产管理中，激情是推动创新和高效工作的关键。比如，在新项目启动阶段，有激情的干部会主动参与到项目规划和设计中，积极提出改进建议，并全力支持团队实施项目。他们不仅热爱自己的工作，还愿意在高峰期加班加点，确保项目按时完成，并不断激励团队成员保持高涨的工作热情。例如，在某个新材料开发项目中，一名有激情的干部带领团队克服了设备调试中的种种困难，最终提前完成任务，为公司赢得了客户的高度赞誉。

② **善于学习，有思想**。在化工生产管理中，学习和思想的深度决定了管理水平的高度。比如，一些善于学习的干部会定期参加行业内的技术培训和研讨会，吸收最新的技术和管理理念，并将其应用到实际工作中。他们会主动学习先进的生产管理模式，如精益生产，并结合公司的实际情况，提出切实可行的改进方案。例如，在某次生产工艺优化项目中，一名善于学习的干部通过引入先进的工艺技术，不仅提高了产品质量，还大幅降低了生产成本。

③ **尊重宽容，有胸怀**。在化工生产管理中，胸怀宽广的干部能够创造和谐的工作氛围。比如，当团队成员之间出现意见分歧时，有胸怀的干部会倾听各方意见，寻找最佳解决方案，而不是强行压制某一方的观点。他们尊重每一位员工的贡献，激励员工发挥自身的优势，同时包容他们的不足，帮助他们不断进步。例如，在一次团队建设活动中，一名有胸怀的干部通过开放式讨论，让每位成员都能够表达自己的想法，从而增强了团队的凝聚力和向心力。

④ **敢于负责，有担当**。在化工生产管理中，责任感和担当精神至关重要。比如，在生产过程中出现质量问题时，一些敢于负责的干部会第一时间站出来，分析问题产生的原因，并迅速制定整改方案，避免问题进一步扩大。他们不推卸责任，而是积极寻求解决办法，确保生产顺利进行。例如，在某次生产线出现重大设备故障时，一名敢于负责的干部带领团队连夜抢修，最终在最短时间内恢复了生产，避免了巨大的经济损失。

⑤ **直面困难，有韧劲**。在化工生产管理中，韧劲是应对挑战和危机的关键。比如，当市场需求突然变化导致库存压力增大时，一些有韧劲的干部会冷静分析

市场趋势，调整生产计划，并积极寻求新的销售渠道。他们不轻易放弃，而是坚持寻找解决问题的办法，直至取得成功。例如，在一次市场竞争激烈的情况下，一名有韧劲的干部通过优化生产流程和提升产品质量，最终成功打开了新的市场，为公司赢得了更多的订单。

⑥ **追求卓越，有业绩**。在化工生产管理中，追求卓越和业绩是衡量干部能力的重要标准。比如，追求卓越的干部会设定高标准，严格控制每一个生产环节，确保产品质量达到客户要求。他们不仅注重个人的业绩，还致力于打造一支高效、团结的团队，通过不断提升团队的战斗力和学习能力，实现超越同行的业绩。例如，一名追求卓越的干部带领团队创造了历史最佳的生产记录，不仅提高了公司的市场竞争力，还为公司带来了显著的经济效益。

总之，万华化学的"6有干部"要求每一位干部在思想、胸怀、激情、韧性、担当和业绩六个方面都做到优秀，并以实际行动践行公司的核心价值观。这不仅是对干部个人素质的要求，也是对公司整体发展的期望。只有每一位干部都能成为"6有干部"，企业才能不断进步，迎接未来的挑战。

第 11 章

工艺管理能力

——极尽掌控

11.1 工艺管理概述

工艺管理的目的是优化化工生产过程中的各项工艺技术，确保生产过程的高效、稳定和安全，通过工艺改进和创新提升生产效率和产品质量。其管理范围包括工艺设计与优化、工艺标准化、工艺流程控制、工艺技术培训、工艺改进项目和新技术应用等。

化工企业的工艺管理对于确保生产效率、产品质量和环境安全至关重要。极尽掌控的工艺管理意味着企业需要在工艺开发、实施和监控各环节采取严格和精细的管理策略。

首先，**工艺开发**阶段要求化工企业投入大量资源进行研究和测试。在新工艺的开发中，必须确保所有的化学反应和物理过程不仅是高效的，同时也要满足安全和环保的标准。这需要企业运用高级模拟和实验技术，如计算流体动力学模拟和试验反应器，以精确预测工艺流程中可能出现的各种情况，并据此制定解决策略。

其次，**工艺实施**阶段，化工企业须确保所有工艺参数严格遵循设计规范，包括精确控制反应温度、压力、物料比例及流速等关键参数。实现这一目标通常依赖于自动化和数字化的生产系统。通过实时监控和自动调节系统，可以确保生产过程中的每一个环节都能达到预设的工艺标准，从而最大限度地减少偏差和提高生产效率。

再次，**工艺监控**对于维持生产的连续性和稳定性至关重要。化工企业通常会利用各种传感器和在线分析仪器来监控生产过程中的关键变量。这些数据不仅可用于实时控制生产过程，也可为后期的工艺优化提供支持。通过持续收集和分析生产数据，企业可以识别出工艺中的潜在问题并及时调整，从而防止大规模的质量问题和安全事故的发生。

最后，**持续改进**是化工企业工艺管理中不可或缺的一部分。企业应该持续追踪新技术和改进方法，以不断提升工艺效率和环境表现。这涉及跨部门的合作，如研发、生产和质量控制团队密切配合，共同推动工艺的优化和创新。

总之，化工企业的工艺管理是一个复杂且多面的任务，需要企业在工艺开发、实施、监控和持续改进各方面进行精确和系统的管理。通过这种极尽掌控的管理方式，企业不仅能确保生产过程的高效和安全，还能在保证产品质量和环境合规的同时提升市场竞争力。

11.2　工艺管理面临的挑战

化工企业在工艺管理方面面临诸多挑战，这些挑战广泛涉及工艺设计、操作执行、设备管理、环境控制、质量监控、安全管理、生产效率、成本控制、人力资源、研发创新、物流管理、数据管理、法规遵守、环境保护及市场适应性等多个关键领域。

工艺设计挑战包括过时的设计、低反应效率和低能源利用率。这些问题主要由技术进步缓慢、缺乏更新、设计不合理以及设备老旧导致。

在**操作执行**方面，不规范的操作和操作失误是主要问题，这些通常是由于培训不足和监督松懈造成的。**设备管理**的挑战包括设备老化和自动化水平低，这些问题源自维护不足和技术更新不及时。

环境控制方面的挑战包括不当的温湿度控制和污染物排放，这些问题通常由系统设定不准确、设备老化、环保设备不足和工艺控制不当引起。**质量监控**挑战主要是产品质量波动和检测方法过时，这些问题由原料质量不稳定、操作波动和技术滞后导致。

在**安全管理**方面，安全事故频发和应急处理不当是主要的挑战，这些通常因不重视安全文化和预防措施不足造成。**生产效率**和**成本控制**的问题包括生产周期过长、高能耗、成本超预算和物料浪费，这些问题由工艺流程不优化、设备效率低、原材料成本上升和管理不善等因素引起。

在**人力资源**方面，技术人员流失和操作技能不足是主要问题，这些通常由薪酬不具竞争力、职业发展路径不明确、培训不足和经验传承不良导致。**研发创新**挑战包括创新力不足和新技术应用滞后，这些问题由研发投入不足、创新机制不健全和更新换代成本高引起。

物流管理面临的挑战包括物料供应不稳定和成品储存不当，这些问题由供应链管理松懈、市场波动、仓储设施不足和管理不当引起。**数据管理**和**法规遵守**的挑战包括数据分析不足、信息系统不稳定、法规更新不及时和环保标准未达标，这些通常由数据收集不系统、分析工具落后、法规意识不足、信息更新慢和设备及工艺落后引起。

在**环境保护**方面，废水处理不达标和废气排放量过高是主要问题，这些问题由处理设施不足、技术落后、排放控制不严和设备不完善引起。在**市场适应性**方面，市场需求变化应对慢和产品创新不足是主要挑战，这些问题由市场分析不足、反应迟钝、研发动力不足和市场洞察缺失引起。

总的来说，化工企业在工艺管理方面面临的挑战是多方面的，涉及从工艺设计到市场适应性的各个层面，要求企业进行综合性的改进和创新以提高整体竞争力和可持续发展能力。

11.3 工艺理念

（1）卓越工艺管理的 5 条核心理念

① **创新驱动**。强调持续的技术创新和改进，推动新工艺的开发和现有工艺的优化，以提高生产效率和环境友好性。例如，卓越企业在某产品生产过程中，研发并采用了新型催化剂技术，不仅提高了反应效率，还大幅减少了副产物的产生，提升了整体工艺的绿色环保水平。

② **效率优化**。集中于提高工艺效率，减少能源和原材料消耗，通过精细化管理和技术改进降低成本，同时减少废物的产生。例如，卓越企业在某产品生产线上施用了先进的热能回收系统，优化了能源使用效率，显著降低了能源消耗和生

产成本，同时减少了废热的排放，提升了整体工艺效率。

③ **环境友好**。注重环境保护和可持续发展，通过采用清洁生产技术和减少污染排放来保护环境，遵循环境管理的国际标准和法规。例如，卓越企业通过引入先进闭环水循环系统，极大地减少了工业废水的排放，并采用生物处理技术对废水进行深度处理，确保排放水质达到甚至超过环保标准，体现了公司对环境保护的重视。

④ **质量保证**。确保通过高标准的质量管理体系，持续提供符合规格和客户期望的产品。采用先进的质量控制技术和方法来监控和优化生产过程。例如，卓越企业在某产品生产中，应用了全自动化的质量检测系统，实时监控产品质量指标，确保每一批产品都符合客户的高标准要求，提高了产品的市场竞争力。

⑤ **风险管控**。实施全面的风险评估和管理策略，识别并控制工艺技术中的潜在风险，包括技术失败、安全隐患和环境影响。例如，卓越企业建立了完备的风险管理体系，对所有工艺流程进行严格的风险评估和监控，及时识别和处理潜在风险，确保了工艺的安全性和环境的可持续性。

（2）核心理念的作用

在卓越的工艺管理中，5 条核心理念之间的相互关系密切，共同促进了生产流程的优化和企业的可持续发展。

首先，"创新驱动"理念是推动技术进步和工艺优化的核心。通过不断的技术创新，例如引入新型催化剂技术，不仅提高了生产效率，也减少了副产物的生成，提升了工艺的环保水平。这种创新直接支持了"效率优化"和"环境友好"理念，因为技术的改进通常伴随能源和原材料的更高效使用，同时减少了对环境造成的负担。

其次，"效率优化"理念通过精细化管理和技术改进，直接减少了能源和原材料的消耗，降低了生产成本，同时也减少了废物的产生。这不仅提高了企业的经济效益，还通过减少废物排放和能源使用，强化了"环境友好"理念的贯彻。

再次，"环境友好"理念要求采用清洁生产技术和减少污染排放，这不仅符合国际环保标准，也是企业社会责任的重要体现。这与"质量保证"理念相辅相成，后者强调通过高标准的生产过程确保产品质量，满足客户期望。

最后，"风险管控"理念通过全面的风险评估和管理策略，确保技术和生产过程的安全性，防止技术失败和安全隐患。这一理念与其他 4 条理念紧密相连，特别是与"创新驱动"和"质量保证"有直接的联系，因为新技术的引入须评估潜在风险，同时保证其在提高生产效率和环境保护标准的同时，不牺牲产品的质量和安全性。

通过 5 条理念的相互作用，化工企业能够在保证生产安全、质量和环保的前提下，不断推进工艺的创新和优化，实现经济效益与环境保护的双重目标。这种综合性的工艺管理策略是企业可持续发展的关键。

11.4　工艺目标

在化工企业中，工艺管理的目标管理是一项至关重要的任务，参与者包括管理层、工艺工程师、生产主管以及相关的技术人员。工艺管理的总体目标是"零失控"，其核心在于制定、明确和实施与生产工艺相关的目标和标准，以确保生产过程的高效性、安全性和质量。这个过程并非一劳永逸，而是一个持续性的过程，从生产工艺规划阶段开始，一直延续至生产过程中的执行和监控阶段。

为什么目标管理如此重要呢？首先，它能够确保生产工艺符合产品质量要求、生产效率要求以及安全环保要求。通过设定明确的目标和标准，可以使得生产过程更加可控，从而满足客户需求、提高竞争力。同时，有效的目标管理还能够最大程度地降低生产过程中的风险和损失，保障企业的持续稳健发展。

目标管理活动涵盖了生产流程的各个环节。通过设定清晰的生产目标和工艺标准，制订相应的生产计划和操作流程，建立监控和反馈机制，以及进行持续的改进和优化，来实施和管理生产工艺的目标。这需要各级管理人员和技术人员的密切合作，确保目标管理的有效实施和执行。只有这样，化工企业才能够在激烈的市场竞争中保持领先地位，实现可持续发展。

在化工行业，实现"零失控"的总体目标意味着完全消除工艺操作中的任何失控情况，保证生产过程的稳定性和安全性。失控事件通常指的是设备故障、操作失误或化学反应失控导致的非预期事件，这些事件可能会导致严重的安全、环境或质量问题。

常见的工艺管理具体目标如表 11-1 所示。

表 11-1 工艺管理目标示例

序号	目标	对应指标名称
1	将过程变异系数控制在 0.01 以下,确保过程稳定性	过程稳定性
2	过程能力指数(C_{pk})保持在 1.33 以上,确保过程能力	过程能力指数(C_{pk})
3	新产品引入成功率达到 95% 以上,确保新产品开发和引入过程的有效性	新产品引入成功率
4	过程优化和改进率提升至 20%,持续改进生产过程,提高效率与质量	过程优化和改进
5	生产效率达到 95% 以上,提高生产计划的准确性和完成率	生产效率
6	产品转换时间减少至 ×× 分钟以内,提高生产灵活性	产品转换时间
7	每年完成 ×× 项工艺技术创新项目,鼓励技术创新	工艺技术创新
8	工艺文件完整性和准确性达到 100%,确保所有工艺文件准确无误	工艺文件完整性和准确性
9	员工对工艺的理解和执行评分达到 95 分以上,确保员工充分理解并正确执行工艺流程	员工对工艺的理解和执行

工艺管理的总体目标"零失控"是化工企业工艺管理的长远方向,而具体目标则是实现总体目标的分步骤措施和阶段性成果。总体目标为具体目标提供了方向引领,具体目标通过执行和指标衡量推动总体目标的实现。两者相辅相成,共同保障工艺管理的卓越性,确保生产过程的稳定性和安全性,从而提升企业的竞争力和可持续发展能力。

11.5 工艺组织

在化工企业中,工艺管理的组织管理是确保生产过程高效、安全的关键,参与者包括管理层、工艺工程师、生产主管、操作人员以及其他技术人员。组织管理的核心在于建立合理的组织结构,明确每个岗位的职责和权限,并制定清晰的工作流程和决策机制,以便有效地协调和管理与工艺管理相关的人员和资源。

为什么组织管理如此重要呢?首先,它确保了工艺管理工作的有序进行,有助于支持企业的生产目标和战略规划。其次,通过合理的组织管理,可以提高工艺管理工作的效率和质量,降低生产过程中的风险和损失。这不仅能够增强企业的竞争力，还能够提升企业的可持续发展能力。

组织管理活动主要发生在企业内部，涵盖了各个部门和岗位，尤其是工艺管理部门和生产现场。通过建立清晰的组织结构，每个人员都清楚自己的职责和权限，可以更好地协作配合，提高工作效率。此外，制定有效的沟通机制和决策流程，可以确保信息的及时传递和沟通顺畅。最后，提供必要的培训和支持，使员工具备所需的知识和技能，以应对各种工艺管理工作的挑战。

综上所述，化工企业需要重视工艺管理的组织管理，通过良好的组织管理实践，可以优化生产流程，提高生产效率和产品质量，从而实现企业的可持续发展。

工艺管理的部分关键角色以及角色的职责和能力要求如表 11-2 所示。

表 11-2　工艺管理关键角色的职责和能力要求

角色名称	关键职责	能力要求
总工程师	指导和监督整个工程团队；制定技术发展战略和标准；作为技术问题的最终决策者	深厚的工程技术背景；卓越的领导和决策能力；广泛的行业知识和经验
工艺工程师	设计和优化化学工艺流程；解决生产过程中的技术问题；持续改进生产效率和产品质量	熟悉化工生产工艺；强烈的问题解决能力；良好的技术分析和创新能力
工艺开发经理	管理工艺开发项目；协调研发和生产部门的合作；推动新技术的商业化应用	领导和项目管理能力；跨部门协作能力；对化工行业技术动态有深入理解
生产技术主管	监督生产线的技术运行；优化生产流程以提高效率；解决技术故障和提升生产能力	强大的技术知识和实操能力；卓越的管理和沟通能力；应对紧急情况的快速反应

11.6　工艺知能

化工企业的工艺管理中，知识技能管理是不可或缺的一环，参与其中的人员包括管理层、工艺工程师、生产主管、技术培训人员以及所有其他相关的技术人员。知识技能管理的核心在于识别、评估、开发和利用员工的专业知识和技能，以满足企业的业务需求和发展目标。

常用的工艺管理知识技能如下：

① **工艺设计**。包括工艺路线设计、工艺参数优化和工艺文件编制等，确保生产过程的稳定和高效。工艺设计有助于确定最优的生产流程和操作参数，从而提

高产品质量和生产效率。

②　**工艺控制**。通过过程控制系统和分布式控制系统（DCS），实现对生产过程的自动化控制。工艺控制有助于稳定生产过程，减少人为干预，提高生产一致性。

③　**工艺改进**。通过持续改进和优化工艺，提高产品质量和生产效率。工艺改进包括工艺参数调整、新技术应用、工艺流程优化等方面。

④　**工艺模拟**。利用计算机模拟技术，对工艺过程进行模拟和优化，提高设计和改进的效率。工艺模拟有助于预测工艺变化的影响，减少试验成本和时间。

⑤　**工艺数据分析**。收集和分析工艺过程中的数据，识别问题和改进机会。工艺数据分析包括工艺参数监控、质量数据分析、生产效率分析等方面。

⑥　**工艺审计**。定期检查和评估工艺管理的实施情况，确保其有效性和持续改进。工艺审计包括工艺流程检查、操作规范检查、质量标准检查等内容。

⑦　**工艺文件管理**。建立和管理工艺文件，确保工艺信息的准确性和可追溯性。工艺文件管理包括工艺规程、操作手册、技术标准等文件的编制、审核、更新和存档。

11.7　工艺绩效

在化工企业的工艺管理中，绩效管理扮演着至关重要的角色。参与其中的人员包括管理层、工艺工程师、生产主管、操作人员以及其他相关技术人员。绩效管理的核心在于通过设定明确的目标和标准，来评估员工在工艺管理中的表现，并为他们提供相应的反馈和奖惩措施，以促进员工的发展，同时也促进组织目标的实现。

绩效管理是一个持续性的过程，目的在于激励员工提高工艺管理工作的效率和质量，确保员工的工作与企业的整体目标一致。通过定期的绩效评估和反馈，可以发现员工的优势和改进空间，为他们提供进一步发展的机会。

在绩效管理过程中需要建立清晰的工作目标和绩效标准，确保员工明确自己的职责和任务。同时，还需要提供必要的培训和发展机会，以不断提升员工的工作能力和技能水平。

在实施绩效管理时，也需要考虑到员工的动机和激励机制。通过奖励表现优秀的员工和对不当之处采取适当的纠正措施，可以激发员工的积极性和工作热情，提高工艺管理工作的执行效率和质量水平。绩效管理不仅是对员工个人绩效的评估，更是促进整个企业生产运营的有效管理工具，有助于提升企业的竞争力和持续发展能力。

常用的工艺理绩效指标如表 11-3 所示。

表 11-3 常用工艺管理绩效指标

序号	指标名称	指标计算方式	注意事项	指标考核部门	频次	数据采集方式
1	过程稳定性	通过统计控制图监测的过程变异系数	持续监控并调整生产过程，以减少变异	生产技术部门	持续监控	过程监测系统
2	过程能力指数（C_{pk}）	（规格极限与过程平均值之间的最小距离）/（3×过程标准差）	保持 C_{pk} 值大于 1.33 以确保过程能力	生产技术部门	每批产品	质量控制系统
3	新产品引入成功率	（成功引入市场的新产品数量 / 总新产品数量）×100%	确保新产品开发和引入过程的有效性	研发部门	每个新产品	产品开发记录
4	过程优化和改进	改进后过程性能提升的百分比	持续改进生产过程，提高效率与质量	生产技术部门	持续监控	改进项目记录
5	生产效率	（实际生产量 / 计划生产量）×100%	提高生产计划的准确性和完成率	生产部门	每日	生产报告
6	产品转换时间	从一种产品生产切换到另一种产品所需的平均时间	减少产品转换时间，提高生产灵活性	生产部门	每次转换	生产记录
7	工艺技术创新	实施的技术创新项目数量	鼓励技术创新，提高生产效率和产品质量	研发部门	每年	创新项目记录
8	工艺文件完整性和准确性	审查和更新工艺文件的百分比	确保所有工艺文件准确无误	生产技术部门	每季度	文件审核记录
9	员工对工艺的理解和执行	通过考核得到的平均分数	确保员工充分理解并正确执行工艺流程	生产部门	每年	员工考核记录

11.8 工艺沟通

在化工企业的工艺管理中，沟通管理扮演着不可或缺的角色。参与者包括管理层、工艺工程师、生产主管、操作人员以及其他相关技术人员。沟通管理的核心在于确保在工艺管理的各个阶段中，信息能够被有效地传达、理解和共享，以促进生产活动的顺利进行和协调。

为何沟通管理如此关键呢？首先，它确保所有相关人员了解工艺管理的目标、计划和要求，从而使其能够在工作中准确地执行任务，提高生产效率。其次，有效的沟通管理有助于降低错误和事故发生的风险，保障生产过程的安全性和稳定性。

沟通管理活动涵盖了工艺管理的各个环节。为了实现有效的沟通管理，企业可以利用多种沟通渠道和工具，如会议、工作指导书、工艺流程图、电子邮件、即时通讯工具等。同时，建立开放、透明、互动式的沟通氛围也是关键所在，这样能够鼓励员工提出意见和建议，促进团队间的合作和协调。

综上所述，沟通管理在化工企业的工艺管理中扮演着至关重要的角色。通过良好的沟通管理实践，企业能够确保信息的畅通和准确传达，促进生产活动的高效进行，从而实现企业的长期发展目标。

常用的工艺管理沟通方式如表 11-4 所示。

表 11-4　常用工艺管理沟通方式

沟通方式名称	描述
工艺优化会议	定期讨论和实施工艺改进措施，提升生产效率和产品质量
工艺审查会议	审查当前工艺的执行情况，确定需要改进或调整的地方
生产问题解决会议	面对生产中出现的特定问题，组织会议寻找解决方案
技术交流研讨	举办技术研讨会，分享行业内外的新技术、新方法
生产数据分析会议	定期分析生产数据，识别趋势和异常，用于工艺调整和决策

11.9　工艺设计

工艺设计是化工企业中基础且关键的环节，其主要目的是开发出符合生产需求、经济效益、环保标准和安全规范的工艺路线。在设计阶段，工程师需要深入分析原料特性、产品需求以及可能的生产方法，结合最新的科技成果和工程技术，提出创新且可行的设计方案。此外，工艺设计不仅要考虑技术的先进性和实用性，还要兼顾成本效益，以确保整个项目的经济可行性。通过多学科团队的协作，确保所设计的工艺在技术和经济上都能达到最优解。

① **确定设计目标**。在化工企业的项目启动和工艺设计初期，明确设计目标至关重要。项目经理、工程师、市场分析师和管理层协作，基于市场调研和企业战略，设定清晰的设计目标。通过分析市场需求、客户期望及未来趋势，企业确定产品定位、性能指标、生产成本控制和环保要求，确保设计方向与企业长期战略一致。最终，编制而成的设计目标文档可为后续工艺设计提供指导，确保项目与市场和企业需求相符。

② **选择与评估原料**。选择合适的原料是确保生产效率和产品质量的关键。企业通过市场调研，筛选潜在原料，并在实验室进行质量和性能测试。化学工程师评估原料的纯度、反应活性等性能，同时成本分析师进行详细的成本评估。结合质量和成本，企业选择适合的原料，与供应商签订长期合同，确保稳定供应，并编制详细的原料选择报告，支持工艺设计。

③ **工艺流程开发**。工艺流程开发是工艺设计的核心环节，旨在设计高效、可靠的生产流程。工艺工程师分析反应机理，确定最佳反应条件，并设计分离和净化步骤，确保产品纯度和质量。企业通过实验和模拟优化流程布局，保障生产的连续性与可靠性。最终编制而成的工艺流程设计报告可为后续的生产操作和质量控制提供详细指导。

④ **模拟与优化**。工艺流程完成后，模拟与优化是提升效率和稳定性的关键。工艺工程师使用化工模拟软件，分析操作条件和参数的影响，优化工艺流程。通过模拟，识别潜在问题并制定解决方案，确保生产过程中各环节保持最佳性能。最终形成的模拟与优化报告可为工艺验证和生产准备提供依据，确保流程的高效运行。

⑤ **设备选择与布局设计**。选择合适的设备并进行合理的布局设计，直接影响生产效率和操作安全性。设备工程师根据工艺流程图和优化参数，进行市场调研和设备选型，确保设备满足工艺要求。布局设计考虑操作空间、安全通道等因素，优化生产的连续性和维护便利性。最终形成的设备布局图可为设备安装和操作提供清晰的指导。

⑥ **安全性与环保考虑**。在设备选择和布局设计后，安全性和环保考虑是确保项目合规的重要环节。安全工程师和环保工程师进行风险评估，制定安全操作规

程和环保措施，确保生产过程符合法规。通过设计废物处理系统和应急预案，企业可实现减少环境污染和安全事故风险，确保项目在安全和环保方面达标。

⑦ **预可行性评估与经济分析**。工艺设计完成后，进行预可行性评估和经济分析，确保项目的可行性和投资回报率。项目团队通过成本估算和经济效益分析，评估项目的盈利能力和投资回报。结合风险评估，制定风险控制措施，确保项目顺利实施。最终形成的预可行性评估报告可为企业管理层提供决策支持，确保项目的成功率和经济效益。

11.10　工艺控制

工艺控制是化工生产中保证产品质量和生产效率的核心环节，它涉及对生产过程中各种参数的精确监控和调整。通过施行先进的自动化控制系统，可以实时监控反应器的温度、压力、流量等关键参数，确保生产过程稳定且符合预定的工艺规范。工艺控制的成功实施有助于提升产品一致性，降低生产成本，并有效预防安全风险，从而保障企业的长期竞争力。

① **关键参数控制**。在化工企业的工艺控制中，关键参数的确定和控制至关重要，其直接影响产品质量和生产效率，应由工艺工程师、生产操作员和质量控制人员共同负责。在生产工艺设计阶段，通过实验室研究和生产数据分析，企业可确定温度、压力、流量和浓度等关键参数。生产过程中，工艺工程师使用先进的控制设备和传感器实时监测并调节这些参数，以确保生产的稳定性和产品的一致性。生产操作员和质量控制人员密切关注这些参数，一旦出现偏差，立即采取调整措施，从而确保生产过程高效稳定。

② **自动化控制系统应用**。自动化控制系统在化工企业中广泛应用，极大地提高了生产的准确性和一致性。自动化工程师和工艺工程师在工艺流程设计阶段，负责安装 PLC 和 DCS 等自动化控制系统。这些系统能够自动监测和调节关键参数，确保生产过程的稳定。控制程序经过多次测试和调试，可确保实际生产中的稳定运行。生产操作员接受培训后，能够熟练操作这些系统，并根据反馈及时调整操作，保证生产顺利进行。此外，定期维护和升级自动化系统，能确保其长期稳定运行，为企业的高效生产提供保障。

③ **生产监控与数据记录**。实时监控生产过程并记录关键数据是确保生产稳定

的重要环节。生产操作员通过传感器和监控设备，实时监测温度、压力、流量等关键参数，并将数据记录在自动化控制系统中。这些数据不仅可用于实时监控，还可为后续的分析和改进提供依据。数据分析师定期分析数据，识别潜在问题并提出改进建议。质量控制人员利用数据评估产品质量，并在发现问题时及时调整生产参数。通过科学的数据管理和分析，企业能够持续优化生产工艺，提高生产效率和产品质量。

④ **质量保证与测试**。质量保证与测试是化工企业确保产品符合标准的关键步骤。质量控制人员和实验室技术人员负责对生产过程中和产品、出厂前的样品进行定期测试，确保产品的各项指标符合要求。检测设备如气相色谱仪和光谱分析仪等，能够精确测量产品的成分和性能。检测结果记录在详细的报告中，为生产改进提供依据。质量控制人员根据检测结果，能及时发现生产过程中的问题，与生产操作员和工艺工程师共同制定改进措施，确保产品质量的稳定性。

⑤ **异常处理与应急管理**。化工生产过程中，快速响应异常事件是确保生产连续性和产品质量的关键。企业制定详细的异常处理和应急管理流程，明确各环节的责任和操作步骤。生产操作员发现异常情况，如设备故障或参数超限，立即报告并启动异常处理流程。工艺工程师迅速制定解决方案，指导操作员采取措施。应急管理团队协调资源和人员，确保异常事件得到快速处理。定期的应急演练能提高团队的应急反应能力，确保生产的稳定性和安全性。

⑥ **维护与校准**。设备的定期维护和校准是确保其正常运行和测量精度的重要措施。设备维护工程师负责制订详细的维护和校准计划，包括日常检查、定期维护和年度大修等内容。技术人员负责设备的日常检查和保养，记录维护过程中的发现和处理情况。校准是确保测量设备精度的关键环节，技术人员定期对温度计、压力表等设备进行校准，确保测量结果准确。通过定期维护和校准，企业能够延长设备使用寿命，提高生产的稳定性和可靠性。

⑦ **合规与标准执行**。确保所有操作符合行业标准和法规要求是化工企业工艺控制的核心任务。质量控制人员、工艺工程师和法规合规专员共同负责这一任务。企业制定详细的操作规程和质量标准，覆盖从原料采购到产品检测的每个环节，确保操作符合法规要求。建立内部审核和外部审计机制，定期检查生产过程的合规性。通过合规培训，员工能够了解并掌握合规操作要求，确保生产符合行业标准。通过严格的合规管理，企业能提高产品质量和市场信誉，减少法律

风险。

11.11 工艺优化

工艺优化是化工企业持续改进的重要部分，旨在通过技术创新和过程调整，提升生产效率、降低能耗，并优化产品质量。优化过程包括但不限于引入更高效的反应催化剂、优化操作条件、减少能源消耗和废物产生。通过对现有工艺的深入分析和对问题的诊断，结合实验和模拟测试，工程师能够发掘改进潜力，并实施相应的优化措施，从而确保工艺技术的持续进步和企业的可持续发展。

① **性能评估与改进**。在化工企业中，定期评估工艺性能是确保生产效率和产品质量的重要手段。工艺工程师、质量控制团队和生产管理团队每月进行一次全面的工艺评估。通过收集和分析生产数据，进行工艺审核和现场检查，团队能够识别潜在的问题并提出改进建议。评估报告详细记录数据分析结果、问题描述和改进措施。管理层根据报告内容制订具体改进计划，明确责任人和时间节点，并在下一个评估周期验证改进效果，确保持续优化生产工艺。

② **资源利用优化**。优化能源和原料的使用是化工企业降低成本和提高效率的关键。通过能源审计和物料平衡分析，团队识别浪费点并制定优化方案，包括节能减排措施、生产流程改进和设备升级。试点成功后，全厂推广实施。资源利用监控系统确保实时追踪和调整优化策略，定期总结经验，推动全员参与。通过不断优化，企业能显著降低成本、提高资源利用效率，并减少环境影响，增强竞争力。

③ **过程参数微调**。基于历史数据和经验对生产参数进行微调，是提高产率和产品质量的有效方法。工艺工程师、操作员和数据分析师通过数据挖掘识别关键参数，并制定具体微调方案。操作员根据新参数设置操作，并实时监控生产过程，确保参数保持在最佳范围内。数据分析师评估微调效果，定期总结经验，不断优化微调方案，最终显著提高生产效率和产品质量。

④ **技术升级**。技术升级是提升生产效率和环保性能的重要手段。工艺工程师、技术研发团队和管理层每年进行技术评估并制订升级计划。通过市场调研和技术评估，筛选出适合企业的技术方案，并进行小规模试点测试。试点成功后，逐步推广。技术升级不仅能提高效率、降低成本，还能提升环保性能，确保企业

保持技术领先，实现可持续发展。

⑤ **员工培训与发展**。通过培训提升员工技能，是提高生产效率和产品质量的关键。人力资源部门、工艺工程师和培训师定期制订培训计划，包括理论知识和实际操作培训。员工通过课堂教学学习工艺知识，在实际操作训练中巩固技能。培训后，通过考核检验培训效果，并总结经验，不断优化培训方案。系统的培训和发展计划，能帮助企业建立高素质的员工队伍，提升竞争力。

⑥ **跨部门协作**。加强生产、研发和质量部门的协作，是推动工艺优化的关键。各部门定期召开协作会议，分享工作进展和问题，建立协作平台和工作小组，推动信息交流和项目推进。通过明确目标和职责，实时共享数据，提高协作效率。良好的沟通机制和团队建设活动，能增强员工的协作意识和团队精神，推动企业实现资源优化配置和工艺持续改进。

⑦ **持续改进文化推广**。建立和推广持续改进的企业文化，是激励员工不断寻求改进机会的重要手段。企业高层通过宣传教育和奖励机制，营造持续改进的氛围。通过案例分享和培训课程，推广成功实践和改进方法，激励员工参与改进活动。持续改进文化的推广，有助于企业形成全员参与的改进氛围，推动企业整体进步，增强市场竞争力，实现可持续发展。

11.12 工艺技改

工艺技改在化工企业中是提升技术水平、增强环保性能和经济效益的关键措施。通过对旧有工艺系统的升级和改造，不仅可以扩大生产规模，还能通过引入更先进的技术和设备，改善生产流程和提升产品质量。工艺技改项目通常包括新技术的引进、设备的更换或升级以及控制系统的优化。实施技改须对原有工艺进行全面评估，制订详细的改造计划和时间表，确保技改活动能在预算范围和时间框架内顺利完成，同时满足环保和安全的新要求。

① **项目规划与管理**。在化工企业的工艺技术改造中，项目规划与管理是确保按期按质完成的关键步骤。项目经理与团队首先进行详细需求分析，明确项目目标和范围。随后，团队编制项目计划，涵盖时间表、资源分配、任务分工及关键节点。通过定期项目会议与进度报告，确保各部门信息畅通。通过建立有效的沟通与监督机制，确保及时发现和解决问题，最终推动项目顺利完成，为企业带来

预期效益。

② **技术评估与选择**。技术评估与选择是技术改造项目中的关键环节，由技术专家和项目团队共同完成。团队首先进行广泛调研，了解最新技术方案。接着对这些方案进行可行性和成本效益分析，筛选出适合的方案。经过小规模试点测试，验证其可操作性和效果后，最终选择最优方案实施。此过程能确保所选技术符合项目需求，最大化改造效益。

③ **预算编制与控制**。预算编制与控制是项目成功的保障。财务部门与项目团队合作，编制详细预算，涵盖设备、施工、人员等各项成本。在项目执行过程中，团队通过费用跟踪与控制系统，确保开支在预算范围内。定期费用报告有助于企业识别超支风险并及时调整，确保项目经济效益最大化。

④ **风险评估与管理**。风险评估与管理确保项目稳健推进。团队首先识别潜在风险，包括技术、市场、财务等方面，然后评估风险的可能性与影响。基于此，团队制定应对措施和应急预案，并在项目过程中持续评估与调整风险管理计划。这种系统化的管理能降低项目失败的可能性。

⑤ **施工管理与监督**。施工管理与监督保障施工过程中的安全与质量。团队制订施工计划和质量、安全管理流程，并安排专业人员现场监督。通过定期检查和沟通，确保施工按计划推进，并及时处理施工中出现的问题。有效的施工管理与监督能确保项目高质量完成，符合设计要求。

⑥ **试运行与验收**。试运行与验收是确保技术改造效果的重要步骤。项目完成后，团队进行试运行，逐步启动设备并进行性能测试，确保达到预期指标。团队根据试运行数据调整优化，确保系统稳定。最后，验收委员会对项目进行审核和现场检查，确保符合标准，正式投入使用。

⑦ **持续改进与反馈**。项目完成后，团队应进行总结和评估，分析项目中的成功经验与不足之处。这些反馈将为未来项目提供参考，同时推动企业内部持续改进机制的完善，确保不断提升工艺技术水平和项目管理能力，为企业的长远发展奠定基础。

11.13　案例：迭代式工艺技改

万华化学的产业扩张策略在其装置的迭代式技术改造中表现得尤为突出。该策略的核心不仅仅在于追求规模的扩大，更在于通过技术创新和流程优化实现更高的生产效率和更低的成本，每隔数年就会迭代一次技术。装置的技术改造项目突出表现在几个关键方面，即技术上的重大提升、投资效率的显著增强、工艺流程的合理化、公用工程能耗的降低以及产品质量的全面提升，全面体现了万华化学对于工艺的极尽掌控。

特别值得一提的是，相比于竞争对手，万华化学在每吨产品的投资成本上远低于行业平均水平。这种低成本的实现，部分归功于公司在设计和实施过程中高度注重效率和成本控制。从设计阶段开始，万华化学便积极进行反应危害研究和过程危害分析（PHA），通过最小化危害、减缓风险、替代危险物质和简化操作等策略，确保了工艺流程的科学性和合理性。此外，公司还实行了全生命周期的采购管理，优化了供应链，从而在保证质量的同时也显著降低了成本。

在宁波基地的实践中，万华化学通过不断进行技术升级和装置迭代，实现了生产装置的占地面积几乎未增加的情况下，将产能从最初的十多万吨增加到百万吨以上。这一显著的产能提升，不仅体现了公司在生产效率上的优势，还反映了在产品质量、能源消耗和成本控制等方面的全面优化。这种通过技术创新和精细化管理降低投资成本的策略，使得万华化学不仅建立了全球领先的生产基地，还成功地将宁波基地打造成为全球最具竞争力的一体化绿色生产基地。

这些成就凸显了万华化学在化工行业内部的领导地位，其通过迭代式的技术改进和投资效率的显著提升，不仅推动了企业自身的持续成长，也为全球化工产业的环境友好和资源高效利用提供了重要的参考和启示。

第 12 章

设备管理能力

——极致可靠

12.1　设备管理概述

　　设备管理的目的是确保化工生产设备的高效、可靠运行，通过系统的设备维护和管理，延长设备寿命，降低设备故障率和停机时间。其管理范围包括设备选型与采购、设备安装与调试、设备维护与保养、设备故障诊断与维修、设备更新与升级、设备运行监控和设备档案管理等。

　　化工企业的设备管理对于确保生产的连续性、效率和安全至关重要，因此设备的管理必须具有极致的可靠性。在化工行业，由于生产过程的复杂性和潜在的高风险性，设备的可靠性成了维持生产安全和效率的核心。

　　首先，预防性维护策略在化工企业中扮演着至关重要的角色。这种策略要求企业不仅要定期对设备进行全面检查和必要的维护，而且要基于设备的操作历史和制造商的推荐来调整和优化维护计划。通过这种预先规划的维护活动，可以有效地减少意外停机和设备故障，从而保持生产流程的稳定性和连续性。

　　其次，化工企业广泛采用高级的条件监测技术来实时监控设备的运行状况。这些技术包括振动分析、热成像、声发射监测和润滑油分析等，能够在设备出现故障前提供警告，使维护团队能够提前介入，避免产生更大的损害和更长的停机时间。这种主动监控方式能极大地提高设备管理的效率和可靠性。

　　再次，有效的备件管理和物流支持同样是确保设备高可靠性的关键。化工企业通常会维持全面的备件库存，确保所有关键组件都可在需要时迅速获得。此外，与备件供应商建立紧密的合作关系，确保备件的快速供应，这对于应对突发故障和减少设备的停机时间至关重要。

此外，设备的可靠性不仅取决于设备本身和维护策略，还高度依赖于操作此设备的员工。在人员培训方面，化工企业应投资于员工的培训和发展，确保每位操作员和技术维护人员都能够精通其负责的设备，包括对操作规范、安全规程和故障诊断技能的定期培训，从而提升整个团队的技能水平和响应能力。

最后，随技术的不断进步，化工企业需要持续地评估和采用新的设备技术和维护方法。通过引入更先进的设备和自动化技术，企业不仅可以提升生产效率，还可以进一步增强设备的操作可靠性和易维护性。同时，持续的技术更新和改进有助于企业在激烈的市场竞争中保持领先地位。

通过这些综合的管理措施，化工企业能够确保设备的极致可靠性，从而支持企业的长期发展和市场竞争力。这种极致的设备管理策略是化工企业成功的关键，能保证生产的高效和安全，同时也能为企业带来稳定的经济效益。

12.2　设备管理面临的挑战

化工企业的设备管理面临的挑战复杂多样，涉及从日常维护到长期战略规划的各个方面。

首先，在预防维护方面，常见的挑战包括维护计划的不周到和设备健康记录的缺失。这些挑战通常由维护周期设定不合理和信息记录系统不完善造成，导致企业无法有效监控设备状态，从而无法预防潜在的设备故障。

在故障处理方面，响应时间过长和经常性设备故障是两个主要挑战。这些通常是因为故障检测和通报流程不畅或老化设备未能及时更换，以及备件库存不足所引起的，不仅会增加设备的停机时间，还可能导致生产延迟和成本增加。

设备寿命管理也面临诸多挑战，如设备的提前报废和过度使用，这些通常源于预测维护不准确和设备负荷监控不足，不仅影响设备的有效运行，还可能导致设备过早更换，增加企业的资本开支。

安全管理方面的挑战则包括安全事故、设备泄漏等事件，这些往往由安全标准执行不到位或设备维护不到位造成，不仅危及员工安全，还可能导致严重的环境污染和法律责任。

在环境管理方面，污染物排放超标和噪声污染十分常见，这通常是由于环保设备未及时更新或隔音措施不足，不仅违反环境保护法规，还可能影响企业的社会形象和市场竞争力。

在成本管理中，维护成本过高、资源浪费和购买决策失误经常发生，这些挑战通常源于设备运行不在最优状态或市场调研不充分，不仅会影响企业的财务状况，还可能限制企业在新技术和设备上的投资能力。

技术更新不足、自动化程度低以及依赖过时技术的挑战阻碍了企业技术进步和效率提升，这些通常由缺乏技术更新意识和投资不足造成。在操作效率方面，设备配置不合理、频繁更换设备和停机时间过长等问题直接影响生产效率和企业的响应能力。

数据管理方面，数据不一致、数据利用不足和数据安全问题突出，这些通常因数据管理系统不统一或数据分析能力不足造成。人力资源管理方面的挑战如人员流动率高、技能不匹配以及沟通不畅，通常由职工满意度低和组织结构复杂造成，进一步加剧了设备管理的复杂性和困难。

总体来说，这些挑战不仅影响化工企业的日常运营，还可能对企业的长期可持续发展造成严重威胁。正确识别和应对这些挑战是化工企业实现高效、安全和环保运营的关键。

12.3 设备理念

（1）卓越设备管理的 5 条核心理念

① **设备可靠**。确保设备的高可靠性和稳定性，通过定期维护和预防性检查减少设备故障，提高生产效率和安全性。卓越企业强调设备的高可靠性和稳定性，通过引入边缘计算和机器学习技术，实现了先进的设备监测和故障诊断。系统能自动分析设备数据，预测潜在故障，并提前通知维护团队。此外，企业定期组织技术团队进行详细的设备巡检和维护，通过这些措施显著降低了故障率，确保了生产线的高效连续运作和安全性。

② **持续改进**。不断评估和优化设备的性能，引入最新的技术和创新方法来提升设备效率和寿命，减少能源消耗和运营成本。例如，卓越企业持续推进设备管

理的数字化转型，采用智能传感器和数据分析技术，对设备运行状态进行实时监控和分析，从而不断优化设备性能，提高生产效率。

③ **全面维护**。实施全面的维护策略，包括预防性维护、预测性维护和故障维护，以应对不同的设备需求和运行状况，确保设备在最佳状态下运行。例如，卓越企业实施的全面维护策略覆盖设备的整个生命周期。公司不仅实行常规的预防性维护，还利用物联网技术进行预测性维护，以及在必要时进行故障维护。通过高频数据采集与分析，维护团队能够在问题发生前进行干预，确保设备始终处于最佳工作状态。

④ **安全标准**。严格遵守安全标准和法规，确保所有设备操作符合行业安全规范，通过有效的安全管理减少事故风险。卓越企业在设备安全管理上执行严格的国际标准，对所有设备操作进行综合性的安全审查。公司还定期对操作人员进行安全培训，并模拟紧急情况进行应急演练，确保每位员工都能在遵循安全规范的前提下操作设备，有效预防了事故和安全隐患。

⑤ **培训支持**。为操作和维护人员提供持续的培训和技术支持，确保团队掌握最新的设备操作知识和技能，能够有效应对各种设备相关的挑战。例如，卓越企业为其设备操作和维护人员定期组织专业培训课程，邀请设备制造商的专家进行现场指导和技术支持，确保团队能够熟练掌握设备操作和维护技能，从而提高设备的管理水平。

（2）核心理念的作用

在卓越的设备管理中，5 条核心理念相互关联和支持，共同构成一个全面和高效的设备管理系统。每个理念不仅单独影响设备的表现，还与其他理念协同，增强整体的设备运行效率和安全性。

"设备可靠" 与 **"全面维护"** 之间存在直接的联系。设备的可靠性依赖于有效和全面的维护策略，包括预防性维护和预测性维护，这些维护活动有助于预测和避免潜在的设备故障，从而保持设备的稳定运行。定期的维护可确保设备故障的最小化，直接提升设备的可靠性和生产效率。

"持续改进" 通过引入最新的技术和创新方法，与 **"设备可靠"** 相辅相成。技术的更新和改进不仅可以提高设备效率，还可以通过更先进的监控和诊断工具来增强设备的预测性维护能力，进一步提高设备的可靠性，减少生产中断的风险。

同时，**"安全标准"** 是确保设备操作安全的基础，与**"全面维护"** 和**"设备可靠"** 紧密相连。严格的安全标准要求设备必须在最佳条件下运行，这需要通过全面维护来实现。此外，维护工作的彻底性直接关系到设备的安全运行，能减少操作中的事故风险。

"培训支持" 则支持上述所有管理活动，确保操作人员和维护团队了解最新的设备操作技术和安全标准。通过持续的专业培训，员工能够有效地运用最新技术进行设备维护和管理，增强设备的整体可靠性和安全性。此外，培训也使员工能够更好地适应技术的更新，支持持续改进原则下的技术革新。

这些理念之间相互作用，形成了一个强有力的网络，不仅保证设备的高效和可靠运行，同时也能确保生产过程的安全性。通过这种整体的设备管理策略，企业能够优化生产效率，降低运营成本，并提高整体的生产质量和安全标准。

12.4　设备目标

"设备不要停，停了快修好，维修费用少"——化工企业设备管理的目标清晰而关键。

化工企业设备管理的目标管理是确保设备正常运行、安全性和可靠性的关键。参与其中的人员包括管理层、设备工程师、维护人员、操作人员以及其他相关技术人员。目标管理的核心在于制定、明确和实施与设备管理相关的目标和标准，以确保设备的正常运行、安全性和可靠性。这个过程应该贯穿设备的整个生命周期，从设备投入使用开始，持续至设备报废或更新。

目标管理的重要性体现在它能提高设备的利用率和效率，确保生产过程的稳定性和连续性。通过合理的目标管理，可以降低设备故障率，延长设备的使用寿命，减少生产停机时间，从而提高生产效率和产品质量。这意味着在生产现场、设备维护中心以及其他设备相关的场所需要设立清晰的目标和标准。制订相应的设备维护计划和操作规程，建立设备运行监控系统，及时发现和处理设备异常情况，以及进行设备性能评估和持续改进都是达成设备管理目标的关键步骤。通过这些措施，化工企业能够确保设备处于良好运行状态，提高生产效率，保障生产安全，提升企业的竞争力和可持续发展能力。

在化工行业中，设备管理的总体目标为实现"零故障"，即通过高效的管理和技术手段最大限度地减少设备停机时间和故障率。这一目标对于确保生产效率、降低运营成本和提高产品质量至关重要。

常见的设备管理具体目标如表 12-1 所示。

表 12-1　设备管理目标示例

序号	目标	对应指标名称
1	整体设备效率（OEE）达到××%以上，确保设备在最佳状态下运行	整体设备效率（OEE）
2	设备维护成本控制在预算范围内，在保证设备性能的同时降低维护费用	设备维护成本
3	设备故障率降低到×%以下，减少设备故障次数	设备故障率
4	设备寿命延长 10%，定期更换或升级老旧设备	设备寿命
5	预防性维护完成率达到 100%，确保所有预防性维护任务按计划完成	预防性维护完成率
6	每年完成×项设备更新和升级项目，提高生产效率和产品质量	设备更新和升级
7	设备利用率达到××%以上，最大化设备使用效率，减少设备空闲时间	设备利用率
8	设备维修时间减少到××分钟以内，提高设备可用性	设备维修时间
9	设备可靠性提高到 98%以上，减少停机时间	设备可靠性
10	资产管理效率达到××%以上，确保设备投资回报率	资产管理效率

总体目标"零故障"是化工企业设备管理的长远方向，而具体目标则是实现总体目标的分步骤措施和阶段性成果。总体目标为具体目标提供了方向引领，具体目标则通过实际的执行和指标衡量来推动总体目标的实现。两者之间相互作用，共同保障设备管理的卓越性和企业竞争力的提升。

12.5　设备组织

设备管理组织涉及多个方面的人员和环节。首先，设备管理组织的设置涉及多种角色，包括管理层、设备工程师、维护人员、操作人员以及其他相关技术人员。管理层负责总体规划和决策，设备工程师和维护人员负责具体的技术管理和维护操作，而操作人员则负责日常的设备使用和基本维护。这种多角色的参与能确保设备管理的全方位覆盖。

　　设备管理组织的设置是指建立合理的组织结构和明确的职责分工，确保设备管理工作的有序开展。其中包括确定各个岗位的职责和权限，确保每个人都清楚自己的任务和责任。此外，还应建立适当的沟通和协作机制，以促进不同岗位和部门之间的协调合作。通过合理的组织结构，可以有效地管理和维护企业的设备资产。

　　设备管理组织应在企业设立之初就开始考虑并建立，并随着企业的发展不断进行调整和优化。初期的设置为设备管理打下基础，而随着企业规模的扩大和技术的进步，需要不断优化组织结构，以适应新的管理需求和技术要求。

　　设置设备管理组织的目的在于有效地管理和维护企业的设备资产，确保设备正常运行，提高生产效率和产品质量，降低生产风险和损失。通过科学的组织设置，可以确保设备管理工作的规范化和系统化，提升整体管理水平。

　　设备管理组织涵盖了设备维护中心、生产现场、技术部门等设备相关的各个环节。在设备维护中心，集中进行设备的维修和保养工作；在生产现场，操作人员负责设备的日常运行和小修；在技术部门，工程师负责设备的技术支持和改进工作。这种多层次的设置确保了设备管理的全方位覆盖。

　　通过建立清晰的组织结构，明确各个岗位的职责和权限，制定相应的工作流程和操作规程，建立沟通和协作机制，可以确保设备管理工作的有序开展。这需要管理层的领导和支持，以及全体员工的配合和努力。管理层的支持和投入是关键，而全体员工的积极参与和配合则是设备管理工作顺利开展的保证。通过全员的共同努力，设备管理组织可以有效地实现其目标，提高企业的整体设备管理水平。

　　设备管理的部分关键角色以及角色的职责和能力要求如表 12-2 所示。

表 12-2　设备管理关键角色的职责和能力要求

角色名称	关键职责	能力要求
设备总工程师	指导和管理整个设备工程团队；制订设备技术策略和改进计划；作为技术问题的最终权威	深厚的工程技术背景；卓越的领导和决策能力；广泛的行业知识和经验
设备经理	管理和监督工艺设备的运行和维护；制订设备维护计划和预算；保证设备安全合规	高级的组织和管理能力；深入了解机械和电气工程；良好的决策和问题解决技能
设备专家	为复杂的设备问题提供专业解决方案；推动先进技术的应用和技术知识的传播；进行技术评估和咨询	深入的专业技术知识；卓越的分析和创新能力；在技术交流和指导方面具有专业性

续表

角色名称	关键职责	能力要求
设备工程师	设计和优化工艺设备；处理设备故障和技术问题；推动设备升级和项目改造	强烈的技术和工程知识；创新和分析能力；能够处理紧急技术问题
设备技师	负责特定技术操作和设备调试；执行复杂的维修任务；提供技术培训和支持	高级技术技能和经验；问题诊断和解决能力；良好的教学和沟通能力
维护技术员	执行设备的日常维护和紧急修复；记录和分析设备性能数据；确保设备正常运行	手工技能和机械知识；注意细节；良好的记录和报告能力
计划管理员	制订和协调设备维护和检修计划；监控计划执行情况；调整和优化维护计划	强大的计划和组织能力；良好的分析和调整能力；能够有效沟通和协调各方

12.6 设备知能

在化工企业中，设备管理的知识技能管理是确保设备正常运行和维护的重要环节。参与其中的人员包括管理层、设备工程师、维护人员、操作人员以及其他相关技术人员。这一过程是持续性的，从员工进入岗位开始，一直持续进行。

常用的设备管理知识技能如下：

① TPM（全面生产维护）。通过全员参与的维护活动，提高设备的利用率和生产效率。

② 设备故障分析。通过故障树分析（FTA）、失效模式与影响分析（FMEA）等方法，识别和预防设备故障。

③ 设备点检。定期检查设备的运行状态，及时发现和处理设备问题。

④ 设备维护计划。制订设备的预防性维护和计划性检修计划，确保设备的正常运行。

⑤ 设备资产管理。通过设备资产的购置、管理和处置，提高设备投资效益。

⑥ 设备寿命周期管理。评估设备在整个生命周期内的性能和成本，优化设备使用和更新。

⑦ 备品备件管理。制定合理的备品备件库存策略，确保设备维护的及时性和有效性。

⑧ 设备操作培训。通过对操作人员进行设备操作培训，确保设备的正确使用和维护。

⑨ **设备状态监测**。利用传感器和监测技术，实时监测设备的运行状态，预防设备故障。

12.7　设备绩效

在化工企业中，设备绩效管理是确保设备正常运行和维护的关键环节。参与其中的人员涵盖了管理层、设备工程师、维护人员、操作人员以及其他相关技术人员。设备绩效管理的核心在于通过设定明确的目标和标准，对员工在设备管理方面的表现进行评估，并提供相应的反馈和奖惩措施，以促进员工的发展，同时也促进组织目标的实现。

这个过程应该是持续性的。其目的在于激励员工提高设备管理工作的效率和质量，确保他们的工作与企业的整体目标一致。通过绩效管理，不仅可以为员工提供发展和成长的机会，还有助于降低设备故障率，延长设备使用寿命，提高生产效率，降低生产成本，从而增强企业的竞争力。

在设备绩效管理实践中需要通过设定明确的工作目标和绩效标准来对员工进行评估和反馈。为员工提供培训和发展机会，以及奖励优秀员工或采取纠正措施来管理和提高员工在设备管理中的绩效。这需要管理层和员工之间密切合作，以确保绩效管理流程的顺利执行和有效实施。通过这些措施，化工企业能够有效地管理和维护设备，提高生产效率，保障生产安全，从而实现持续发展。

常用的设备管理绩效指标如表 12-3 所示。

表 12-3　常用设备管理绩效指标

序号	指标名称	指标计算方式	注意事项	指标考核部门	频次	数据采集方式
1	整体设备效率（OEE）	（实际产出 / 理论最大产出）×100%	定期维护设备，确保设备在最佳状态下运行	设备管理部门、生产部门	每班	设备监控系统
2	设备维护成本	一定时期内的总维护成本	控制维护成本，同时保证设备性能	维护部门	每月	维护记录
3	设备故障率	（故障次数 / 总设备运行时间）×100%	实施预防性维护，减少故障率	维护部门	每月	故障记录
4	设备寿命	设备自投入使用以来的平均运行时间	定期更换或升级老旧设备	设备管理部门	按需	设备记录

续表

序号	指标名称	指标计算方式	注意事项	指标考核部门	频次	数据采集方式
5	预防性维护完成率	（完成的预防性维护任务数/计划的预防性维护任务总数）×100%	定期进行预防性维护，避免突发故障	维护部门	每月	维护计划记录
6	设备更新和升级	完成的设备更新和升级项目数	持续更新和升级设备，提高生产效率和产品质量	设备管理部门	按需	更新和升级记录
7	设备利用率	（实际运行时间/可用时间）×100%	最大化设备使用效率，减少空闲时间	生产部门	每日	生产报告
8	设备维修时间	每次故障的平均维修时间	减少维修时间，提高设备可用性	维护部门	每次故障	维修记录
9	设备可靠性	无故障运行时间占总运行时间的比例	提高设备可靠性，减少停机时间	维护部门	持续监控	设备运行记录
10	资产管理效率	（生产出的产品价值/设备总价值）×100%	提高资产使用效率，确保投资回报	财务部门	每年	财务和生产记录

12.8 设备沟通

在化工企业的设备管理中，沟通管理是一项至关重要的活动。参与其中的人员包括管理层、设备工程师、维护人员、操作人员以及其他相关技术人员。沟通管理的核心在于确保在设备管理过程中信息能够有效传达、理解和共享。这意味着需要在设备运行和维护过程中持续进行有效的沟通管理。

设备沟通管理的目的在于确保所有相关人员了解设备管理的情况和要求，以便他们能够有效地执行各自的工作任务，提高设备的运行效率和安全性。这就要求沟通管理活动发生在生产现场、设备维护中心、会议室以及其他与设备相关的场所。

为了实现有效的沟通管理，企业可以利用多种沟通渠道和工具，如会议、报告、通知、电子邮件、即时通信工具等，确保设备管理信息的及时传达和共享。此外，建立开放、透明、互动式的沟通氛围也是至关重要的，这样能够鼓励员工提出意见和建议，促进团队间的合作和协调。通过这些措施，化工企业能够确保设备管理工作的顺利开展，提高生产效率，保障生产安全，从而增强企业的竞争力和可持续发展能力。

常用的设备管理沟通方式如表 12-4 所示。

表 12-4　常用设备管理沟通方式

沟通方式名称	描述
设备维护计划会议	制订和更新设备的维护和检修计划，保障设备的正常运行
设备故障分析会议	对发生的设备故障进行详细分析，找出原因并制定预防措施
设备升级会议	讨论和决定设备的升级方案，以提升生产效率和产品质量
设备性能评估会议	定期评估设备的性能和效率，确定是否需要更换或升级
设备采购讨论会议	讨论和决定新设备的采购计划，以满足生产需求
设备操作标准会议	定期审查和更新设备操作标准，确保操作安全和有效
设备效能优化会议	探讨如何通过技术和管理措施提升设备的运行效能

12.9　设备使用

化工企业设备的正确使用是保障生产效率和产品质量的基石。正确的操作不仅能保障生产的连续性，还直接关系到员工的安全和环境保护。标准操作规程（SOP）是确保设备正确使用的关键，它包括详尽的操作步骤、注意事项和故障处理机制。此外，操作人员的定期培训和能力验证也是确保设备正确使用的重要组成部分，这需要企业建立一个全面的培训体系和技能评估程序。引入操作监控系统可以实时监测设备状态，提前预警潜在的操作错误，从而优化设备的使用效率和降低事故率。

① 规范操作流程。确保操作人员严格遵循标准操作规程（SOP）是化工企业设备管理的重要部分。操作人员、工艺工程师和设备管理人员共同负责制定和执行 SOP，涵盖设备启动、运行、停机和维护的所有环节。SOP 详细描述每个操作步骤的执行方法和注意事项，确保操作的一致性和安全性。为了确保 SOP 的有效实施，企业应通过培训和考核使操作人员熟悉并严格执行 SOP，并通过定期监督和复训，保证操作流程的持续改进。还应定期评审和更新 SOP，使其适应新的工艺要求和设备变化，从而减少操作失误和设备故障，提升设备运行效率和安

全性。

② **操作培训与认证**。定期对操作人员进行培训和认证，确保他们具备操作设备的资质，是保障设备安全和高效运行的关键。人力资源部门、培训师和工艺工程师负责组织培训，内容涵盖设备的基本原理、SOP、常见故障处理和安全操作规程等。新员工入职时接受系统培训，在职员工定期复训，确保技能与时俱进。培训结束后，通过严格的技能评估和实际操作考核，合格者可获得操作资质证书。企业还应记录操作人员的培训与认证信息，为后续管理和培训提供依据，确保设备操作的规范性和安全性。

③ **实时监控系统**。使用实时监控系统追踪设备状态和性能，确保设备稳定运行并及时发现问题。自动化工程师、设备管理人员和操作人员负责监控系统的安装、维护及运行。传感器安装在设备关键部位，实时采集温度、压力、振动等参数，并通过监控平台分析数据。定期校准和维护监控设备，确保数据准确无误。监控数据不仅可用于实时监控，还可作为设备性能评估和优化的依据，帮助企业持续提升设备的稳定性和运行效率，确保生产过程的安全和高效。

④ **设备性能评估**。定期评估设备运行效率和产出质量，是确保设备高效运行和稳定生产的重要措施。设备工程师、质量控制团队和生产管理人员共同负责收集和分析设备运行数据，如运行时间、产量、能耗和故障率，以及产品质量数据。通过分析这些数据，识别设备运行中的问题并制定改进措施，如优化操作流程、调整工艺参数等。定期进行设备性能评估，不仅有助于发现问题，还能持续优化设备运行策略，确保设备保持高效、稳定的运行状态，提升生产质量和效率。

⑤ **设备安全管理**。实施严格的安全管理措施和应急预案是预防事故的关键。安全管理部门、设备管理人员和操作人员共同负责设备运行期间的安全管理，特别是在设备启动、停机和维护时。安全操作规程和应急预案是安全管理的核心，能确保操作人员遵守安全规范，并在突发事件中快速响应。企业可通过定期举办安全培训和应急演练，提高员工的安全意识和应急能力，配置必要的安全防护设施，并对安全事件进行记录和分析，不断改进安全管理措施，确保设备运行安全和生产稳定。

⑥ **环境影响评估**。监控设备操作对环境的影响，确保其符合环保标准，是企业履行社会责任的重要体现。环保部门、设备管理人员和操作人员共同负责实时

监控设备对环境的影响，如废气、废水和噪声污染。企业应通过定期维护环境监测设备，确保数据准确可靠，并根据监测结果评估设备操作的环境影响，制定和实施相应的环保措施。企业还应定期发布环境影响评估报告，向监管部门和公众展示环保成果，确保生产活动符合环保法规，减少对环境的负面影响。

⑦ **故障快速响应**。建立快速响应机制应对设备故障，是确保生产连续性和设备高效运行的重要措施。维修工程师、设备管理人员和操作人员共同负责制定故障快速响应流程，明确故障处理的步骤和责任分工。通过配置维修工具和备件，以及设立值班和应急小组，确保设备故障发生时能够迅速响应。实时监控系统支持故障的早期发现和预警，便于企业迅速采取措施进行处理。故障处理完成后，企业须详细记录和总结故障原因，实施预防措施，确保类似故障不再发生，提升设备的运行效率和可靠性。

12.10　设备维保

设备的维护保养决定了其运行效率和寿命。预防性维护策略是指通过定期检查和维护关键组件，减少设备故障的可能性，保证生产过程的顺畅。其中包括润滑、更换磨损部件、清洁和校准等常规活动。维保活动的计划和执行依赖于精确的设备运行数据和历史维护记录，这需要企业利用先进的数据分析工具和维护管理系统来优化维保周期和提升维保效率。此外，维保团队的技能也是成功实施维保策略的关键，需要通过系统的培训和持续教育来保持其专业能力。

① **预防性维护计划**。在化工企业中，制订并执行预防性维护计划是确保设备稳定运行、减少故障发生的关键措施。设备管理团队通过分析设备运行数据和历史故障记录，确定关键维护点和维护周期，如润滑系统、冷却系统和传动部件。维保工程师和操作人员严格按照维护计划进行操作，定期检查、润滑、更换易损件和校准仪器。维护完成后，详细记录维护过程和结果，为未来的维护策略提供数据支持。设备管理团队须定期评审和优化维护计划，确保其与设备和工艺的变化相适应，从而提高设备的运行效率和使用寿命。

② **整体设备效率（OEE）监控**。整体设备效率（OEE）监控是提高设备运行效率和生产稳定性的重要环节。设备管理人员通过安装先进的监控系统，实时收集和分析设备的运行数据，包括设备的可用率、性能效率和质量率。通过 OEE

指标，设备管理团队可以全面了解设备的运行状态，及时发现问题并调整维保策略。如果发现设备的性能效率较低，维保工程师会进行详细检查并采取针对性措施。通过定期分析 OEE 数据，设备管理团队可以发现长期存在的问题并制定改进措施，持续提升设备的综合效率。

③ **维保记录与分析**。记录和分析维保活动是优化维保策略、提高设备维护效果的重要手段。维保工程师详细记录每次维保的过程和结果，包括操作内容、使用的工具和材料、发现的问题及处理方法。设备管理人员定期分析这些记录，识别常见故障和维护问题，并优化维保策略。例如，通过分析维保记录，团队可以确定易损件的更换周期和常见故障的处理方法。数据分析师利用这些记录进行深入分析，帮助企业优化维保策略，确保设备的高效运行和生产稳定性。

④ **跨部门协作**。跨部门协作是确保维保活动的全面性和效率的重要环节。设备管理团队与生产、质量和安全部门密切合作，制订协调一致的维保计划。生产部门提供设备运行情况和生产计划，确保维保活动不影响生产。质量管理部门监督维保过程，确保操作符合质量标准。安全管理部门制定安全操作规程，并监督维保活动的安全性。通过各部门的协作，企业能够确保维保活动在安全、高效的前提下进行，设备管理团队可以充分利用各部门的专业知识，提高设备运行的可靠性。

⑤ **技术升级**。将最新的技术和材料应用于维保工作中，是提高设备维护质量和效率的关键。技术研发团队负责引入新型润滑剂、高性能密封件和先进检测设备等。维保工程师在维护过程中结合这些新技术和材料，优化操作流程，提高维护效果。设备管理团队定期评估技术升级的效果，通过对比维保前后的设备运行数据，确保新技术应用达到预期效果，并调整维保策略。企业还应对维保人员进行技术培训，确保他们能够熟练应用最新技术，从而延长设备使用寿命，降低维护成本。

⑥ **维保人员培训**。确保维保人员具备最新的技术知识和技能，是提高设备维护质量的重要措施。人力资源部门制订培训计划，涵盖最新技术、操作技能和安全规范。培训内容包括理论知识和实际操作，确保维保人员全面掌握设备维护的理论和实际技能。培训结束后，企业对维保人员进行严格的技能评估和认证，确保他们具备合格的操作能力。通过系统的培训和认证，企业能够提高维保人员的专业水平，确保设备安全、高效运行。

⑦ **设备健康评估**。定期进行设备健康评估是提前发现潜在问题、预防设备故障的重要措施。设备管理人员利用振动分析仪、红外热像仪和超声波检测仪等先进诊断工具，采集和分析设备的运行数据，识别设备的潜在问题。根据诊断结果，编制设备健康评估报告，提出维护和修理建议。通过定期的健康评估，企业能够优化设备维护策略，确保设备的运行稳定性和可靠性，保障生产过程的高效和安全。

12.11　设备维修

当设备发生故障时，迅速有效地维修是保证生产恢复的关键。维修团队需要能够快速响应，准确诊断问题并进行有效修复。这要求企业不仅要有一支技能高超的维修队伍，还需要建立起一套完善的故障诊断和维修流程，包括使用先进的诊断工具（如振动分析仪、热成像摄像机等）和实施快速维修策略。同时，备件管理的效率直接影响维修速度，有效的备件管理系统能够确保必需的备件随时可用，从而大幅缩短设备的停机时间。

① **快速故障诊断**。在化工企业中，提高故障诊断的速度和准确性至关重要。迅速诊断故障可以有效减少设备停机时间，提升生产效率。操作人员应在故障发生时立即报告设备异常，确保信息快速传达给维修工程师和设备管理人员。维修团队接到报告后，应迅速到达现场，通过使用振动分析仪、红外热像仪等先进工具，快速采集和分析设备数据，定位故障原因。设备管理人员应提供必要的历史数据，协助工程师更精准地进行诊断。同时，建立故障诊断知识库，以记录和分享经验，提高未来的诊断效率。

② **备件管理**。高效的备件管理系统对于减少设备停机时间至关重要。库存管理人员须对关键备件进行分类和编号，确保备件清单信息全面准确。通过实施现代化的库存管理系统，如 ERP 系统，企业可以实时监控备件库存水平，并自动生成采购订单，确保备件供应及时。科学的采购和储存流程则可保证备件的质量和可用性。企业还应采用 RFID 或条形码技术，实现备件的快速入库、出库和盘点，提高备件管理的效率，确保关键备件始终处于最佳状态。

③ **维修工作流程优化**。优化维修流程是减少设备停机时间、提高维修效率的关键。企业应全面分析现有维修流程，识别瓶颈和低效环节，采用 5S、Kaizen

（持续改善）等精益管理工具持续改进。通过优化维修准备工作，确保工具和备件齐全，减少维修过程中的延误。建立维修工单系统，记录每次维修的详细信息，为后续分析提供数据支持。企业还可以引入移动设备和物联网技术，实时查看维修任务和监控设备运行状态，从而提高响应速度和维修效率。

④ **维修质量控制**。确保维修达到质量标准是延长设备寿命、减少二次故障的关键。企业须制定详细的维修质量标准和检查清单，维修工程师应严格按照标准执行操作，质量控制人员要进行监督和检查，在维修完成后，对设备进行全面质量检查，确保其运行状态正常。通过记录和分析维修质量数据，企业可以识别影响维修质量的关键因素，并采取改进措施，不断提升维修质量和设备运行的可靠性。

⑤ **维修人员技能提升**。定期对维修人员进行技能培训是提高维修质量和效率的重要措施。人力资源部门制订培训计划，涵盖最新的维修技术和操作规范。培训内容包括设备结构、故障处理方法及实际操作，确保维修人员全面掌握必要的技能。培训结束后，进行严格的技能评估和认证，确保合格人员具备实际操作能力。通过持续培训和评估，企业能够使维修团队保持高水平技术能力，保障设备维护的高效进行。

⑥ **故障数据分析**。故障数据分析是改进维修策略、预防类似故障再发生的重要手段。企业须建立完善的故障数据收集系统，确保每次故障的详细信息都被准确记录。数据分析师整理和分析故障数据，识别故障原因、频率和模式，为维修工程师提供依据。根据分析结果，制定改进措施，如调整维护计划或加强操作人员培训，从而有效预防故障，提高设备运行的稳定性和可靠性。

⑦ **维修后测试**。维修后进行全面测试是确保设备恢复正常运行的关键步骤。企业须制订详细的测试计划，维修工程师和质量控制人员按计划对设备进行检查，验证其运行性能。操作人员记录测试数据，确保设备在实际生产中的稳定性。通过自动化测试系统和远程监控技术，企业可以提高测试效率和准确性，确保维修效果，保障设备的长期安全运行。

12.12 大修改造

大修改造是修复设备故障、处理设备隐患、提升设备性能、扩展生产能力的重要措施。大修改造项目涉及复杂的项目管理，需要从技术评估、成本分析、安全审核到环保考量等多方面进行综合规划和管理。大修改造的成功不仅取决于技术方案的先进性和适应性，还需要考虑到项目的成本效益比、施工的质量控制以及最终的验收标准。此外，大修改造过程中员工的培训和转型也同样重要，要确保他们能够适应新系统的操作和维护需求。

① **项目管理**。在化工企业的装置大修改造项目中，采用专业的项目管理方法至关重要。项目经理与管理团队和相关部门通力合作，使项目管理涵盖项目的全生命周期。团队首先进行项目需求分析，明确范围、目标、预算和时间表，识别潜在风险。随后制订详细的项目计划，包括时间安排、资源分配和任务分工。通过项目管理工具，如甘特图和项目管理软件，实时监控进度，确保项目按计划推进。定期举行项目会议是关键，通过讨论解决问题，及时调整计划，确保各部门协调一致。项目管理团队还应持续进行风险评估，制定应急预案，确保项目顺利完成。

② **技术评估与选择**。在装置大修改造前，全面的技术评估和方案选择是确保项目成功的关键。技术专家和项目管理团队广泛调研可行技术方案，评估其性能、可靠性、成本和实施难度。通过集体讨论，团队选择最优技术方案，并制订详细的实施计划，包括技术路线图和风险管理措施。最终目标是选择既能提升生产效率又符合企业实际需求的技术方案，确保改造效果最大化，提升企业竞争力。

③ **成本效益分析**。详细的成本效益分析是确保项目经济性和投资回报的关键。项目管理团队首先收集所有成本数据，包括设备采购、施工费用和人员成本。随后分析预期效益，如生产效率提升、运营成本降低和产品质量改善。最后通过使用净现值、内部收益率等工具，评估项目的财务可行性。成本效益报告可为项目决策提供依据，并帮助团队在项目实施中控制成本，确保项目的经济效益和投资回报率。

④ **安全与环保措施**。确保大修改造符合安全与环保标准，是保障员工安全、减少环境影响的核心措施。项目管理团队首先进行安全与环保风险评估，制订管理计划，内容涵盖安全操作规程和环保措施。在实施过程中，安全管理人员持续监督施工现场，环保工程师监控废气、废水等的排放情况，确保合规。项目完成后，团队进行安全和环保验收，确保各项指标达标，保障员工安全和保护环境，

提升企业的社会责任形象。

⑤ **人员培训与准备**。对涉及大修改造的人员进行系统培训，是项目顺利实施的关键。培训涵盖项目管理、技术操作、安全和环保等内容，分为理论与实操两个部分。培训师根据人员实际情况设计课程，确保实用性和效果。培训结束后，企业对参与人员进行技能评估和认证，确保其具备实际操作能力。企业还应建立培训档案，记录培训和评估情况，为后续培训提供依据，确保人员始终具备执行项目的能力。

⑥ **施工质量监督**。施工质量监督是确保大修改造质量达标、减少返工的关键。项目管理团队制订施工质量管理计划，明确质量标准。质量管理人员在施工过程中进行持续检查，确保施工符合规范和标准。施工完成后，进行全面验收，确保所有环节达到预定标准。通过分析质量检查结果，企业可以识别并改进施工中的薄弱环节，持续提升施工质量，确保项目成功。

⑦ **改造后的验证**。完成大修改造后，设备性能和安全的全面验证是确保设备稳定运行的关键。企业制订详细的验证计划，测试设备的关键性能指标。维修工程师和质量控制人员按照计划进行测试，确保设备达到标准。操作人员在测试期间记录设备运行数据，确保设备在实际生产中稳定可靠。通过自动化和信息化技术，企业可以提高验证效率，确保设备长期稳定运行，优化生产效益。

12.13　案例：设备维保组织变革

万华宁波较早完成了一项关键的变革——对其设备管理和维保体系进行全面优化。这一举措旨在通过引入先进的管理理念和技术手段，提升整体设备管理效率，进而提高公司的竞争力和市场响应速度。

在万华设备管理维保体系的变革中，组织结构的调整是一个关键环节，旨在提高决策效率和强化跨部门合作。以下是变革前后的组织结构对比说明，以突出变革带来的具体影响和优化效果。

（1）变革前的组织结构

变革前，万华化学的设备管理和维保体系主要由各个独立的部门负责，这些部门包括机械、电气、自控等专业部门，各自负责相应的设备检修和维护工作。这种结构在早期可能满足了企业运营的需要，但随着企业规模的扩大和生产技术的复杂化，原有组织结构暴露出如下一些明显的弊端。

① **沟通效率低下**。不同部门之间的信息交流存在延迟，影响了决策的速度和准确性。

② **资源利用不均衡**。各部门资源独立运作，导致了资源配置和人力利用的不均衡。

③ **反应速度慢**。面对设备故障和突发情况时，跨部门的协调复杂，影响了处理速度和维修效率。

（2）变革后的组织结构

变革后，万华化学重新设计了设备管理和维保的组织架构，采用了更加集成化和协调一致的管理模式。主要变革包括：

① **成立综合管理团队**。在新的组织结构中，成立了一个综合设备管理团队，团队成员包括以前各专业部门的精英，这样做的目的是整合不同领域的专业知识和技能，形成一个多技能、高效的团队。

② **设立中心化的控制室**。设立一个中心化的控制室，用于实时监控和管理所有设备的状态，确保可以快速响应设备的任何维护需求。

③ **强化项目经理角色**。引入项目管理模式，设备检修工作由项目经理负责，他们跨部门协调资源，确保检修工作的高效执行。项目经理负责从计划到执行的全过程，提高了工作的连贯性和效率。

变革的相关核心内容涵盖了以下多个方面。

① **信息化管理的引入**。公司采纳了先进的预维护管理软件，通过实施基于可靠性的维护（RCM）和基于条件的监测（CBM）等策略，实现了设备状态的实时监控和预防性维护。这一措施不仅提高了设备的运行效率，也显著降低了故障率，从而减少了停机时间和维护成本。

② **人员培训和技能提升**。组织了系列的培训，针对设备管理和维保人员的多岗位技能进行强化，特别是在设备故障诊断、在线维护、紧急修复等关键技能方面。

③ **流程优化**。对设备的检修、维保和故障处理流程进行了彻底的梳理和优化。新的流程设计强调标准化和自动化，以减少人为错误并提高流程效率。

这一组织结构的变革显著提高了整个设备管理和维保的效率。中心化的控制室和综合管理团队的设置，大大加快了信息的流通速度，提高了反应能力。项目经理制的引入，更是优化了资源分配，加快了问题解决速度，同时也提升了员工的责任感和积极性。

通过这些改革，万华化学的设备管理维保体系不仅在技术上得到了提升，在组织结构上也变得更加合理和高效，为公司的长期发展奠定了坚实的基础。未来，公司还计划继续优化组织结构，引入更多智能化和自动化元素，以适应不断变化的市场需求和技术进步。

12.14 案例：安稳长满优生产背后的 TPM

TPM（total productive maintenance）管理，即"全面生产维护"管理，精益化工两大改善方向中的设备可靠性主要依靠 TPM 和专业设备管理的紧密配合来进行改进。TPM 对于化工企业的生产运营具有重要价值，扎实做好 TPM 可以保证现场有序、保证现场安全、保证设备可靠。

TPM 在万华宁波通过三级组织结构实施。公司级包括 TPM 推进领导小组，由公司高层和相关部门负责人组成。部门级由部门负责人和各工艺设备管理模块负责人组成。班组级由大横班负责人和班组员工组成，通常选择对 TPM 工作有热情的员工担任班组 TPM 专员。

（1）主要实施工作

TPM 的推行覆盖全公司的生产区域，从重点区域开始逐步推广，覆盖设备管理的全周期，确保日常工作的全面性。主要实施工作包括体系评估、小组活动、技能培训和日常工作标准化。

① **体系评估**。每年进行一次全面系统的验收评估，每半年或每季度进行阶段评估。验收评估标准包括从过程到结果各方面的评估要点。通过评估让大家看到进步、看到不足，为下一轮次的提升改进找准方向。

② **小组活动**。包括技能培训、日常小组活动和专题改进，这些活动按月计划并结合班组工作实施。

③ **技能培训**。结合岗位认证课程和单点课，培训内容包括设备管理和操作等，确保培训的系统性和实效性。主要的工具方法包括 OEE、六源查找、5S、可视化、防错、专题改进、单点课以及其他相关精益工具。

④ **日常工作标准化**。包括日常 5S、点巡检和隐患查找等，这些工作在班组

标准化工作中规范执行。

（2）推行 TPM 的 5 条原则

① **工艺设备，紧密结合**。工艺和设备分工不分家，TPM 工作需要工艺和设备在目标、知能、行动、绩效各方面紧密结合。

a. 目标结合。工艺和设备的管理目标是一致的，都希望"设备不要停，停了赶快修，维修费用少"。大家目标一致就可以一起根据不同区域的实际情况共同想办法，共同制订行动计划。

b. 知能结合。设备管理者需要有非常专业的知识技能，设备的稳定运转也需要与生产装置工艺的情况相适应，工艺和设备是两个不同的深度专业，需要紧密结合形成共有的知识储备以满足业务的需要。

c. 行动结合。围绕设备全生命周期的管理，根据专业知识，结合效率考虑，将设备和工艺进行合理的行动分工，确保工作不重复、工作不遗漏，大家职责明确、互相支持。

d. 绩效结合。当每年、每季、每月进行绩效考核，绩效表现突出区域的工艺和设备部门相关人员会得到嘉奖，共同享受胜利的果实，通过这个过程，大家相互理解，友谊也得到了加深。如果绩效有差距，工艺和设备双方共同分析原因，制定整改措施，向其他优秀区域看齐并及时赶上来。

② **重点先行，逐步推广**。管理的奥秘就是在有限的时间内交付看得见、摸得着的结果。化工企业的区域大、环境复杂、工况复杂、设备多而复杂，而生产装置的资源特别是人力资源比较紧张，面对那么多的框架，员工难免心存畏难情绪。如果工作全面铺开，效果难以保证，因此，取得全面成功最重要的经验就是重点先行、逐步推广。推行 TPM 就要先锁定重点区域，以咬定青山不放松的精神将人力资源集中投放，优先开展创建，集中突破。当重点先行区域完成创建并通过验收后，就可以选择其他区域逐步推广。重点先行区域创建过程中积累的策略、方法、工作标准都可以复用。当我们对可能遇到的困难和解决措施都比较熟悉的时候，难度往往会小很多。从创建重点先行区到覆盖全公司所有区域，需要通过几年时间的持续努力。

③ **区域认领，主责明确**。生产现场有众多人员的工作和行为会影响到设备绩效。生产装置人员、设备人员、承包商人员等各种人员会于不同时间在现场进行各自独立的作业或协同作业。这个时候如果没有一个唯一的主责方，很容

易产生管理的空隙。解决问题的办法就是每个区域要有唯一的负责团队或负责人。进行 TPM 创建的区域应首先进行区域细分，每个大横班认领一个或多个区域，各个大横班所认领的区域的大小及创建难度应保持均衡。大横班认领后可以在横班内部继续细分认领。在部分区域责任分工可以到具体的设备，员工包一台设备机器，这就有了包机，有了"机长"。TPM 区域被一方认领后，不是其他相关方都不管了，而是大家都来支持和帮助区域的创建。从遵守区域的管理要求，到解决一些疑难问题，做到作业进场、出场、现场一个样，设备部门、技术部门、生产管理部门、采购部门等各个部门都会进行支持。高层管理者和部门管理者也经常通过现场走动等形式关注创建活动，协调相关资源，给予坚定支持。公司安排精益办负责区域 TPM 创建的考核，由公司 TPM 创建验收小组按照统一的 TPM 区域创建评价标准进行评价，进行严格考核和有力度的激励。区域拥有激励分配权，可以根据创建过程中各方的支持情况分配奖励，让大家共同分享胜利的果实。在这种氛围下每个区域的工艺员工和设备员工都会奋勇争先，共创佳绩。

④ **小组活动，习惯养成**。TPM 小组活动是 TPM 的主要开展方式，分为日常性小组活动和改善活动、技能培训。每个班接班后日常性小组活动就会按照计划进行。改善活动和技能培训一般会根据班组的安排选择时间相对方便一点的中夜班时间开展，一个循环班开展一次或多次。TPM 工作贯穿于整个班组工作中，应列入班组的标准化工作，进行严格的绩效考核。新员工在入职培训中就会接受 TPM 相关内容的培训，以便从开始就理解工作的方式，明白这是工作的一部分，是必须养成的工作习惯，并在日常工作中着力培养这种习惯。习惯的养成阶段最困难，习惯的巩固阶段也不容易。一旦习惯巩固了，就会形成强大的组织习惯力量。只要没有做好，大家就会觉得不对，就会想办法立即改正。

⑤ **坚持不懈，重在长效**。过程和结果同等重要。设备绩效有其自身的规律，改进措施和区域的设备绩效表现并不一定是完全同步的，这就表明不能光看结果，也要看过程中的工作表现，以使评估更加客观。结果好，过程不好，是运气比较好；结果不好，过程好，是努力还不够；结果好、过程好才是真的好。

要贯彻 PDCA，及时调整。资源是有限的，一定要精准投放。通过验收评估，观察哪些做法是最有效的，就保持并推广，哪些做法效果不明显，就调整改变。

每次验收评估有几十个横班参加，评委包括各区域工艺和设备的岗位人员，评估的过程也是互相交流的过程，大家都会将好的做法带回去，马上安排学起来、做起来。

持续提升重在长效。组织开展 TPM 和人锻炼身体很像，短期的突击也会有些作用，但只有持续开展才能有根本性的改变。TPM 区域创建不会那么简单，有进步更好，稳步不退步也不容易，进步小点没关系，只要能持续进步就可以，坚持下来效果就能显现。

经过多年的实践，万华化学的 TPM 不仅提高了设备的可靠性，成为全球同行业的翘楚，还强化了员工对生产维护重要性的认识，为公司的持续发展和效率提升提供了坚实的基础。

第 13 章

如何迈向卓越化工

——卓越变革 3 步 12 法

13.1 3 步——想好、试好、推好

若要迈向卓越化工，需要根据企业的情况进行相关管理领域的管理变革，在企业管理变革的过程中，"想好、试好、推好"这 3 步相辅相成，共同构建了一个完整的变革框架，确保变革的系统性和高效性。

（1）想好（变革决策和规划）

"想好"阶段是变革的基础，集中在战略决策和精细化规划上。在这一阶段，企业通过深入的现状分析和目标设定，明确变革的方向和优先级。风险评估和有效的沟通是确保变革方案科学合理、切实可行的关键步骤。通过这一系列的准备工作，企业才能为变革的成功奠定坚实的基础。

① **分析现状**。首先，企业需要全面收集和分析当前管理现状的数据和信息，包括生产流程、运营成本、人员配置、质量控制等各方面的信息。通过详细的现状分析，可以识别出当前管理体系中存在的问题和改进的机会。这一步至关重要，因为只有了解现状，才能为后续的变革提供科学依据和明确方向。比如，企业在进行一次运营效率管理变革前，详细分析了其生产线上的各个环节，通过数据收集和分析，发现其主要瓶颈在于某些关键设备的故障以及管理流程的不规范。这些问题导致了生产效率的低下和产品质量的不稳定。企业通过现状分析明确了这些问题，为后续的变革提供了清晰的改进方向。

② **确定变革目标**。在充分了解现状后，企业需要明确变革的总体目标和具体的绩效指标。这些目标应与企业的战略目标相一致，并具有可衡量性和可实现性。同时，企业还需要确定变革的优先级和关键领域。通过明确变革目标，可以为变革过程设定清晰的方向和路径。继续以上的例子，企业决定将变革目标定为提高生产效率和产品质量，同时降低运营成本。具体的绩效指标包括：生产效率提高 ××%、运营成本降低 ××%。这些目标与企业的长期战略目标相一致，并且通过具体的数字进行量化，使得变革过程有明确的方向和衡量标准。

③ **制定变革策略**。接下来，企业要制订详细的变革计划，内容包括时间表、资源需求和预算。变革策略应该具体而实际，能够指导变革的各个方面。同时，还要明确变革的责任人和团队，确保每个团队成员都清楚自己的职责和任务。比如，企业制订了一份详细的变革策略计划，计划中明确了变革的各个阶段及其具体步骤，如设备更新、流程优化、人员培训等。时间表具体到每月的任务，资源需求包括设备采购预算和培训费用。变革团队由各部门的负责人组成，每个人都有明确的职责和任务，确保变革的顺利实施。

④ **进行风险评估**。变革过程中不可避免地会遇到各种风险，企业需要提前识别可能影响变革成功的风险因素，并制定应对风险的预案和措施。通过详细的风险评估，可以降低变革过程中的不确定性，确保变革的顺利进行。例如，企业在制订变革计划的同时，也进行了全面的风险评估，识别了可能出现的设备故障、人员抵触变革、供应链中断等风险。针对这些风险，企业制定了应对措施，如增加设备备件库存、开展员工变革意识培训、与供应商签订长期合作协议等。通过这些预案和措施，企业有效降低了变革过程中的风险，提高了变革成功的可能性。

⑤ **沟通和宣导**。在变革正式启动前，企业需要向全体员工传达变革的目的、目标和重要性。通过有效的沟通，可以获得员工的理解和支持。此外，企业还应收集员工的反馈意见，并根据这些反馈意见调整变革方案，确保变革的合理性和可行性。例如，企业通过召开全体员工大会，详细介绍了变革的背景、目标和预期效果。通过互动环节，听取员工的意见和建议，并对合理的建议进行了采纳和调整。同时，企业还通过内部公告和培训，持续传达变革的进展和重要性，逐步赢得了员工的支持和理解。

（2）试好（进行试点，取得经验）

"试好"阶段是验证和调整阶段，旨在通过试点实施来检验变革方案的有效性。选择合适的试点部门，为其提供必要的资源和支持，通过实时监控和反馈，企业便能够及时发现问题并进行优化调整。这一阶段不仅有助于积累成功经验，还能为全面推广提供实践依据，减少大规模推广时的风险。

① **选择试点部门**。在变革的试点阶段，企业需要选择适合进行试点的部门或团队。选择试点部门时，企业应考虑该部门在整个企业中的代表性、变革需求的迫切性以及部门管理层的支持程度。此外，应设定具体的目标和指标，以便于评估试点的效果。例如，企业选择了一个生产效率较低且质量问题较多的装置作为试点部门。这个装置在整个企业中具有代表性，并且其管理负责人对变革有积极的支持态度。企业为该装置设定了具体的试点目标，如生产效率提高××%、产品质量一次合格率提升至××%以上。通过这些具体的目标和指标，可以评估试点的效果，为后续的推广提供依据。

② **实施试点方案**。在确定了试点部门后，企业应按照变革计划实施试点方案。在实施过程中，需要为员工提供必要的培训和支持，确保试点部门的员工能够正确理解和执行变革措施。例如，企业为试点装置的员工提供了设备操作培训、质量控制培训和管理流程优化培训。同时，企业还安排了专门的技术支持团队，实时解决试点过程中遇到的问题，确保变革措施能够顺利实施。

③ **监控和跟踪**。在试点实施过程中，企业需要实时监控试点的进展情况，记录和分析试点过程中出现的问题和改进点。通过数据收集和分析，可以及时发现试点中的问题，进行针对性的调整。例如，企业通过建立实时监控系统，记录试点装置的生产效率、产品质量等数据。通过数据分析，企业发现某些设备在运行过程中存在故障，影响了生产效率。针对这个问题，企业及时进行了设备维护和优化，提升了试点的效果。

④ **评估和反馈**。在试点结束后，企业需要对试点的效果进行全面评估，分析绩效指标的变化。同时，应收集试点团队的反馈意见，了解试点过程中存在的问题和成功的经验。例如，企业对试点装置的绩效指标进行了详细的评估，发现生产效率提高了××%，产品质量一次合格率提升至××%。同时，企业还收集了试点装置员工的反馈意见，了解到在设备操作和管理流程方面还有一些需要改进的地方。通过这些评估和反馈，企业可以对变革方案进行优化，为后续的推广做好准备。

⑤ **总结和优化**。在试点阶段结束后，企业需要总结试点的经验，识别成功因

素和失败教训，并对变革方案进行调整和优化，为后续的推广做好准备。例如，企业总结了试点装置的成功经验，识别了设备更新、员工培训和管理流程优化等关键成功因素。同时，企业还总结了试点过程中遇到的问题和教训，对变革方案进行了优化调整，如增加设备维护频次、改进培训内容等。通过这些总结和优化，企业为后续的变革推广奠定了坚实的基础。

（3）推好（推广到整个组织）

"推好"阶段是全面推广和固化提升阶段。企业在这一阶段制订详细的推广计划，通过全面培训和持续监控，确保变革措施在整个组织内顺利实施。定期的审计和检查有助于企业巩固变革成果，识别改进点，并将成功经验转化为标准化流程和管理规范，推动企业管理水平的持续提升。

① **制订推广计划**。在试点成功后，企业需要制订详细的推广计划，将变革方案推广到整个组织。推广计划应包括时间表、资源配置和培训计划，同时明确推广过程中的关键节点和目标。例如，企业制订了一份详细的推广计划，将变革方案分阶段推广到其他装置。计划中包括具体的时间表，如每季度推广到两个装置，并分配了相应的资源和预算。此外，企业还制订了全员培训计划，确保每个员工都能理解和执行变革措施。

② **全面培训**。在推广阶段，企业需要对全体员工进行培训，确保每个人都了解变革内容和要求，培训应包括设备操作、质量控制、管理流程等方面的内容。企业应为员工提供持续的培训和支持，帮助员工适应变革。例如，企业在推广变革方案前，组织了全员培训班，对设备操作和质量控制进行了详细介绍。同时，企业还设立了培训支持团队，随时解答员工在执行变革措施时遇到的问题，确保变革顺利推进。

③ **逐步推广**。按照计划，企业逐步将变革方案推广到整个组织。在推广过程中，需要保持灵活性，根据实际情况进行调整。例如，企业在推广变革方案时，先将方案推广到生产效率较低的装置，逐步积累经验，然后再推广到其他装置。在推广过程中，企业根据每个装置的具体情况，对变革方案进行了相应的调整和优化，确保变革措施在不同装置都能有效实施。

④ **持续监控**。在推广阶段，企业需要持续监控变革的实施情况，收集和分析数据，及时发现并解决推广过程中出现的问题。例如，企业通过建立数据监控系统，实时记录各装置的生产效率、产品质量等数据。通过数据分析，企业及时发

现某些车间在执行变革措施时存在的问题，并迅速采取措施进行调整，确保变革推广的顺利进行。

⑤ **审计和检查**。定期对各部门的变革实施情况进行审计和检查，确保各项变革措施落实到位，达到预期目标。例如，企业定期组织审计团队，对各装置的变革实施情况进行检查。通过审计，企业确保了各装置严格按照变革方案执行，并发现和解决了变革过程中存在的问题，确保变革措施的有效性和一致性。

⑥ **总结和提升**。在变革推广结束后，企业需要对整个变革过程进行总结，识别成功经验和改进点，将成功的变革经验固化为标准流程和规范，持续提升管理水平。例如，企业在变革推广结束后，进行了全面的总结。总结中包括变革过程中成功的经验，如设备更新、员工培训和管理流程优化等。同时，企业还总结了变革过程中需要改进的地方，并将这些经验和教训固化为标准流程和规范，持续提升管理水平，确保未来的变革更加成功。

总体而言，"想好、试好、推好"形成了一个闭环的管理变革体系。通过系统的决策和规划，科学的试点实施，以及全面的推广和提升，企业能够实现管理变革的预期目标，推动整体运营效率和管理水平的不断提升。这一体系不仅确保了变革的高效实施，也为企业应对未来的挑战和变化提供了坚实的保障。

13.2　12法——选诊视、会驻层、级简体、对审查

卓越变革有12种常用的变革方法，各自有不同的适用情景和用途，在卓越企业的生产管理体系变革多年的实践中，都取得了良好的成效。

（1）选点

识别并确定需要重点关注和改进的部门是在变革初期的关键步骤。在这一阶段，企业需要进行全面而细致的分析，以便识别出最需要改进的部门或环节，并设定改进优先级。例如，企业在某一年全面分析当前的管理现状时，发现Z生产装置存在设备高故障、操作不规范等问题，这些问题直接影响了产品质量和生产效率。基于这一发现，企业决定将Z生产装置作为重点改进对象，并计划投入大量资源进行设备更新和流程优化。通过这一步骤，企业能够集中资源和精力，首先解决最关键的问题，为后续变革奠定坚实基础。

在这个过程中，企业需要制定明确的评估标准和方法，以确保识别出的关键

部门确实是需要优先改进的对象。例如，可以通过对各部门的运营效率、成本控制、质量管理等方面的数据进行详细分析，找出存在明显问题的部门。此外，还需要广泛听取员工的意见和建议，通过与一线操作人员和中层管理者的访谈，获取更多的实际情况和反馈信息。最终，综合这些定量和定性的分析结果，确定需要重点关注和改进的部门，并设定科学合理的改进优先级。

这种方法主要在变革初期使用，关键在于准确确定关键部门，并设定改进优先级，以确保资源的有效配置和使用。只有在明确了最需要改进的部门之后，企业才能制订出切实可行的变革计划，集中力量解决最关键的问题，推动整个组织的持续改进和提升。

（2）诊断

对现有的管理流程和体系进行详细诊断，是找出存在问题和不足的关键步骤。在确定了需要重点关注的部门之后，企业需要对其管理流程和体系进行全面而系统的诊断。这一过程包括数据收集、流程分析和员工访谈等多个步骤。

例如，在确定了Z生产装置为重点改进对象后，企业对其管理流程进行了全面诊断。首先，企业收集了大量的生产数据和质量指标，通过数据分析工具对这些数据进行了详细的分析，找出了设备维护不及时、操作流程复杂等主要问题。同时，企业还安排专人对Z生产装置的现场操作进行观察，记录下操作过程中存在的各类问题和不规范行为。

此外，企业还组织了多次员工访谈，与一线操作人员、设备维护人员和管理者进行了深入交流，了解他们在日常工作中遇到的问题和挑战。通过这些访谈，企业发现了设备老化、维护不到位、操作培训不足等一系列问题，这些问题共同导致了Z生产装置的生产效率和产品质量下降。诊断结果为企业制定改进措施提供了科学依据，并明确了具体的改进方向。例如，企业可以根据诊断结果，制订详细的设备更新计划，优化操作流程，提升操作人员的培训水平，确保Z生产装置能够恢复到最佳运行状态。

这一方法适用于在确定关键部门后进行的全面诊断，关键在于数据收集、流程分析和员工访谈。通过全面而系统的诊断，企业能够深入了解管理流程和体系中存在的问题，为后续的改进打下坚实的基础，确保变革措施的针对性和有效性。

（3）可视

通过数据可视化工具展示当前管理现状和问题，是便于决策和规划的重要步骤。在完成详细的诊断后，企业需要将诊断结果以直观的形式展示出来，以便管理层能够快速理解现状和问题，并据此进行更有效的决策和规划。使用数据可视化工具，可以将生产数据、质量指标和诊断结果转换成图表形式展示给管理层。

例如，企业相关部门利用数据可视化工具，将 Z 生产装置的生产数据、质量指标以及诊断结果以图表形式展示给管理层。通过这些直观的图表，管理层能够快速了解 Z 生产装置当前的运营状况和存在的问题，如设备高故障、操作不规范等问题一目了然，生产效率和产品质量的具体数值也清晰可见。管理层可以根据这些图表，迅速识别出最需要解决的问题，并制定相应的决策和规划。

数据可视化不仅能提高信息传递的效率，还能增强管理层对问题的理解和解决能力。通过直观的数据展示，管理层能够更加准确地把握问题的严重程度和改进的紧迫性，从而作出更加科学合理的决策。此外，数据可视化工具还可以用于后续的跟踪和监控，帮助管理层及时了解变革措施的实施效果，确保各项改进措施能够落实到位。

这个方法适用于诊断问题后，使用可视化工具展示和分析的关键在于数据可视化和直观展示以辅助决策。通过将复杂的数据和信息以简洁直观的方式呈现出来，企业能够更好地进行问题分析和决策制定，推动组织的持续改进和提升。

（4）会战

组织跨部门团队共同参与试点项目，集中力量攻克重点问题，是解决复杂问题非常有效的方法。企业可以组建包括生产、质量、设备维护和人力资源等多个部门的团队，共同参与试点项目，集中力量攻克重点问题。

例如，在试点阶段，企业组织了包括生产、质量、设备维护和人力资源在内的跨部门团队，集中力量解决 Z 生产装置在生产效率和质量控制中的重点问题。团队成员各自发挥专业特长，共同分析问题，制定改进方案。通过团队合作，企业优化了生产流程，加强了设备维护，改进了操作规范，有效提升了 Z 生产装置的生产效率和产品质量。

这种跨部门合作的方式，不仅整合了不同部门的专业知识和资源，还促进了各部门之间的沟通和协调，确保变革措施能够顺利实施。例如，设备维护部门提供了专业的设备更新建议，质量控制部门制定了严格的质量检测标准，生产部门优化了操作流程，人力资源部门组织了针对性的培训。这种集思广益、集中资源的方式，大大提高了问题解决的效率和效果。

这个方法适用于解决复杂问题，组织跨部门合作的关键在于集中资源和集思广益。通过跨部门的协同合作，企业能够更全面地分析问题，制定更有效的解决方案，确保变革措施的成功实施。

（5）驻点

安排专门的团队或人员在试点部门驻点，实时跟踪和支持变革实施，是确保变革成功的重要措施。在变革实施阶段，实时跟踪和支持变革过程，可以帮助企业及时发现和解决问题，确保变革措施能够顺利推进。

例如，企业在 Z 生产装置安排了一支驻点团队，其中包括技术支持人员和管理人员。驻点团队实时跟踪生产情况，解决设备故障和操作问题，并提供培训和支持，确保试点项目顺利进行。在发现设备故障时，驻点团队能够迅速响应并修复，减少停工时间，提高生产效率。

驻点团队的存在，不仅提高了问题解决的速度，还增强了员工的信心和参与度。通过与一线员工的密切合作，驻点团队能够及时了解生产过程中的实际情况，提供针对性的支持和指导，帮助员工更好地理解和执行变革措施。例如，在操作培训过程中，驻点团队可以直接指导员工，纠正操作中的错误，提高操作规范性和效率。

这个方法适合在实施变革时使用，关键在于实时跟踪、技术支持和快速反应。通过驻点团队的实时跟踪和支持，企业能够更好地控制变革过程，及时解决出现的问题，确保变革措施的顺利实施和预期效果的实现。

（6）分层

分层法源自质量管理七大工具之一，专门用于将数据或问题按特定的类别进行分类，以便更清晰地分析和识别产生问题的根本原因。分层法通过将复杂的问题分解为不同的维度或类别，帮助企业更好地理解各类因素对问题的影响。采用这种方法可以发现和比较数据中的差异，通过分类分析不同类别的数据或问题，确保能够精准定位影响结果的关键因素。

例如 Z 生产装置的产品质量波动较大。通过使用分层法，企业将产品质量数据按生产班次、原材料供应批次和操作人员进行分类分析。结果显示，不同班次之间的质量存在明显差异，某一班次出现了较高的质量不合格率。通过这种分类，企业找到了影响产品质量的关键因素，并有针对性地加强了该班次的操作培训，最终提升了整体质量水平。

分层法的好处在于它能够帮助企业从多个角度对数据或问题进行分类分析，找出问题产生的具体原因。这种方法特别适用于处理数据庞杂、影响因素众多的情况。通过分层法，企业可以更容易地发现各类因素对结果的不同影响，并据此制定相应的改进措施。分层分析还能够避免一刀切的解决方案，使得问题的处理更加精准、高效。

这个方法适用于需要通过分类来查找问题根源的场景，尤其是在数据分析中。例如，在生产质量控制、客户投诉分析等场景中，分层法可以帮助企业有效地分类数据，找出不同类别之间的差异，帮助管理者制定有针对性的解决方案。通过分层法，企业能够更系统地分析问题，提高管理决策的准确性和效率。

（7）分级

分级是指将问题按照重要性和紧急程度进行分类，以便优先解决高级别问题。这种方法通过对问题进行优先级划分，使企业能够集中资源处理最关键的部分，逐步解决其他次要问题。例如，企业可以将问题分为 AA 类、A 类、B 类和 C 类，并按照这一顺序处理，确保最严重的问题能得到及时解决，避免对整体运营造成更大影响。

例如，企业在设备维护方面面临多个问题。通过分级，他们将设备故障频率高、影响生产运行的问题列为 AA 类，优先处理；将设备性能下降但不立即影响生产的问题列为 A 类，紧随其后；而一些不常用设备的轻微问题则被列为 B 类或 C 类，安排在后续逐步解决。通过这种方式，该企业能够有效利用有限资源，确保生产不被重大问题打断。

分级方法的好处在于可以帮助企业合理分配资源，避免在次要问题上浪费精力和时间。同时，优先解决高级别问题可以迅速带来明显的改善效果，确保企业的生产运营稳定。此外，这种方法还能帮助管理者清晰地了解问题的轻重缓急，制订科学的改进计划。

这个方法适用于问题复杂且影响程度不同的情况，特别是在资源有限且无法同时解决所有问题时。例如，在设备维护、质量控制、风险管理等领域，分级可以帮助企业有效规划改进措施，确保最关键的问题能够得到优先处理，进而带动整体管理水平的提升。

（8）简化

简化和优化变革流程，确保在整个组织推广时的可操作性，是变革推广的重要步骤。在推广变革措施时，企业需要简化和优化变革流程，确保这些流程在全组织范围内易于实施，避免复杂的流程和步骤给变革带来的阻力。

例如，企业简化了 Z 生产装置试点过程中复杂的流程和步骤，将其优化为更易操作的标准流程。通过降维处理，企业能够更顺利地在全组织范围内推广变革措施。例如，将复杂的设备维护流程简化为标准化操作步骤，使得所有装置都能轻松执行，确保变革措施的可操作性和执行效果。

简化和优化变革流程，不仅能提高变革措施的可操作性，还能增强员工的执行力。在简化流程的过程中，企业需要深入分析每个环节的实际操作情况，找出可以简化和优化的部分，确保流程的科学性和合理性。例如，通过对设备维护流程的简化，减少不必要的步骤和环节，确保操作的简便性和高效性，提高设备维护的效率和效果。

这个方法适用于优化流程，确保变革措施易于实施，其关键在于简化优化、可操作性和标准化。通过简化和优化变革流程，企业能够确保变革措施的可操作性和执行效果，推动变革措施在全组织范围内的顺利实施和推广。

（9）体系

在试点部门建立和测试新的管理体系和流程，确保其有效性，是变革实施的重要步骤。在变革过程中，企业需要在试点部门建立和测试新的管理体系和流程，确保这些新体系和流程能够有效运行，并取得预期效果。

例如，企业在 Z 生产装置建立并测试了一套新的质量管理体系和生产流程。通过引入自动化质量检测系统和标准化操作流程，企业在进行了一段时间的测试后发现，新体系和流程大大提高了生产效率和产品质量，减少了人为操作错误。具体来说，自动化质量检测系统能够实时监控生产过程中的质量指标，及时发现和纠正问题，保证产品质量的稳定性。标准化操作流程则确保了操作的一致性和规范性，提高了生产效率。

通过在试点部门进行测试，企业能够验证新体系和流程的有效性，并在全公司范围内推广应用。在测试过程中，企业需要密切跟踪新体系和流程的运行情况，收集数据进行分析，评估其效果和改进空间。例如，可以通过比较新旧体系下的生产效率、产品质量和运营成本等关键指标，判断新体系的优越性，并根据测试结果进行必要的调整和优化。

这个方法适用于测试和验证新的管理体系，关键在于建立新体系、流程测试和效果验证。通过在试点部门建立和测试新的管理体系，企业能够确保这些体系和流程的有效性，并为后续的全面推广奠定基础，推动整个组织的持续改进和提升。

（10）对标

在全组织范围内进行对标管理，推广试点成功经验和最佳实践，是变革推广阶段的重要方法。在变革推广阶段，企业需要在全组织范围内进行对标管理，推广试点部门的成功经验和最佳实践，以推动整个组织的进步和提升。

例如，企业将 Z 生产装置的成功经验和最佳实践推广到其他装置。针对 Z 生产装置，企业通过优化生产流程、加强设备维护、提升操作规范等措施，显著提高了其生产效率和产品质量。通过对标管理，企业将这些成功经验和最佳实践在其他装置全面实施，推动了其他装置的生产效率和质量水平的显著提升。

对标管理不仅能够推动全组织的进步，还能够形成良好的企业文化和氛围。在对标管理过程中，企业可以通过设立对标指标，定期评估各装置的改进情况，激励各部门积极学习和借鉴成功经验。例如，通过对生产效率、质量指标、运营成本等关键指标的对比分析，发现最佳实践并加以推广，促进各装置的持续改进和提升。

这个方法适用于推广试点成功经验和最佳实践，关键在于最佳实践、全员推广和经验分享。通过对标管理，企业能够在全组织范围内推广成功经验，推动整体管理水平的提升，实现变革的预期效果和目标。

（11）审计

对变革实施的效果进行全面审计，确保各项变革措施落实到位，是变革实施和推广的重要保障措施。在变革推广后，企业需要定期对变革实施的效果进行全面审计，以确保各项变革措施落实到位，并实现预期效果。

例如，企业定期组织内部审计，对各装置的变革实施情况进行评估。通过审计，企业能够发现一些装置在执行过程中出现的偏差，并及时调整策略，确保变革措施的落实。例如，发现某装置未按照新标准进行操作后，企业立即进行了纠正，确保操作的规范性和一致性。

全面审计不仅是评估变革效果的重要手段，也是发现和解决问题的有效途径。在审计过程中，企业需要制订详细的审计计划和标准，确保审计的全面性和系统性。例如，通过对生产流程、质量控制、设备维护等各个环节的审计，发现存在的问题和不足，及时采取措施进行改进和优化。

这个方法适用于评估变革效果，确保措施落实，关键在于全面审计、效果评估和问题识别。通过全面审计，企业能够确保各项变革措施的落实，及时发现和解决问题，推动变革的持续改进和优化，确保变革目标的实现。

（12）检查

定期检查各部门变革实施情况，及时发现并解决推广过程中出现的问题，是变革实施和推广的重要环节。在变革实施过程中，企业需要建立定期检查机制，以持续跟踪变革实施情况，及时发现并解决问题。

企业可建立定期检查机制，每月对各装置的变革实施情况进行检查。通过检查，企业能够及时发现和解决推广过程中出现的问题。例如，某装置在实施新流程时遇到困难，通过检查发现问题后，企业为其提供了额外的培训和支持，确保变革顺利进行。

通过定期检查，企业不仅能够及时发现和解决问题，还能够确保变革措施的持续改进和优化。在检查过程中，企业需要制订详细的检查计划和标准，确保检查的全面性和系统性。例如，通过对各装置的生产流程、质量控制、设备维护等环节的检查，发现存在的问题和不足，及时采取措施进行改进和优化。

这个方法适用于持续跟踪变革实施情况，解决问题，关键在于定期检查、持续关注和问题解决。通过定期检查，企业能够确保变革措施的持续改进和优化，推动变革目标的实现，提升组织的整体管理水平和运营效率。

审计和检查的相同之处在于它们都旨在评估和跟踪变革实施的效果，确保问题得到解决；不同之处在于审计通常是全面、系统的评估，侧重于长期效果和合规性，而检查则是更为频繁的定期跟踪，侧重于发现和解决日常执行中的问题。

这12种变革方法在不同的变革阶段会起到不同的作用。

在企业管理变革过程中，采用选点、诊断和可视等方法，可以有效地进行变革决策和规划。通过识别和确定需要重点关注的生产装置（如Z生产装置），企业可以优先解决关键问题，快速取得明显的改进效果。在确定重点装置后，进行全面的管理流程和体系诊断，有助于找出存在的问题和不足，为制定改进措施提供科学依据。通过数据可视化工具，企业能够直观展示和分析管理现状和问题，辅助决策和规划。

在试点阶段，采用会战、驻点、分层、分级、简化和体系等方法，可以确保变革措施的有效实施和验证。组织跨部门团队参与试点项目，集中力量解决复杂问题；安排专门的团队在试点装置驻点，实时跟踪和支持变革实施；通过分层法按不同类别分析数据，精准识别关键因素，确保改进措施有针对性；利用分级方法按问题的重要性分类处理，优先解决关键问题，合理分配资源，保障生产稳定；简化和优化变革流程，确保其易于操作和实施；在试点装置建立和测试新的管理体系和流程，确保其有效性。

在变革推广阶段，采用对标、审计和检查等方法，可以有效推广试点成功经验和最佳实践，确保变革措施在全组织范围内的落实和持续改进。通过对标管理，推广试点装置的成功经验和最佳实践；对变革实施的效果进行全面审计，确保各项变革措施落实到位；定期检查各部门的变革实施情况，及时发现并解决推广过程中出现的问题。

总体而言，这 12 种方法构成了一个系统化的管理变革方法库，有助于企业在变革过程中有条不紊，确保变革的有效性和可持续性。

后 记

卓越化工　幸福生活

敢想敢干，卓越化工

笔者从毕业起在万华化学深耕 17 年，对这家卓越企业的文化底蕴有着透彻的理解。在万华化学的成长历程中，"敢想敢干"一直是驱动"万华人"前进的核心理念。设定高目标不仅是一种追求卓越的表现，更体现了"万华人"对未来的无限憧憬和对自身能力的坚定信心。在这个过程中，"万华人"始终坚持三个关键点：高目标、勇创新、真实干。

设定高目标是迈向卓越的第一步。高目标不仅仅是对业务增长和市场占有率的追求，更是一种对自身极限的不断突破。"万华人"深知，只有站得高，才能看得远。为了实现这些高目标，万华化学不懈地努力，从产品研发、生产工艺到市场拓展，每一个环节都在不断优化和提升。

勇于创新是在激烈市场竞争中脱颖而出的法宝。在化工行业，创新是企业生存和发展的关键。万华化学始终将创新视为企业发展的核心动力。万华化学投入大量资源用于创新，积极引进和培养高素质人才，搭建起强大的创新团队。通过这些努力，万华化学不仅提高了产品的质量和性能，还大大降低了生产成本，提高了生产效率。

真实干则是成功的基石。无论目标多么宏伟，创新多么前沿，最终都需要落到实处。万华化学的每一位员工都以高度的责任感和务实的态度，认真对待每一项工作任务。"万华人"坚信，只有脚踏实地、真抓实干，才能实现卓越。无论是在实验室中进行反复试验，还是在生产线上精益求精，每一个细节都不放过。

正是由于"万华人"敢想敢干、设定高目标、勇于创新、真实干，万华化学才能在化工行业中不断突破自我，取得令人瞩目的成就，不仅成了行业的领军企业，也树立了卓越化工的标杆。

锲而不舍，幸福生活

在追求卓越的道路上，锲而不舍的精神是"万华人"永不放弃的动力源泉。无论前方的道路多么曲折，"万华人"始终坚持一个方向，百折不挠，勇往直前。

卓越化工不仅仅是一种技术和管理的卓越，更是一种精神和文化的卓越。这种卓越的文化需要每一位员工的共同努力和坚守。无论是研发人员在实验室中的不懈探索，还是生产线上的工人在高温下的默默坚守，抑或是市场拓展人员在全球各地的辛勤奔波，大家都在为一个共同的目标而努力。

一个方向，百折不挠。万华化学的方向就是打造世界一流的化工企业，实现科技引领的高质量发展。为了这个方向，"万华人"不畏艰难，勇敢面对各种挑战和困难。无论是面对市场环境的变化，还是面对技术突破的瓶颈，"万华人"都以坚韧不拔的毅力不断克服困难，取得了一个又一个的胜利。

一点希望，百倍努力。"万华人"深知，每一次进步都是无数次努力的结果，每一次成功都是无数次失败后的坚持。万华的每一位员工都怀揣着对未来的美好希望，付出百倍的努力，推动企业不断前进。"万华人"相信，只要付出足够的努力，就一定能够实现宏伟的目标。

卓越化工创造幸福生活。"万华人"的努力不仅仅是为了企业的成功，更是为了每一位员工、每一个家庭乃至整个社会的幸福生活。万华化学致力于通过卓越的化工技术和产品，为人们的生活带来便利和幸福。无论是高性能的材料，还是环保的解决方案，每一项创新都在为人们创造更美好的生活。

回顾万华化学的卓越运营之路，每一个"万华人"包括曾是"万华人"的笔者都深感自豪和欣慰。正是因为有了"敢想敢干、锲而不舍、追求幸福"的坚持，万华化学才能在激烈的市场竞争中立于不败之地，创造出卓越的成绩。万丈高楼平地起，一砖一瓦皆根基。

二十多年前笔者走进了烟台市芝罘区幸福南路 7 号，那个梦开始的地方，和万华化学的好伙伴们一起经历了激动人心的卓越之旅，从青春年华到壮年岁月，这是笔者一生中最幸运的事之一，万华化学已在生命中留下深深的烙印，永感自豪。

卓越化工，幸福生活，这是对未来的期许，也是永不停止的追求，期待更多的优秀企业和有志之士能够加入这个伟大征程之中，谱写历史的华章。

致　谢

感谢笔者在万华化学这 17 年中有幸遇到的尹茂珍、邱中堂、刘军昌、舒随、闫波、陈毅峰、白海涛、杜严俊、孙少文、王文波、王伟等各位领导的指导、帮助、包容和鼓励。

感谢宋群杰、李清永、王晓星、徐成川、徐昌升、迟世江、屈泽中、王京奎、尤红军、孙志群、唐鹏、孙辉、杨勇、谢敏敏、王丽萍、刘军、王梦阳、范娇娇、潘巧霞、张海侠、仇冬芝、曲建菊等各位同事好友的帮助和支持。从青春岁月到渐入中年，我们共事十多年，共同学习，共同实践、共同分享，结下了深深的奋斗友谊。

感谢在万华化学工作中遇到的所有外部专家的倾囊相授，专家们的前沿理念和实践智慧，为笔者的专业发展指明了方向。

感谢总部、宁波、其他兄弟公司各部门领导同事们的指导和帮助，在此就不一一列出。

感谢本书的编辑老师们，感谢你们的专业工作和对细节的关注，使这本书得以顺利出版。

感谢家人的理解和支持。你们的爱和包容是笔者坚持不懈、不断前行的最大动力。

在万华化学度过的十七载春秋，是笔者人生最珍贵的成长历程。万华化学十七年的淬炼，已将笔者的人生与化工事业紧密相连。如今虽已开启新篇章，但我将继续深耕精益化工、卓越化工与自我精益管理三大领域，以专业回报行业，以实干助力发展。这份"万华人"特有的精神烙印，将永远指引笔者砥砺前行！

参考文献

[1] 雷恩.管理思想的演变.李柱流，赵睿，肖聿，等译.北京：中国社会科学出版社，2004.

[2] 李淑芬，王成扬，张毅民.现代化工导论.3版.北京：化学工业出版社，2016.

[3] 柯仑.化工厂的简单与稳健化设计.刘辉，周建民，杨茹，译.北京：化学工业出版社，2009.

[4] 朱兰，德费欧.朱兰质量手册.焦叔斌，苏强，杨坤，等译.6版.北京：中国人民大学出版社，2014.

[5] 中国质量协会.质量经理手册.2版.北京：中国人民大学出版社，2017.

[6] 韦斯科特.注册质量经理／组织卓越经理手册.王金德，译.3版.北京：中国标准出版社，2007.

[7] 泰戈.质量工具箱.何桢，施亮星，译.2版.北京：中国标准出版社，2007.

[8] 戚维明，罗国英.质量文化建设方略.北京：中国标准出版社，2011.

[9] 薛伟，蒋祖华.工业工程概论.2版.北京：机械工业出版社，2015.

[10] 夏岚.精益化工：精益管理在化工行业的实践.北京：化学工业出版社，2021.